每天读点哲学故事

兰晓华◎编著

中国纺织出版社

内 容 提 要

在普通人的眼里，哲学家似乎是非同一般的存在，他们的所思所想深刻而超脱，我们仰望他们的思想，好奇他们的生活，很想知道他们是如何成长的，他们和我们又究竟有多少不一样。

本书是一本雅致而通俗，简单易懂而又深富哲理的趣味性读物。透过哲学家凡人的面孔，讲述他们寻常的生活，在故事中教会读者理解他们的哲学思想，并学会从哲学角度重新审视和思考自己的人生，为不断提升自我，迎接更美好的人生开启一扇崭新的大门。

图书在版编目（CIP）数据

每天读点哲学故事 / 兰晓华编著. —北京：中国纺织出版社，2017.5（2025.3重印）
ISBN 978-7-5180-3332-4

Ⅰ.①每… Ⅱ.①兰… Ⅲ.①哲学—通俗读物
Ⅳ.①B-49

中国版本图书馆CIP数据核字（2017）第032930号

责任编辑：闫　星　　　　责任印制：储志伟

中国纺织出版社出版发行
地址：北京市朝阳区百子湾东里A407号楼　邮政编码：100124
销售电话：010—67004422　传真：010—87155801
http：//www.c-textilep.com
E-mail：faxing@c-textilep.com
中国纺织出版社天猫旗舰店
官方微博http：//weibo.com/2119887771
三河市金兆印刷装订有限公司印刷　各地新华书店经销
2017年5月第1版　2025年3月第5次印刷
开本：710×1000　1/16　印张：18.5
字数：280千字　定价：69.80元

前言

我们要想知道哲学故事讲的是什么，就要先把“哲学”这两个字弄清楚。“哲”字在中国起源很早，历史久远，如“孔门十哲”“古圣先哲”等词，“哲”或“哲人”，专指那些善于思辨，学问精深者，即西方近似“哲学家”“思想家”之谓。一般认为中国哲学起源于东周时期，以孔子的儒家、老子的道家、墨子的墨家及晚期的法家为代表。而其实在之前的《易经》当中，已经开始讨论哲学问题。通常认为哲学是一种方法，而不是一套主张、命题或理论，哲学的研究是基于理性的思考，寻求能作出经过审视的假设且不跳脱信念或者只是纯粹的类推。

什么是哲学?

柏拉图指出：“thauma”（惊奇）是哲学家的标志，是哲学的开端。柏拉图满蕴深意地说：“iris”（彩虹，虹之女神，宙斯的信使）是“thauma”（惊疑）之女，并无误溯其血统。“iris”（彩虹）向人传达神的旨意与福音，哲学是由惊疑而发生。在柏拉图看来，惊奇，面对的是宇宙；疑惑，面对的是人生。可见，人们一旦对宇宙感到惊奇，对人生感到困惑，哲学就开始了。

亚里士多德在《形而上学》中说：求知是所有人的本性。人都是由于惊奇而开始哲学思维的，一开始是对身边不解的东西感到惊奇，继而逐步前进，而对更重大的事情发生疑问，如关于月相的变化，关于太阳和星辰的变化，以及关于万物的生成。一个感到困惑和惊奇的人，便自觉其无知。

黑格尔认为：哲学是一种特殊的思维运动，哲学是对绝对的追求。“哲学以绝对为对象，是一种特殊的思维方式”——黑格尔《小逻辑》。爱因斯坦则这样谈论哲学：如果把哲学理解为在最普遍和最广泛的形式中对知识的追求，那么，哲学显然就可以被认为是全部科学之母。

由于哲学本身是用来完善自己的精神修养和帮助他人完善思想的，所以哲学故事就是用简单的话语讲故事来体现出隐含深层意义的道理，让人们去思考和体会。哲学本身是枯燥的，不过由哲学引申出来的故事则是浅显易懂的，且寓意很深。

本书是一本关于哲学的书籍，前后介绍了十几位哲学家的核心思想，诸如叔本华的“悲剧”，萨特的“自由”，尼采的“人生”等，然后围绕哲学家的这个核心思想展开叙述，结合现实生活讲故事，得启示，给那些在生活中感到迷茫的人们带来一盏启明灯。不仅如此，如果你是一位哲学爱好者，这本书对你而言也是不可多得的文化大餐，本书融合了十几位哲学家的主要观点，内容精彩绝伦，定会令你受益匪浅。

兰晓华

2017年2月

目录

第1堂课 听苏格拉底讲哲学

苏格拉底建立了一种知识，即道德的伦理思想体系，其中心是讨论人生的目的和善德。他强调人们应该认识社会生活的普遍法则和“认识自己”，认为人们在现实生活中获得的各种有益的或有害的目的和道德规范都是相对的，只有探求普遍的、绝对的善的概念，把握概念的真知识，才是人们最高的生活目的和至善的美德。

第一节　苏格拉底：西方哲学的奠基者

苏格拉底，著名的古希腊思想家、哲学家、教育家，他和他的学生柏拉图，以及柏拉图的学生亚里士多德并称为“古希腊三贤”，更被后人广泛认为是西方哲学的奠基者。

他出生于希腊雅典的一个普通公民的家庭，父亲是雕刻匠，母亲是助产妇。苏格拉底从小有着扁平的鼻子，肥厚的嘴唇，凸出的眼睛，笨拙而矮小的身材，他容貌平凡，语言朴实，却有着极其神圣的思想。

苏格拉底曾跟父亲学过雕刻的手艺，后来他熟读了《荷马史诗》及其他著名诗人的作品，靠自学成了一名很有学问的人。后来，他做了一名不取报酬也不设馆的社会道德教师，以传授知识为生。他把自己看作神赐给雅典人的一个礼物、一个使者，每天到处找人谈话，讨论问题，探求对人自己最有用的真理和智慧。平日里他喜欢在市场、运动场、街头等公众场合与各方面的人讨论各种各样的问题。比如，什么是虔诚？什么是民主？什么是美德？什么是勇气？什么是真理？你的工作是什么？你有什么知识和技能？你是不是政治家？假如是，关于统治你学会了什么？你是不是教师？假如是，那在教育无知的人之前你怎样征服自己的无知？等等。其主题就是引导人们去认识：在这些对于人至关重要的问题上，其实人是非常无知的，因此人们需要通过批判的研讨去寻求什么是真正的正义和善，达到改造灵魂和拯救城邦的目的。

苏格拉底曾说：“我的母亲是个助产妇，我要追随她的脚步，我是个精神上的助产士，帮助别人产生他们自己的思想。”正是怀揣着这样的理想，在其

40岁左右时，他成为了雅典远近闻名的人物，他在雅典和当时的许多智者辩论哲学问题，主要是关于伦理道德以及教育政治方面的问题，被认为是当时最有智慧的人。苏格拉底主张人们认识做人的道理，过有道德的生活。他把哲学定义为“爱智慧”，他的一个重要观点是：自己知道自己无知。许多有钱人家和穷人家的弟子经常聚集在他周围，向他请教，而苏格拉底却说：“我只知道自己一无所知。”

最后，他总结说：“只有神才是智慧的，他的答复是要指明人的智慧是没有什么价值的或者全无价值的，神并不是在说苏格拉底，他仅仅是用我的名字作为说明，像是在说，人们啊，唯有像苏格拉底那样知道自己的智慧实际上是毫无价值的人，才是最有智慧的人。”而这恰恰是苏格拉底对“认识自己”最好的论述。

古往今来，人们想了解又最难了解的正是自己。“认识自我”是一直萦绕在人们心头的一个难题。中国不是有句成语叫“知人者智，自知者明”吗？古希腊戴尔波伊神托所的入口处不是矗立着“认识你自己”五个醒目大字的石碑吗？其实，所谓“自我认识”，就是作为主体对自身的认识，对自己与周围关系的认识，如自我感觉、自我评价、自我监督、自我控制、自尊心、自信心等。假如不能很好地认识自己，调节和控制自己的言行，的确是很难处理好人际关系，成为一个受人欢迎的交往者。

第二节　我一无所知

其实，大哲学家并不自诩为一个青年导师的身份，他希望自己即便在与别人交谈时，只是帮助对方产生正确的思想，而不是传授给他们什么。不刻意地想要教导别人，而是采取启发式的教育方式。很多时候，苏格拉底承认自己是个一无所知的人。

有一群年轻人到处寻找快乐，但是却到处碰壁，反而变得不快乐，内心有了许多忧愁、烦恼和痛苦，于是，他们向老师苏格拉底寻找关于快乐的答案。

他们问苏格拉底：“老师，您是希腊最聪明的人，请您告诉我们，快乐到底在哪里？”

苏格拉底回答说：“我并不是最聪明的人，因为我不是智者，我只是一个哲学家。如果说我聪明的话，那就是我明白自己是一个无知的人。因为我只知道一件事：我一无所知。”

苏格拉底对那些年轻人说：“你们先把关于快乐的问题放一放，先帮我造一条船吧。”于是，这些年轻人把寻找快乐的事情先放在一边，和苏格拉底一起造起独木舟来了。他们同心协力地锯倒了一棵大树，然后把那棵树锯成了两半，挖空了树心，很快就造成了一条独木舟。

独木舟下水了，大家把苏格拉底请到了船上，一起荡起了双桨，一起齐声歌唱。这时，苏格拉底问道：“孩子们，你们现在觉得快乐吗？”这群年轻人齐声回答：“我们现在觉得快乐极了！”苏格拉底说：“快乐就是这样，它往往在你为着一个目标努力工作时，就突然地到来了，我除了知道我的无知这个事实以外，一无所知。”

在苏格拉底看来，真正的知识来源于内心，而非靠别人传授。只有从自己内心感受到的东西，才是真正的知识和智慧。但凡与苏格拉底聊过天的人，都可以从中学到一些东西。事实上，在两千多年以前，当人们沉醉在自己创下的辉煌文明中时，苏格拉底已经意识到了人类知识能力的局限性，他总是宣称自己“无知”。

苏格拉底自知无知的观点有助于我们对所谓的“权威”产生警惕，人类自古以来都有崇拜权威的情结，不管是对神、对物还是对某个人的崇拜。于是，就有很多自称掌握真理的人把自己打扮成权威供人崇拜，从而去蛊惑、驱使甚

至奴役人们，以达到其目的。但是，苏格拉底却指出，我们每一个人，每一个活着的有血有肉的人，由于受到肉体的欲望、惧怕、愚昧等种种羁绊，根本不可能认识绝对的真理，绝对的“善”，我们每个人都是无知的。

当然，自知无知对于我们加深对自己的认识也有很大的帮助，它可以促使人类反省，从承认无知中不断求知，避免故步自封，陶醉在已有的成就里，或匍匐在权威的脚下。承认自己的无知是一种谦虚的态度，因为谦虚才会使人不断地进步，不断在进步中完善自己，最终成为更完美的人。

一位年轻人决心拜访雅典最聪明的人，并拜其为师。他来到德尔菲神庙，向神求助：“神啊，请你告诉我，谁是雅典最聪明的人？”神说：“凡人之中，最聪明的就是苏格拉底。”年轻人尽管知道苏格拉底是大哲学家，不过怎样断定他就是最聪明的人呢？年轻人想了一个办法，他决定去拜访雅典那些公认的聪明人，以试探他们的智慧。

年轻人找到那些聪明人，他们中有商贾、政客、诗人、工匠等不同类型的人，他们在各自的领域中都干出了优异的成绩。经过一番交往，年轻人认为他们确实比较聪明，而且这些人都认为自己就是最聪明的人。其中有一个会造铠甲的工匠，他可以造出坚实而又合身的铠甲，技术简直出神入化，而这位工匠也觉得自己无所不知，自己就是最聪明的人。年轻人开始怀疑神的说法。

最后，年轻人来到苏格拉底面前，向苏格拉底讲述了自己与各种聪明人交往的过程，而后他说：“我真的不知道谁是最聪明的人。”苏格拉底听了之后说：“我只是一个研究哲学的人，而且越是深入研究，越觉得自己知之太少。商贾相比我不精明，与政客相比我不圆滑，与诗人相比我不浪漫，与工匠相比我不灵巧。”苏格拉底的话还没说完，年轻人突然醒悟了过来，看来神说对了！原来真的自己所知不多的人才是最聪明的人。

假如不是过着更圣洁的生活，那个人的知识越多，所理解的道理越深刻，所需要接受的审判就越严格。所以，即便自己掌握了一些科学或艺术才能，也不能沾沾自喜，而需要变得更加谦卑和谨慎。即便已经知道了很多，还是有许多事情是自己没办法知道的。宁可承认自己的愚昧无知，也不要自以为聪明过人。在这个世界上，最高深、最有益的学问就是我们能真的认识自己、省察自己，最伟大、最完美的智慧就是想自己的无能、无用，却思念他人的长处与益处。

哲学启示

哲学就是一种反思，反思中国世界何以可能、人生何以可能、我们的知识何以可能、我们的价值在哪里等一系列命题。苏格拉底认为，聪明的人是明白自己最无知的人。从自身出发，懂得求知，知道自己需要什么的人才是最聪明的人。能够承认自己的无知，有时的确十分困难，尤其是在日常生活中，有时候我们不知不觉已经习惯于认为自己是世界上最独特的，自己就是比别人优秀。虽然身边的人未必都承认自己，不过我们内心就是不服气。假如我们每天陶醉于自我的“独特之处”，自然就不会有真正的自我反省。因为我们身上的许多毛病，在一种自以为是的心态支配下，是不可能得到真正的认识的。

第三节　认识你自己

在希腊中部帕尔那索斯山上的圣城德尔斐有一座阿波罗神庙，神庙门柱上有一句箴言：“认识你自己”。而大哲学家苏格拉底一直将这句话作为哲学原则的宣言。

青年尤苏戴莫斯是一个狂妄自负的家伙，苏格拉底希望他可以在与自己谈

判中受到启发。当他知道这个年轻人雄心勃勃，想要去竞选城市领袖时，苏格拉底意味深长地说：“一个当领袖的人一定要有治国齐家的本领，不过，一个没有正义感的人有这样的本领吗？”听到这样的问话，尤苏戴莫斯坚定地说：“当然没有，一个没有正义感的人甚至连当一个良好的公民都不够资格。”

苏格拉底继续问：“不过，你知道什么叫正义的行为吗？什么叫非正义的行为吗？”尤苏戴莫斯认为，虚伪、欺骗、奴役、偷窃、抢劫是非正义的行为，这时苏格拉底也运用相反的具体事例，将那些看起来是“非正义”的行为一一反驳。

苏格拉底问道：“作战时，潜入敌方军营，偷窃其作战图是非正义行为吗？为防绝望中的朋友自杀，把他藏在枕头底下的刀偷走，难道不应该吗？生病时儿子不肯吃药，父亲就骗他，把药当饭给他吃，使儿子很快恢复了健康，这种欺骗行为又应该放在哪一边呢？”

这些问题让青年尤苏戴莫斯摸不着头脑，不过他开始慢慢地被苏格拉底说服了。当这位青年已经没有了心理戒备，苏格拉底就对其进行正面引导，让他接受了自己的观点。最后苏格拉底指出什么样的知识对人来说最为重要的，这就是“认识你自己”。

在苏格拉底看来，那些自以为是的自然哲学家们在哲学对象、目标、途径、方法等问题上的看法都是有失偏颇的。他们对宇宙万物本原的探讨上总以感官为依据，以自然物作为原因，只关心自然而非自身。然而，自然万物真正的主宰和原因并非物质性的本原，而在于其内在目的，即“善”。所以哲学的真正对象不是自然而是人自己，即认识人自身中的善。苏格拉底认为，“好”或者“善”是存在于事物之中的一种“神力”，这是万物所追求的目的。在自然界尤其是有机界中存在的和谐、均衡、完美等自然现象，都是因为事物追求好的或善的目的而形成的。

认识自己，首先要有自知自明，就是一个人应该知道自己的限度。有人问泰勒斯，什么是最困难的事情，他回答说：“认识你自己。”接着又问：“什么是最容易的事情？”他回答说：“给别人提建议。”可以说，世上有自知之明的人寥寥无几，而好为人师的人却比比皆是。

我们可以通过认识自己来认识世界，赫拉克利特曾说：“我探寻过我自己。”他的哲学仅仅是“向自己学习”的产物。事实上，自古至今，所有伟大的人性认识者都是真诚的反省者，他们无情地把自己当作标本，反而对人性有了深刻而同情的理解。当然，我们每个人都是独一无二的个体，都应该认识自己独特的禀赋和价值，从而有效地实现自我，真正地成为自己。

我们既是社会的人，又是个体的人，作为个体的人，是孤独的。自然界中最大最深的鸿沟，是个人与个人在心灵间存在的那道裂隙，这道裂隙，我们只能用关心和爱去弥补、去填平。我们要尽力做到：面对自己，要了解自我，做到与自身的和谐；面对自然，要认识自然，做到与自然和谐；面对社会，要融入社会，做到与社会和谐；面对他人，要协调沟通，要做到与人和谐共处。也只有这样才能体现出我们生命的活力，才能弹奏出人生动人的乐章。认识自己，就是不断地反省自己，认识自我，树立正确的人生观、价值观，摆正自己的位置，才能在成长中不断地挖掘自己的潜能。

哲学启示

苏格拉底在“认识自己”这个论述中，阐述直面人生、感悟生命的重要性。因为没有了生命，那一切都将无从谈起。人是社会的人，那么人的生命就可以分为四个组成部分：自然生命、精神生命、价值生命、智慧生命。这四种生命体现出人的身体、心理、智慧、价值、道德的完整性和统一性，它们是生命系统的不同要素，发挥着不同的功能。这四种生命构成一个整体，如果人离开任何其中的一种，其生命就是不完整的。所以，认识你自己，就要求人们珍惜生命、关注生命、提升生命。

第四节　德性即知识

苏格拉底认为，认识自己就是认识心灵的内在原则，也就是认识德性。这里的德性指的是事物的特性、品格、特长、功能，具体到人就是“人的本性”。“善”是自然万物的内在原因和目的，具体到每个人身上，就是“德性”。

托斯卡尼尼原本主修大提琴，他的记忆力非常好，只要练习过一两次的乐谱，他就能背诵演奏。

在他19岁时，他随团到巴西的歌剧院演奏。有一晚，正要上演威尔第的《阿依达》，由于一连串的临时事故，两位指挥都无法上台，同事就在这个紧要关头把托斯卡尼尼推上台。这一晚的演出，虽然观众都不认识这位年轻的指挥家，可是，全场都被他精湛的指挥能力所折服，于是一代伟大的指挥家就此诞生。

正是由于这次人生演出中的意外冒险，使他发现了那个内心深处真正的自我。

在生活中，面对不满足目前状况下的自己，我们是否应该给自己一个冒险的机会？有时候，即使那些最有勇气的人，也很少有勇气去认识真正的自己，其实，因为自己并非隐藏在你的内心深处，而是在你无法想象的高处，至少比你平日里所认识的自我更高的层次里。因为，德性即知识。

日本保险业泰斗原一平在27岁时进入日本明治保险公司开始推销生涯。当时，他穷得连中餐都吃不起，并露宿公园。

有一天，他向一位老和尚推销保险，等他详细说明之后，老和尚平静地说：“听完你的介绍之后，丝毫引不起我投保的意愿。”老和尚注视原一平良久，接着又说：“人与人之间，像这样相对而坐的时候，一定要具备一种强烈吸引对方的魅力，如果你做不到这一点，将来就没什么前途可言了。”原一平哑口无言，冷汗直流。

老和尚又说："年轻人，先努力改造自己吧！"

"改造自己？"

"是的，要改造自己首先必须认识自己，你知不知道自己是一个什么样的人呢？"

老和尚又说："你要替别人考虑保险之前，必须先考虑自己，认识自己。"

"先考虑自己？认识自己？"

"是的，赤裸裸地注视自己，毫无保留地彻底反省，然后才能认识自己。"

从此，原一平开始努力认识自己，改善自己，大彻大悟，终于成为一代推销大师。

我们一生努力追寻的目标就是"认识自己，改造自己"，你是否了解你的形象、你的修养、你的气质、你的人格。在苏格拉底看来，人并不是生来就符合人的本性，只有在理性指导下才能认识自己的德性，换言之，没有经过理性审慎的生活是没有价值的，一个人只有真正认识了自己，才能实现自己的本性，完成自己的使命，成为一个有德性的人。苏格拉底还指出，趋善避恶是人的本性，没有人自愿追求恶或他认为恶的东西，是行善还是作恶，主要取决于他的知识，所以每个人在他有知识的事情上是善的，在他无知识的事情上是恶的。

苏格拉底生活在智者的时代，他认为智者们的相对主义感觉论只能助长个人利己主义和个人享乐主义，是造成社会动乱的思想根源，因此，强调知识，贬低感觉，要以理性去探讨伦理观念和道德价值，确定普遍的绝对的"善"，把道德和知识统一起来，要求人们"认识自己"，认识真正的自我。

深刻认识自己，就需要在全面掌握材料的基础上，分析自己，梳理自己，反思自己。不要停留在一件事上，也不要停留在一个层面上，而是由此及彼，由表及里，去粗取精，去伪存真地解剖自己。认识自己是为了改变自己，正确地认识自己，就可以为自己今后的发展，作出恰当的决定，然后通过自己不懈的努力，丰富自己，提升自己，重塑一个全新的、让人刮目相看的自己。

哲学启示

苏格拉底主张“知德合一”的学说，他认为正确的行为来自正确的思想，美德基于知识，源于知识，没有知识便不能为善，也不会有真正的幸福。在他看来，从怀疑自己的知识开始的自我认识是知识美德的来源。我们要做到真正认识自己，知德合一，就要客观地认识自己。为了正确认识自己，要把自己由“主体”变成“客体”，像认识别人一样来认识自己，而不是无端地认为自己有多么好，别人都不如自己。只有客观地认识自己，才能准确；只有准确，才有可能作出正确的判断。

第五节　了解真实的自己

肖曼·巴纳姆是一位著名的魔术师，他曾经这样评价自己的表演：“我的节目之所以受欢迎，是因为节目里包含了每个人都喜欢的成分，所以，每一分钟都会有人上当受骗。”事实上，在现实生活中，我们既不能时刻反省自己，看清自己，也不能把自己放在局外人的位置来观察自己。在大多数的时候，我们只能借助外界的一些信息来认识自己，所以，我们在认识自己时很容易受到外界信息的暗示，迷失在环境中，并习惯性地把他人的言行作为自己行动的参照。早在两千多年以前，古希腊人把“认识你自己”刻在了阿波罗神庙的门柱上，但是，直到今天，我们也只能遗憾地说，“认识自己”仍还有一段遥远的距离，究其原因，来源于我们并不了解最真实的自己。

有一个割草的孩子打电话给陈太太：“您需不需要割草？”陈太太回答

说：“不需要了，我已有了割草工。”这个孩子又说：“我会帮您拔掉花丛中的杂草。”陈太太回答说：“我的割草工也做了。”这个孩子又说：“我会帮您把草与走道的四周割齐。”陈太太说：“我请的那个人已经做了，谢谢你，我不需要新的割草工人了。”孩子挂了电话，哥哥在旁边不解地问道：“你不是就在陈太太那儿割草打工吗？为什么还要打这个电话？”孩子带着得意的笑容说：“我只是想知道我做得有多好。”

孩子通过打电话向雇主询问而收集了一些关于自己的信息，这样，他就能够遇见自己未来成长以及可能取得的成绩，从而认清自己。对于大多数人来说，难以拥有天生明智和审慎的判断力，实际上，判断力是在收集信息的基础上进行决策的能力，而信息对于判断有着不可忽视的作用。当我们无法收集到一些关于自己的信息，对自己就难以作出明智的判断，导致最终不能看清自己。

每个人都会很容易相信一个笼统、一般性的人格描述特别适合自己。因此，要想避免巴纳姆效应，我们就应该客观真实地认识自己。我们应该崇尚自由，让自己都尽可能地认识到自己的全部优点与缺点，认识自我是一个严肃而又漫长的过程，但是，我们每个人对自己都没有足够而清醒的认识。

爱因斯坦16岁那年，父亲给他讲了一个故事，正是这个故事改变了爱因斯坦的一生：

昨天我与杰克去清扫南边的一个大烟囱，那烟囱需要踩着里面的钢筋踏梯才能进去。杰克走在前面，我在后面，我们俩抓着扶手一阶一阶地爬了上去，下来的时候，杰克依旧走在前面，我还是跟在后面。后来，钻出了烟囱，我发现了一件奇怪的事情：杰克的后背、脸上全被烟囱里的烟灰蹭黑了，而我身上竟连一点儿烟灰都没有。我看见杰克的模样，心想我一定和他差不多，脸脏得像个小丑，于是，我到附近的小河里去洗了又洗。而杰克看见我全身干干净净，就以为自己和我一样，只简单地洗了洗手就上街了，结果，街上所有的人都笑破了肚子，他们以为杰克是个疯子。

最后，父亲郑重地对爱因斯坦说："其实谁都不能作你的镜子，只有自己才是自己的镜子，拿别人做镜子，白痴或许会把自己照成天才的。"

我们之所以无法了解到真实的自我，大部分原因在于我们容易受外界信息的影响，诸如他人的言行等，在那些来自外界信息的暗示下，我们就有可能出现了自我感觉的偏差，就像看着杰克浑身很脏，就认为自己身上也很脏。因此，要想真正地看清自己，我们需要避免陷入别人眼光的谜团中，让自己成为自己的镜子。

当一个人的情绪处于低落、失意的时候，对生活失去了控制感，于是，他内心的安全感也受到了影响。这样一个缺乏安全感的人，其心理的依赖性将大大增强，比较容易受他人言行的信息暗示。所以，当对方说出无关痛痒的一段话时，我们很容易"对号入座"，其实，这就是一种心理倾向。在日常生活中，这将影响到我们对自己难以作出真实的判断。

哲学启示

我们应该学会面对自己，不要因为自己有"缺陷"或者自己认为那是缺陷，就通过自己的方法将缺陷掩盖起来，而这样的掩盖方式极其愚蠢。试想，当你把自己的眼睛蒙上时，你就真的掩盖了自己的缺陷了吗？因此，无论是自身的缺陷还是优点，我们都应该正确看待，因为面对自己是认识自己的必经之路。

第六节　学会自我认知

朗费罗说："别人借我们的过去所做的事来判断我们，然而，我们判断自己，却是凭将来能做些什么事。"丹尼尔·吉尔伯特曾见过这样一个姑娘：衣衫不整、蓬头垢面，但长得很美。吉尔伯特教授跟她聊天，她也心不在焉，教授沉默了一会儿，突然问她："孩子，你难道不知道你是个非常漂亮、非常好的姑娘吗？""您说什么？"姑娘惊喜地问，美丽的大眼睛里泛着泪光。原来，在日常生活中，她所面对的是同学的嘲笑、母亲的谩骂，以致她失去了自我认知的能力。子曰："不患人之不知己，而患人之不己知。"对于每一个人来说，最担心的事情就是不够了解自己，不能清楚地认知自己。因此，我们要善于剖析内心，让自己拥有自我认知的能力。

认知自我是一种胜不骄、败不馁的从容，需要冷静地思考，这样才有机会赢得最后的成功；认知自我是一种高度自立的洒脱的生活方式，看清生命的本真，创造出属于自己的人生价值；认知自我是一种高度责任心的反省，将勇气与真诚注入自己的言行中，认清前面的方向。所以，剖析内心，在忙碌之后不忘与自己作一次深入的交谈，从而拥有自我认知的能力。

扁鹊是战国时期有名的医学家，魏王曾问他："你家兄弟三人，谁的医术最高？"扁鹊回答："大哥第一，二哥第二，我是最差的。"魏王又问："那怎么你两个哥哥默默无闻，而你却名声大振？"扁鹊回答说："大哥治病是防患于未然，把病消灭在萌发之中，所以在人还不知道的情况下，就把病看好了；二哥是在发病初期给人治病，只能闻名于乡里；我呢，只有病人生命垂危，病入膏肓，才给他们动手术，就是看好了，也得落下个后遗症，但世人都认为我救了他们的命，所以名扬天下。"

一个人名声的好坏、能力的高低，是别人从事物的外表下的定义，根本就不是这个人的本质，自己真正的能力，只有自己心里最清楚。而我们所缺乏的

就是自我认知的能力。只有清楚地认知了自己，才有可能获得成功的人生。然而，一个人最难认知的就是自己的内心，最难以回答的就是：我是谁？我想要的生活是什么？不过，当你清楚地认知了自己，就能够在这个世界上找到最基本的出发点，就能够去善待他人。

年轻时候的富兰克林很自负，有一次，一个工友把富兰克林叫在一旁，大声对他说：“富兰克林，像你这样是不行的！凡事别人与你意见不同时，你总是表现出一副强硬而自以为是的样子，你这种态度令人觉得如此难堪，以致别人懒得再听你的意见了。你的朋友们都觉得不同你在一起时比较自在些，你好像无所不知、无所不晓，别人对你无话可讲了，他们都懒得来和你谈话，因为他们觉得自己费了力气反而感到不愉快，你以这种态度来和别人交往，不去虚心听取别人的见解，这样对你自己根本没有好处，这样你从别人那里根本学不到一点儿东西，但是实际上你现在所知道的却很有限。”富兰克林听了工友的斥责，讪讪地说道：“我很惭愧，不过，我也很想有所长进。”“那么，你现在要明白的第一件事就是，你已经太蠢了，现在还是太蠢了！”这个工友说完就离开了。

这番话让富兰克林受到了打击，他猛然醒悟了过来，他开始重新认识自己，与内心作了一次谈话，并提醒自己：“要马上行动起来！”后来，他逐渐克服了骄傲、自负的毛病，成为了著名的科学家、政治家和文学家。

我们需要拥有全面认识自己的能力，全面认识既包括优点也包括缺点。一旦我们没有真正地认识自我，将导致内心自负或自卑等心理，最终这些负面的心理会影响到我们一生的发展。哈佛大学作为世界的一流学府，能在那里学习的学子必定拥有卓越的才能，但总是有一些自以为是的学生，他们缺乏一定的自我认知能力。对此，哈佛教授会善意地提醒：请别做少年时的富兰克林。

索菲亚·罗兰刚刚步入演艺界，就面临了制片商“善意”的建议：“如果你真的想干这一行，就得把鼻子和臀部‘动一动’。”但拥有一定自我认知能力的索菲亚却拒绝了，她说：“我懂得我的外形和那些已经成名的女演员不一样，她们都相貌出众五官端正，而我却不是这样，我的脸毛病很多，但这些毛病加在一起反而会更加有魅力，说实在的，我的脸确实与众不同，但是我为什么要和别人一样呢？”后来，她被誉为世界上最具自然美的人。

哲学启示

通过认知自己到孕育自己，这是一个美好的人生历程。自我认知是一种严谨的人生态度，自信而不自满，无论是春风得意还是失败困惑，我们依然保持最平常的心态。拿破仑一生战功赫赫，但在晚年却遭遇了“滑铁卢”的惨败，此时他依然贪恋富贵，企图复辟王朝，最终在绝望中死去。清楚地认知自己，需要我们摆脱一切外物的依赖，绝不做金钱或权力的奴隶。

第2堂课
听柏拉图讲哲学

柏拉图哲学的核心概念是“理念”，他的哲学也因此而被称为“理念论”。柏拉图把理智的对象称为理念，“理念”，原意是“看到的东西”，柏拉图把其意义引申为“心灵的眼睛看到的东西”，可以翻译为“理念”或“型相”。“理念”的译法强调它是人的理智所认识的、外在理智之中的存在；“型相”的译法强调它向人的理智所显示的是普遍的真相。

第一节　柏拉图：西方客观唯心主义创始人

柏拉图（约前427年—前347年），古希腊伟大的哲学家，同时也是全部西方哲学乃至整个西方文化最伟大的哲学家和思想家之一，他和老师苏格拉底，学生亚里士多德并称为“古希腊三贤”。其创造和发展的概念包括：柏拉图主义、柏拉图式爱情、经济学图表等。柏拉图式古希腊最著名的唯心论哲学家和思想家，是西方哲学史上第一个使唯心论哲学体系化的人，其最重要的传世之作是《理想国》，其著作和思想对后世有着十分重要的影响。柏拉图留下了许多著作，多数以对话体写成，常被后人引用的有：《辩诉篇》《曼诺篇》《理想国》《智者篇》《法律篇》等。

柏拉图出生于雅典的一个贵族家庭，传说柏拉图的名字是源于其宽额头，真实姓名却慢慢被人们忘却了。柏拉图从小就受到了良好的教育，在他18岁时应征入伍，参加了伯罗奔尼撒战争，取得了出色的战绩。之后他还参加了柯林斯地峡运动会，并因此获奖两次。由于柏拉图很早就接触了毕达哥拉斯派与爱利亚派的哲学，并受此影响。在柏拉图20岁时，他求学于苏格拉底，后来成为苏格拉底的得意门生，一学就是10年。

可以说苏格拉底是对柏拉图一生影响最大的人，由于苏格拉底反对直接民主政治，否认群众有政治能力，最后惹怒了雅典人，被冠以教唆青年变坏和不尊重城邦的神的罪名处死。作为苏格拉底的学生，柏拉图积极营救自己的老师，这让他受到了雅典民主派的敌视，最后只好逃走，到雅典外各处游历。苏格拉底的死给柏拉图以沉重的打击，他与老师一样，反对民主政治，认为一个

人应该做和自己身份相符的事情，如农民就负责种田，手工业者就只管做工，商人就只做生意，平民就做好自己的事情，不参与国家大事。柏拉图说：“我们做一双鞋子还要找一个手艺好的人，生病了还要请一位良医，而治理国家这样一件大事竟交给随便什么人，这岂不是一件很荒唐的事情吗？”

从28岁到40岁，柏拉图一直在外地漫游，先后去了埃及、意大利、西西里等地，他一边考察，一边宣传自己的政治主张。后来，他到雅典游历，并开办了一所学园，一边教学，一边著作，在学园门口挂着一个牌子：“不懂几何学者免进。”这个学园成为古希腊重要的哲学研究机构，开设四门课程，数学、天文、音乐、哲学。柏拉图要求学生不能生活在现实世界里，而是要生活在头脑所形成的观念世界里。他曾说：“画在沙子上的三角形可以抹去，可是，三角形的观念，不受时间、控件的限制而留存下来。”他深知学以致用的道理，在他的学园里按照自己的政治哲学培养了各方面的从政人士，其学园又被形象地称为“政治训练班”。在后面的日子里，柏拉图又两次前往西西里，不过都是败兴而归。

柏拉图主要哲学思想有：

1.唯心主义

柏拉图是西方客观唯心主义的创始人，其哲学体系博大精深，对其教学思想影响巨大。在他看来，世界是由“理念世界”和“现象世界”所组成。理念的世界是真实的存在，永恒不变的，而人们感官所接触到的这个现实的世界，只不过是理念世界的微弱的影子，它由现象所组成，而每种现象是因时空等因素而表现出暂时变动等特征。对此，他提出了一种理念论和回忆说的认识论，并将此作为其教学理论的哲学基础。在柏拉图看来，任何一种哲学要能具有普遍性，一定要包括一个关于自然和宇宙的学说在内。

柏拉图的观点是：自然界中有形的东西是流动的，不过构成这些有形物质的“形式”或“理念”却是永远不变的。柏拉图举了一个形象的例子：当我们说到“马”的时候，我们没有指任何一匹马，而是称任何一种马。而“马”

的含义本身独立于各种马，它并不存在于空间和时间之中，所以是永远不变的。不过，就某一匹特定的、有形的、存在于感官世界的马来说，却是“流动”的，真实的马会死亡，然后其尸体会腐烂。在柏拉图看来，人们对那些变换的、流动的事物不可能有真正的认识，人们对它们只有意见或看法，我们唯一能够真正了解的，只有那些我们可以运用我们的理智来了解的“形式”或者“理念”。所以，柏拉图认为，知识是固定的和肯定的，不可能有错误的知识，不过意见却有可能是错误的。

在《理想国》中，柏拉图讲述了这样一个故事：

有一群囚犯在一个洞穴之中，他们的手脚都被捆绑了，身体也没办法转身，只能背对着动口。他们前面有一堵白墙，在其身后燃烧着一堆火。在那堵白墙上他们看到了自己以及身后到火堆之间事物的影子。因为他们看不到任何其他东西，这群囚犯会认为影子就是真实的东西。最后，其中一个人挣脱了枷锁，而且摸索出了山洞，然后，他第一次看到了真实的事物。等他再返回洞穴并试图向其他人解释，那些影子其实只是虚幻的事物，不是真实的，而且向他们指明了光明的道路。不过，对于那些没有见过外面世界的囚犯来说，那个人好像变得比逃出去之前更加愚蠢，而且他们纠正他：“除了墙上的影子之外，世界上没有其他东西了。”

柏拉图利用这个故事来告诉我们，“形式”实际上就是那阳光照耀下的实物，而我们的感官世界所能感受到的不过是那白墙上的影子而已。相对于鲜明的理性世界而言，我们的大自然是黑暗而单调的。对哲学一窍不通的人能看到的只是那些影子，而哲学家则在真理的阳光下看到外部事物。不过，在另外一方面，柏拉图把太阳比作正义和真理，强调我们所看见的阳光只是太阳的“形式”，而不是真实的；就好像真正的哲学意义，只可见其外在表现，而其实质是不能言说的。

2.政治思想

柏拉图的《政治家篇》写于柏拉图后两次去叙拉古之间，这是他在叙拉古

的政治实践遭受挫折，思想发生变化的时期。这本著作的主旨是讨论真政治家及政治的定义，柏拉图提出了政治中道、混合的概念；首次明确论述了法律的作用并以法律作为划分政体的标准。在柏拉图看来，真正的政治家是不需要用法律统治的，不过现实中真正的政治家却十分少见，就算有真正的政治家，法律还是有一定的作用，政治不但是一种艺术，也是一门科学。

柏拉图在《法律篇》中发挥了关于法律作用的思想，他说："没有任何法律或条例比知识更有威力。"他强调人们必须有法律并且遵守法律，否则他们的生活将如同最野蛮的兽类，同时，他还设计了"第二等好"的城邦，包括地理环境、疆域大小、人口规模与来源、国家经济生活、阶级结构、政治制度、法律等细则。

3.教育思想

柏拉图还是西方教育史上第一个提出完整的学前教育思想并建立了完整的教育体系的人。在教学观点上，在柏拉图看来，每门学科都有其独特的功能，凡有所学，都会促进性格的发展。在17岁之前，广泛而全面的学科内容是为了培养公民的一般素养，而对于未来的哲学家而言，各门功课都是学习辩证法必不可少的知识准备。例如，文法和修辞是研究哲学的基础，算术是为锻炼人的分析与思考能力，学习几何、天文，对于航海、行军作战、观察气候、探索宇宙非常重要，学习音乐则是为了培养军人的勇敢和高尚的道德情操。同时，柏拉图很重视选择和净化各种教材，如语言、故事、神话、史诗等，使其符合道德要求，以促进孩子心智之发展。

对于教学方法而言，柏拉图师承了苏格拉底的问答法，把回忆已有知识的过程视为一种教学和启发的过程。至此，他反对用强制性手段灌输知识，主张通过问答形式，提出问题，揭露矛盾，然后进行分析、归纳、判断，最后得出结论。

4.爱情观

著名的柏拉图式恋爱就是根据柏拉图的爱情观总结而来的，这种爱认为肉体的结合是不纯洁的、是肮脏的，认为爱情和情欲是互相对立的两种状态，所以，当一个人确实在爱着的生活，他完全不可能想到要在肉体上同他所爱的对象结合。在柏拉图看来，爱情能够让人得到升华，他说，对活得高尚的人而言，指导他行为的不是血缘，不是荣誉，不是财富，而是爱情。世界上再没有一种情感像爱情那样深入人心，一个处在热恋中的人如果做出了不光彩的行为，被他的父亲、朋友或别的什么人看见，都不会像被自己的恋人看见那样，让他顿时失去光彩，失去一切，再没有力气面对自己爱的人和爱自己的人。

第二节 “理念论”的问世

柏拉图是西方客观唯心主义的创始人，在他看来，世界是由“理念世界”和“观象世界”构成的。理念的世界是真实存在的，永恒不变的，人们感官所触碰的世界不过是理念世界的影子，它是由生活中的各种现象所组成的。

在东方古老的中国，也存在类似的思想理论。比如，有两个和尚看到幡被风吹动，一个说“这是风动”，另一个说“这是幡动”，而六祖慧能说“仁者心动”。其实，这样的观点和柏拉图的观点都有不谋而合之处。这种观点强调精神决定物质，主观想象可以代替所谓的客观实际，然而，这样的认识不一定可以有效地改造世界。

柏拉图的理念论哲学是建立在实在与现象相互区别基础之上的，这种观点最初由巴门尼德提出来，后来得到了苏格拉底的继承，从而影响了柏拉图。

理念论是怎样提出的呢？

柏拉图曾在《国家篇》中说，只有哲学家才是王，或者这个世界上的王和君主都具有哲学的精神和理论，使政治的伟大和智慧有效地结合起来，而把那些只是追求两者之一的庸俗之人赶到一边去的时候，国家才是获得生命并逐渐繁荣的可能。

柏拉图在《国家篇》的最后一卷中作为对画家进行谴责的一篇序言里对“理念论”作了这样明确的阐述：

凡是若干个体有着一个共同名字的，它们就有一个共同的“理念”或形式。比如，尽管有许多张床，却只有一个床的“理念”或形式。就好像镜子里所反映的床只是现象而不是实际存在，所以各个不同的床也不是实在的，而只是“理念”的摹本。换言之，“理念”才是一张实在的床，而且是由神创造的。这样一张床是有知识的，而那些木匠们所制造出的许多床，却只能在原来的实质上提出意见。哲学家所研究的是“理念”的床，而不是现实生活中的床。

柏拉图的这个解释要比用那只“猫”阐述得更明确，而从这个观点来看“猫”的话，而这只“猫”是想象中的猫，其他的猫是分享了这只“猫”普遍意义上的猫，这只“猫”不会随其他个体的猫而死去，这只“猫”是永恒的。

在柏拉图看来，哲学家是一个极富智慧的人，是与那些庸俗的追求趣闻者不同的人，是喜欢追求真理的人。哲学是一个洞见，是对真理的洞见，这是一个喜欢智慧、喜欢真理的人认识事物、获得知识、洞见真理的行为。

对此，柏拉图提出了人们可以感觉的、既存在又不存在的事物和绝对永恒不变的事物的话题，他把人们可以感觉到的、既存在又不存在的个体事物称为假象，把不可以被人感觉到但可被人知道的、绝对永恒不变的一般事物称为理念。

哲学启示

柏拉图曾说："如果一个人爱好美的事物，爱看新悲剧、新图画、爱听新音乐，这样的人不是哲学家。因为他只是喜欢美的事物，而哲学家则是喜欢美的自身。仅仅是喜欢美的事物的那个人是在做梦，而认识绝对美的那个人则是清醒的，前者是有意见，后者是有知识。"

对于意见和知识，柏拉图提出了自己的一些观点：意见是关于既存在又不存在的事物的意见，知识就是关于绝对、永恒、不变事物的知识。所有可以感觉到的个别现象都具有既存在又不存在的矛盾性质，单单适用于作为意见的对象，而不适合用于作为知识的对象。而那些不可被人感觉到但可以被人知道的绝对永恒不变的事物则是知识的对象，那些看到绝对永恒不变的事物的人不仅有意见，而且还有知识。

第三节　揭开"理念论"的神秘面纱

柏拉图关于"理念论"的观点是在《国家篇》中提出来关于纯粹哲学的问题，在这个过程中，他较为全面地阐述了自己的理念论，当然，这一伟大的哲学理论是柏拉图较为代表性的理论之一。理念论是柏拉图哲学思想的核心，对他而言，一个由形式和观念组成的客观而普遍可靠的实在世界是存在的，这就是所谓的理念世界。理念世界是独立的，区别于个别事物和人类意识之外的实体，永恒不变的理念是个别事物的泛型，个别事物是完善的理念的不完善的影子或摹本。

柏拉图在《国家篇》中这样写道：

“对于许多相似的个体动物，我们都能够指着它真切地说这是一只猫。我们所说的‘猫’这个字究竟是什么意思呢？显然那是与每一个个体的猫不同的东西。一个动物是一只猫，看来是因为它分享了一切猫所共有的一般特点。没有像‘猫’这样一般的字，则语言就没办法通行，所以这些字不是没有意义的。不过假如‘猫’这个字有含义的话，那它的含义就不是指这只猫或那只猫，而是指普遍的猫性。这种猫性既不随着个体的猫而出生，而当个体的猫死去时也不随着个体的猫死去而消失。实际上，它在空间和时间上是没有定位的，它是永恒的。”

以上是柏拉图关于理念的一些论说，同时，柏拉图在《理想国》里还描述了一幅理想的乌托邦的画面，在他看来，国家应当由哲学家来统治，在他的理想国中把公民分为卫国者、士兵和普通人民三个阶段。卫国者是少数管理国家的精英，他们可以被继承，不过其他阶级的优秀孩子也可以被培养成卫国者，而卫国者的后代也有可能被降到普通人民的阶级，卫国者的任务就是监督法典的制定和执行情况。

柏拉图的理想国要求每一个人在社会上都有其特殊功能，以满足社会的整体需要，不过在这个国家中，女人和男人有着同样的权利，存在着完全的性平等，每一个人应该去做自己分内的事情而不应该打扰到别人。

柏拉图把理念分为了若干等级，最低一级的是具体事物的理念，如桌子、椅子、床等；而高一级的是数学、几何等方面的理念，如方、圆、三角等；最高级的理念就是“善”，善是创造世界一切的力量，它具有至高无上的权力。柏拉图赋予“善”两个方面的含义，一方面是有同大家相同的、同恶相对立的含义；另一方面是有柏拉图关于“善”的个性化的含义，具有世界本源、本体、共相、绝对、形而上者的含义，具有真理、智慧、光源的含义。

哲学启示

柏拉图曾说：“如果有人告诉我，一个东西之所以是美的，乃是因为它有美丽的色彩或形式等，我将置之不理，因为这些只足以使我感觉错乱。”在柏拉图看来，理念或形式是共同名字表述和界定的、若干或许多个体事物共同分享或分有的，不可被人感觉到但可以被人知道的一般实体事物。

在柏拉图看来，人们在现实生活中所感受到的个别事物，总是变幻莫测的，不够真实的，只有通过理性所认识的永恒不变的一般事物，才是真实存在的。举个例子，美丽的个体事物是可变和不固定的，这是因人因时而异。对于同一个事物，有人说美，有人说丑，有时看起来美，有时看起来丑，所以，不真实的、只是一般的美，才是真实存在的。

第四节　理念论的积极意义

柏拉图理念论直接继承了苏格拉底“美德即知识”的思想，是为实现其历史使命而创立的。理念论作为哲学与神学的交汇点，形式是神学的，所阐述的内容却并非都是消极的。可以说，柏拉图的理念论是哲学发展史上的一个重要的里程碑。

所谓“理念”，本来指的是看到的东西，而柏拉图把理智的对象称作理念，即灵魂所见的东西。在柏拉图的哲学体系中，“理念”一方面具有本质的意义，同时还具备了“种”和“类”的含义。根据柏拉图对理念的规定，理念

最根本的特定是它的单一性和自我的同一性，即理念是一个自我完善的整体，几乎所有的理念都是单一而等同的。

理念论的问世标志着西方哲学的一个十分重要的进步，开创了强调共相、追求普遍性和形而上者的哲学道路。毫不夸张地说，追求世界的本原、共相、绝对、形而上者是人类认识世界、改造社会的哲学认识实践活动具有的基本表现形式，仅仅就共相问题而言，它以各种不同的形式一直流传至今，哲学本体论和认识论追求的问题实际上就是共相问题。

柏拉图的理念说提出了个别与一般的矛盾现象，指出了个体事物可以被人感觉到，一般事物不可被人感觉到但可被人知道的认识特征，揭示了同名可感事物是若干或许多、同名理念的客观事实，初步界定、区分和彰显了个别事物的一般事物，创立了现象和理念的基本概念，对人类、对世界的认识作出了很大的贡献。

1.从本体论角度

柏拉图师承并充分发展了苏格拉底有关道德观念实体化的思想，用理性理论构造了一个抽象的“理念世界”。在他看来，感性世界总是变化无穷的，只有理性世界才是永恒不变的。理性世界不单单是整个世界的原因，更是整个世界的目的。而统帅一切理念的最高理念是“至善”，所以只有“至善”才是所有事物存在的终极原因和其追求的最高目的。尽管柏拉图的这一观点遭受了许多人的非议和责难，不过它在价值世界里充分地凸显出深刻的生存论意义。

（1）确立本体的价值地位

柏拉图的“理念”是一个不但超越时间而且超越了空间的实体，所以具有与众不同的特征。换言之，理念本体与感性事物的分离并非空间上的分离，而是“地位和能力上”的分离，也就是理念在价值上高于感性事物，所以，理念是人类个体乃至宇宙万物追求的价值目标。

（2）确立感性事物的逻辑地位

柏拉图认为，感性事物既因非理念本身而不存在，也因其分有或模仿理

念而存在。他说："因为它的确不比存在更暧昧、更不实在，也不比存在更明确、更实在。"对于既存在又不存在的人类个体乃至宇宙万物而言，其生存根基既是必要的也是可能的。所以，对于既存在又不存在的人类个体乃至宇宙万物而言，其生存根基既是必要的也是可能的。

（3）建构了一个价值世界

在柏拉图提出价值观之前，人们在这个层面是混沌的。柏拉图从人的生存需要出发，通过对世界的价值论透视并用理念来表征一种绝对价值和终极意义，使所谓的"本原"或"始基"成为一种价值维系和意义源泉。这样所谓的本体变成了一个价值世界，从而使人类个体乃至宇宙万物有了一个坚实而可靠的生存根基，也就是理念世界。

尤其重要的是，柏拉图通过设置诸如"善""美"和"正义"等价值理念并将"至善"置于理念世界的最高位置，以确保这些价值尺度的普遍性、绝对性和永恒性，使人之生存具有绝对的本体价值和意义，这就为人们的生存提供了新的理由和新的辩护，从而使人们有了新的精神家园并得到了新的形而上之慰藉。因柏拉图理念论的问题，所谓的本体不再是一个只符合客观的事实实体，而是一个还要目的的价值实体，同时也意味着古希腊人实现了对自身的生存根基的理性重建，这个理念世界不停地召唤着人们走出自我、超越自身、走向永恒的至善至美。

2.从认识论角度

理念论是关于认识对象、认识来源、认识过程等一系列重要问题的论述中尽管有许多缺陷甚至错误，不过却不乏独特的见解。

（1）肯定了主体认识结构在认识中的作用

柏拉图的理念论除了涉及认识的对象问题之外，同时还涉及了认识的来源问题。在《曼诺篇》中，柏拉图明确提出了人的知识的来源问题，并提出了三种可能性的答案：源自教育、得自天赋、得自其他方式。但是，他得出的结论是知识来自天赋，是不死的灵魂所固有的。所以，所谓的学习、认识，不外乎

回忆灵魂生前固有的东西而已。

毋庸置疑的是，柏拉图的回忆说关于认识起源的理论中存在很多明显的不妥之处，但也有其合理的成分：把知识的来源从外部对象转移到人类自身，从而肯定了认识的主体性。而柏拉图的理念论中所提出的问题以及探索方式为西方理性主义的发展开辟了道路，它所内涵的认识主体性思想对后世哲学产生了深远影响。

（2）一般、共相是认识的唯一对象

在柏拉图看来，理念是世界的本体，虽然可知的理念世界和可感的个体事物都是客观存在的，但两者却是分离和对立的。理念先于可感的个体事物，是永恒不变的自身等同，真实存在的单个物，所以是世界的本体。

柏拉图否认认识的对象是处于运动和变化中的可感个体事物，提出了理念是回忆和认识的唯一对象。他的这一观点对我们认识事物有着巨大的意义，因为，尽管我们把包括具体个别事物在内的客观世界作为认识的对象，不过认识的最终目标则不是穷尽个别和具体事物，停留在事物表面，而是透过形形色色的个别事物、透过各种各样的现象，达到对事物一般的本质认识。在柏拉图看来，只有认识了共相，一般及客观世界的本质、规律，才能指导人们改造世界的活动，从而实现认识的目的，这一观点对后世产生了广泛的积极影响。

（3）认识是一个由感性上升到理性的辩证过程

尽管柏拉图认为理性认识是不死的灵魂所固有的，是人们在出生以前就已经获得的知识，但是他并不认为人一生下来就意识到这种先天知识，而是认为人出生时由于各种原因将它们遗忘了。假如想要重新获得这些知识，那就需要学习，而学习的过程就是回忆的过程。这一过程就是从具体的可感事物出发，通过近一步抽象和深化，由个别具体可感事物上升到一般普遍概念，最终上升到绝对理念的过程。

哲学启示

从哲学角度说，我们主要是阐述柏拉图理念论的提出、理念的含义和理念论在认识论和本体论上面的意义。在西方哲学史中，柏拉图是最重要的、最有影响的哲学家之一，他的理念论开西方理性主义之先河，对整个西方哲学产生了深远的影响。不过，过去人们把这个学说往往简单地归结为唯心主义先验论并予以否定，而对于其存在的积极意义却一带而过，或者根本不予以承认。其实，柏拉图的理念论除了有先验论、神秘主义等消极成分之外，还含有许多合理的因素，而恰恰是这些合理的因素对后世产生了巨大的影响。

第五节　理念论的不足和缺陷

柏拉图理念论的问世，就当时的世界而言，这个思想是极其进步的，不过就今天而言，这个理念论有其不足和缺陷，这样的现象是值得理解的。我们应该清楚，任何一种思想和理论，都将受到当时社会乃至整个大环境的限制和影响，即使非常智慧的哲学家也难以做到真正的预见未来。

1.理念论含义的局限性

理念论仅仅发现和界定了普通名词表述的许多个体事物共同具有的理念，而没有发现和界定专用名词表述的许多可感个体事物共同具有的理念。理念是人通过认识实践活动，从自然事物中发现、界定、彰显和抽取出来的，具有不可被人感到但可被人知道的认识特征，作为个体事物的组成部分或组成元素依

存在各种个体事物之中的实体自然事物。

举个例子，人们用专用名词“太阳”表述和界定的可感事物，就不是指处在同一个时间段、同一个空间位置、具有完全相同亮度的同一个太阳，而是指具有前后相继相关的，在不同时间段、不同空间位置、不同质量、不同亮度的许多个具有共性也有个性的太阳，这是指过去的、现在的和将来的多个有差别的太阳。

当我们用专用名词表述和界定一个可感个体事物时，常常不是指同一个可感个体事物，而是指具有前后相继关系的，既有相同之处也有一定差别的多个可感个体事物。生活中的大量客观事实启示我们，不仅普通名词表述的许多可感个体事物共同具有同一个理念，而且专用名词表述的许多有差别的可感事物也具有同一个理念时。

2.理念论的矛盾之处

理念论关于同名的许多可感事物共同分享或分有一个理念的观点是不彻底的，是互相矛盾的。在柏拉图看来，只有一部分同名的可感事物具有理念，另外一部分同名的可感个体事物不具有理念；在苏格拉底看来，肯定存在相似性、正义、美、善这些理念，但是他不能肯定是否有这一理念，他反对像头发、泥土、尘垢这些东西也是有理念的说法。但是，他后来又认为，有时候这些东西是没有理念的。

3.理念论的片面性

柏拉图的理念论片面地强调了现象与理念之间的区别，抹杀了现象与理念之间的密切关系。世界上除了人凭借感觉器官可以感觉到的个别具体的自然事物之外，不存在其他任何东西或物体，普通名词、动词、形容词、数词、量词表述和界定的，不可被人感觉到但可被人知道的一般事物或理念，与可感个体事物具有密切联系。形象和理念两者具有对立统一的密切联系，一般事物存在于个别事物之中，个别事物是包含一般事物的个别事物。

事物是世界的组成部分和组成元素，是世界的载体和表现形式，是人们通过认识实践活动从作用和刺激人感官的自然存在中，从各种具体事物和抽象事物中发现、界定、彰显、截取、抽象出来的，具有一定的边界、限制和规定的具体事物和抽象事物，是一个对立统一体或矛盾体。

任何事物都是由多种规定和多样性能综合组成的相对独立存在的具体事物。任何事物都具有空间、价值、运动、内容、普遍性、数量等各种规定，不具有时间、价值、运动、数量等规定的事物是根本不存在的，也不是我们在现实生活中可以看到的，手可以摸到的具体的事物。

4.理念论的错误观点

理念论认为世界划分为可感世界和可知世界，可知世界是原本、可感世界是摹本的观点是不符合实际的错误观点。世界是专用名词或有确切指向的语言表述和界定的全部可感个别具体事物组成的集合统一体，世界上除了人的感官可以感觉到的个体事物外什么也没有，普通名词、动词、形容词、量词和界定的，不可被人感觉到但可被人知道的一般事物是可感个别具体事物的组成部分或组成元素，可感个体事物是可知个体事物的载体和存在方式，可知事物只有作为可感事物的组成部分或组成元素依然存在可感事物之中才具备真实性，才可以具有合理性，才是可以被人们思议的客观实体。

哲学启示

以上指出的理念论的缺陷，是以今天的角度而言的，但是假如以当时公元前的哲学发展史来看，可以肯定地说，理念论开创了西方理性主义之先河，对整个西方哲学产生了深远的影响。理念论触及了事物的现象和本质的矛盾，以及人类认识中的感性与理性的矛盾，这在认识中有着不可忽视的作用。

第3堂课
听康德讲哲学

康德的批判理性强调人的道德进步和精神成长的重要意义，克服了启蒙理性只重视知识的片面性与独断性；康德的实践理性规范了“目的王国”中的主体间性的关系，把主体性推进到主体间性，从而为当代交往理论提供了形而上学基础，建构了通往后现代的桥梁。

第一节　康德：德国古典哲学创始人

伊曼努尔·康德，出生于柯尼斯堡，德国哲学家、德国古典哲学创始人。康德被认为是对现代欧洲最具影响力的思想家之一，同时也是启蒙运动最后一位主要哲学家，其一生深居简出，过着单调乏味的学者生活，直到1804年去世为止。

康德的父亲是一个马鞍匠，父母都是信仰新教的虔信派教徒，而小时候康德的精神世界受到了很深的虔信派影响。后来，小康德开始上学，学校提倡的是人文主义教育，反对宗教带给人的思想上的僵化，学校教育改变了康德的宗教态度，至此对宗教祈祷和教堂唱诗感到反感。

大学毕业后，24岁的康德成为了柯尼斯堡附近的小城镇的一名家庭教师，著述和讲课使他成为了受人尊敬的哲学家，他的影响力越来越大，许多学生慕名而来成为其弟子，其中最著名的便是与歌德、席勒齐名的赫尔德。

1770年，康德在46岁时获得了柯尼斯堡大学逻辑学与形而上学教授的职位，当时他的报告题目是《感性与知性世界的形式与根据》。成为教授后，康德差不多有十年没有发表一篇文章，而是潜心研究自己的批判哲学。以1770年为界线，其思想可分为“前批判时期”和“批判时期”。在前批判时期，以自然科学的研究为主，并进行哲学探究。其主要著作有《纯粹理性批判》《实践理性批判》《判断力批判》《未来形而上学导论》《道德形而上学基础》，等等。1781年，康德发表了《纯粹理性批判》，仅仅凭借这部著作，康德就奠定了自己在哲学史上的不朽地位。

个人著作

康德的著作以1770年为界，分前批判时期和批判时期；批判时期的著作又分理论哲学和实践哲学的著作。理论哲学的著作有《纯粹理性批判》（第一版或A版，1781；第三版或B版，1787）和它的简写本《未来形而上学导论》（1783）；实践哲学的著作有《道德的形而上学基础》（1785）、《实践理性批判》（1788）、《完全在理性范围内的宗教》（1793）和《道德形而上学》（1797）等。他的《判断力批判》是一部内容特殊的著作，其中关于审美判断和目的性判断的论述可以解释为联系理论理性与实践理性的媒介，也可解释为前两部批判的补充。

Wasist Aufkl rung（1783）、《纯粹理性批判》（1781）、《纯粹理性批判（第二版、修订版）》（1787）、《永久和平论》（1795）、《关于教育学》（1803）、《自然通史和天体论》（1755）、《论活力的正确评价》、《实践理性批判》（1788）、《判断力批判》（1790）、《纯然理性界限内的宗教》（1794）、《道德形而上学原理》（1785）。

主要思想

以1770年为标志，可以将康德一生对知识的探索分为前期和后期两个阶段，前期主要研究自然科学，后期则主要研究哲学。前期主要成果有1775年发表的《自然通史和天体论》，其中提出了太阳系起源的星云假说。在后期从1781年开始的9年里，康德陆续出版了《纯粹理性批判》《实践理性批判》以及《判断力批判》。这“三大批判”的出版标志着康德哲学体系的完成，可以说是涉及领域广阔，有着独创性的伟大著作，给当时的哲学思想带来一场革命。

哲学

康德提出了三大批判，即《纯粹理性批判》《实践理性批判》和《判断力批判》。

在《纯粹理性批判》里有了这样的问题：我们能知道什么？康德是这样回答的：“我们只能知道自然科学让我们认识到的东西，哲学除了能帮助我们澄清使知识成为可能的必要条件，就没有什么更多的用处了。在过去，人们让认识向外部事物看齐，而康德说，假如我们颠倒一下，让事物向我们的认识看齐，该怎么样呢？同时，康德将这个思维方法与哥白尼的“日心说”相比较：在哥白尼之前，人们认为一切星球围着我们地球转，而哥白尼却说，我们地球是围着其他星球转。

《实践理性批判》是康德的前一部著作《纯粹理性批判》的归宿和目的，所谓 “实践理性”，指的是实践主体的意志，对于实践理性的“批判”，就是要考察规定道德行为的“意志”的本质以及它们遵循的原则。全书包括纯粹实践理性的原理论和纯粹实践理性的方法论两大部分。该书的重要理论意义在于，它把人的主体问题突出出来，强调了人格的尊严与崇高，表现了强烈的人本主义精神。

《判断力批判》要回答的一个问题是：我们可以抱有什么样的希望？康德给出的答案是：如果要真正能做到有道德，我就必须假设有上帝的存在，假设生命结束后并不是一切都结束了。在“判断力批判”中，康德关心的问题还有人类精神活动的目的、意义和作用方式，包括人的美学鉴赏能力和幻想能力。

天文学

1754年，康德发表了论文《论地球自转是否变化和地球是否要衰老》，对“宇宙不变论”提出了质疑。1755年，康德发表《自然通史和天体论》一书，首先提出太阳系起源星云说。康德在书中指出：太阳系是由一团星云演变而来的。这团星云由大小不等的固体微粒组成，强调天体在吸引力最强的地方开始形成，引力使那些固体微粒相互接近，大微粒吸引小微粒形成较大的团块，团块越来越大，引力最强的中心部分吸引的微粒最多，首先形成太阳。外面微粒

的运动在太阳吸引下向中心体下落时与其他微粒碰撞而改变方向，成为绕太阳的圆周运动，这些绕太阳运转的微粒逐渐形成几个引力中心，最后凝聚成绕太阳运转的行星。

宗教和政治思想

在宗教问题上，康德承认无论是经验还是理性都无法证明上帝的存在，但他认为，为了维护道德的缘故，我们必须假设上帝与灵魂的存在。他把这些信仰称为"实践的设准"，即一个没办法证明的假设，但为了实践的缘故该假设必须成立。

在政治上，康德是一名自由主义者，他支持法国大革命以及共和政体，1795年出版的《论永久和平》应该是康德为人类贡献的最后一部具有深远影响的著作，在书中他提出了世界公民、世界联邦、不干涉内政的主权国家原则等至今有现实意义的构想。

伦理学

在伦理学上，康德否定意志受外因支配的说法，而是认为意志为自己立法，人类辨别是非的能力是与生俱来的，而不是后天学习的。在他看来，这套自然法则是无上命令，适用于所有情况，是普遍性的道德准则。真正的道德行为是纯粹基于义务而做的行为，而为实现某一个个人功利目的而做事情就不能被认为是道德的行为。所以，康德认为，一个行为是否符合道德规范并不取决于行为的后果，而是采取该行为的动机。同时，他还认为，只有当我们遵守道德法则时，我们才是自由的，因为我们遵守的是我们制定的道德准则，而如果只是因为自己想做而做，则没有自由可言，因为你已经成为各种事物的奴隶。

康德是德国古典哲学的开创者和奠基人，他的思想使哲学深入了一个新的理论维度，同时也是启蒙运动时期最重要的思想家之一。康德的哲学主要关注认识论和形而上学的问题，在康德之前，唯理论和经验论持续了几百年的论战，最终无法解决知识的来源问题。而康德的先验哲学则调和了经验论和唯理论，结束了这场耗时长久的论战。另外，康德的伦理学理论也十分有影响力，此外，他还针对太阳系的形成提出第一个现代的理论解释，即康德-拉普拉斯星云说。

毫不夸张地说，康德是德国伟大的哲学家，德国哲学革命的旗手和德国古典哲学的创始人。他以自己的批判性哲学为基础，提出了人是目的而非手段，实现了将人从单纯因果必然性的束缚下解放出来，完成古典哲学向现代法哲学转变和发展史上革命性变革。而且，康德对人的自由和权利的实现和维护以及私法和公法等法哲学问题进行了深入的探讨，形成了丰富的法哲学思想，对后代法哲学的发展产生了非常巨大的影响。

第二节　实践理性哲学

在康德看来，人的灵魂、意志是自由的，而它又服从于自然必然性或因果律，但是它作为物自体，作为本质的自我却拥有自由。如此一来，康德通过把人类理性限制在可感层面上，以这样的否定方式提出了实践理性的积极用处。在所谓“我们的批判”限制思辨理性，它是否定的，不过，它消除了使用实践理性过程中的障碍，同时也不会威胁破坏它。但是，假如我们的批判没有错，也就是对象以两种方式来考察：表象和物自体，那么在假定同一意志在表象上，也就是可见行为上，是符合自然法的，也是不自由的，而是在物自体领域，并不服从于自然法。当然，灵魂不能被思辨理性认为是自由的。

对此，康德说：“但是，虽然我不能知道，我却依然可以思考自由。”所以，康德通过区分两种现实：现象和本体的现实，通过把科学限制在现象范围

内，实践理性与本体世界相联系，为道德和宗教论述提供基础。

道德知识

康德认为，哲学的任务是发现我们怎样能够达到束缚所有人的行为规则，他确信仅仅学习人们的实际行为是不能发现这些原则的。尽管这种研究会提供给关于人的行为的有趣的人类学信息，不过它不能启示人们该怎样行动。对康德而言，“我们应当说真话”的道德批判与科学判断“一切变化都有原因”是相同的，使它们相似的东西是，这两种判断都源于我们的理性而不是来自我们所经历的对象。就好像我们的理论理性把因果范畴带给进可见对象因此解释变化过程，实践理性也把“责任”或“应该”带给了给定的道德情境。一样的道理，在人类联系背景中，实践理性可以确定我们在这个时刻以及所有情况下的行为准则应该是怎样的。与科学知识相似，道德知识也建立在先天判断上，就好像康德发现科学知识之所以是可能的，是因为心灵先天范畴施加给了经验。

在康德看来，道德是理性的。因为道德与行为的规则和法则的意识有关，而这些行为规则是普遍的、必然的。换言之，行为原则通过先天的实践理性而产生，不是去寻找善对行为的影响，康德所关注的是行为的理性方面。

善

对康德而言，没有什么可以在世界中或世界之外构想，除了善良意志。不过，他认为其他事物可以称为善的，如一个人对自己情绪的控制。而且，没有人会把这些当作毫无保留的善，因为假设没有善良意志的原则，它们事实上可能会成为罪恶。举个例子，十恶不赦的人，不仅使人感到非常危险，而且这样的人是令人憎恶的。假如他没有做坏事，那人们不会这样想。对此，康德认为，道德上的善的行为本质是，当一个人意欲有某种行为时，他会用来肯定自己的行为的原则。善良意志之所以善不是因为它所产生或赢得的成就，也不是它对实现特定目的的效用行，而是由于意愿的愿意。

康德认为，行为可能源于倾向、意愿、自我利益。不论是出于倾向还是出于自我利益都展现在道德的不同水平上，从出于责任到出于道德律。康德之所以这样说，善良意志之所以善不是因为它所赢得的成绩，是因为它想强调在道德中意志的主导作用。真正的道德行为是由于道德律所原因而做的，康德说：“对于所有这些效果，甚至是有利于他人幸福的提升，启示也可能通过其他原因来产生。因此，根本无须理性存在的意志。”道德价值的座椅是在意志中，而善良意志是出于一种责任感。而一种出于责任而实施的行为必然完全排除了倾向的影响，同时也伴随了每一个意志对象，乃至没有什么东西留下，能够决定意志的只有那些客观的道德律以及主观上对这些实践原则的尊重。

康德认为，作为理性的存在，当这种义务以一种命令的形式走进时，人们就意识到了并不是所有命令都与道德有关系，那是因为并不是每件事中它们都指向所有人，所以也就缺乏道德律所需要的普遍性。比如，当一个人想要达到一定目的时，必然有一定的技术动力或技术规则指导他做什么事情。如果他想要建座跨河大桥，他必定使用一定强度的材料，不过他并不绝对要修一座桥，他可以以修渠道或使用水上器械来到达对岸。同样的道理，也有一些谨慎的命令。比如，一个人想和其他人交往得更亲密些，他必然要说或做一些事情，不过这并不是绝对必要的。因为方法的或谨慎的驱力都是假想的，只有我们进入了它们的动作领域它们才能控制我们。

道德设定

在康德看来，“上帝存在”或“人的意志是自由的”是不可证明的。自由是一个需要假定的观念仅仅由于对道德义务的体验，换言之，因为我必须，所以我能。尽管无法证明意志是自由的，不过从理智上被迫假定是自由的。由于道德和自由有着密切的关系，乃至人们可以把实践自由定义为除了道德律之外，独立于任何事物的意志。如果一个人没有能力或没有自由来履行他的责任或回应道德指

令，他该怎样负责。自由的必须要假定，这是道德的第一个设定。

康德主张，道德律命令行动并非为了快乐，而且行为是正确的。理性存在的完满实现要求我们的至善既包含德性又包含幸福，但人们的经验表明在德性与幸福之间并非存在关系。假如人们只把经验限定于此，要想达到完满的至善是不可能的。但是，道德律确实要求我们努力实现至善，这就意味着一个朝向这个理想的无限的进程。

康德表明，一个人没有上帝的观念也可以认识到他的道德责任，他必须遵守道德律仅仅出于他的尊敬，出于责任人的考虑。

道德与合理性

作为一个理性的存在，一个人忍不住问："我将要做什么？"而且还会意识到自己有责任以一种特殊方式行为，即我应该做什么事情。这些理性行为反映了实践理性的能力，所有的理性存在都可以意识到相同的问题。当一个人思考自己必须做什么的时候，他会想所有的理性存在必须做什么。假如一条道德律或道德原则对理性存在有效的话，那么它也必定对所有的理性存在有效。所以，道德上的善的行为的主要检验方式就是它的原则是否可以适用于所有的理性存在，而且长时间适用。

绝对命令

康德说："一切事物在本质上都是依据律令行事，只有理性存在有能力依据法的概念行事。"真正的道德命令是绝对性的，绝对命令适用于所有人，它会要求一种其本身所必须的行为，而无须因为其他目的。实际上，绝对命令要求形成特定行为基础的法则，它是绝对的，是因为它是我们的行为应该遵循的原则。绝对命令的基本公式是行为只依据那些既让自己意愿又可能成为普遍原则的公理。

康德举了这样一个例子：

一个人发现自己因生活所迫需要借钱，他知道自己没能力偿还，不过他更明白如果在借钱时不承诺按时还钱，是没有人会愿意借钱给他的。他很想在无法兑现承诺时作出承诺，这时他又会不断地问自己：这样做是不是违法的或是有违道德责任的。

但是假设他就是这样做的，那他的行为准则就是：当我缺钱的时候，我会向他人借钱并许诺自己按时偿还。即便我知道自己根本没办法做到兑现诺言。现在，这种自爱原则或自利原则可能会与我整个将来的福利是一致的。

但是，这样做是对的吗？如果是那样的话，那么我就把自爱的建议发展成普遍法则，并提出问题：假如我的准则成为普遍法则会出现什么情况？于是，我马上会认识到，它永远也不会成为一个普遍法则，而且必然会与它本身相矛盾。

在康德看来，每个人通过自己的意志行为制定了道德律，同时指出了自主和他治的区别。他治的意志会受到欲望或倾向的影响甚至决定，此外，自主的意志是自由和独立的，这才是最高的道德原则。

哲学启示

康德说："我断言我必须归于每个理性存在，它们有意志，同时也有自由的观念，而且完全在这种观念指导下行事。因为在这样的存在中，我们构想了一种实践理性，这个理性在指向其对象时有因果律。"在这里，康德谈到了道德律的普遍性，断言了每个理性存在的最高价值，并把自由或自主赋予意志。

在康德看来，人类不仅注视着事物的世界，而且也关注着行为世界。所以，理性既是思考关于事物的理论，同时也思考实践行动。不过，在其应用过程中，有一点需要区分：理性的对象首先是理论，其次是实践的理性知识，而正是康德对纯粹理论理性的能力和范围的解释方式使其对实践理性的论述成为最终的可能。

第三节　先验理性论

依据康德所确定的解决知识依据问题的思路：知识真理性的依据存在于认识主体之中。先验感性论证明数学知识的依据在于人的直观能力，康德称为“纯直观”，包括空间和时间两种形式。时间和空间是外部或内部经验的前提，我们可以设想时间空间里没有对象，不过不能设想没有时间和空间的对象。先验知性论证明自然科学知识的依据是人综合杂多感性材料的能力，这种能力所使用的工具是“范畴”。先验理性论则证明形而上学的依据是理性用以统一知性材料的能力，这种能力所用的工具是“理念”。又因为理念先于知识，因此称为“先验理念”。

既然先验理论是理性运作的前提，那么可以通过考察理性如何运作来发现有哪些先验理念。康德率先把三段式推理分为三种：直言推理、假言推理和选言推理。直言推理由内经验后溯至一个自身不再是宾词的主词，灵魂。其实，在理论哲学中康德对灵魂的理解实际上是指人的视觉能力，之所以用灵魂这个词，是便于对理性心理学进行批判，其他先验理念也是这样。假言推理由外经验后溯至一个不再以任何事物为条件的前提，选言推理，后溯至一个自身不再是部分的整体。

灵魂是什么呢？康德认为，世界和上帝不过是理性推理的依据而已。传统形而上学却把灵魂、世界和上帝当成了实有之物，所以形成了三门不科学的形而上学分支：理性心理学，以灵魂为研究对象；理性宇宙学，以世界为研究对象；理性神学，以上帝为研究对象。

康德在研究中指出了宇宙论的不可调和的规律，否定了灵魂、上帝的实体性，批判了传统形而上学，但他并非否定形而上学本身。对康德而言，形而上学反映的是理性的自发活动，只要这种活动存在，形而上学就会继续存在。虽然如此，康德本身并没建立科学的形而上学。

哲学启示

康德理论哲学所需要解决的问题是：知识的真理性的依据是什么？在他看来，知识都是先天综合判断表达的，于是，知识的依据问题就转化为“先天综合判断何以可能”的问题，他将先天综合判断分为三类：数学先天综合判断、自然科学先天综合判断、形而上学的先天综合判断。那么所谓的问题也就一分为三：数学何以可能？自然科学何以可能？形而上学何以可能？自然，康德理论哲学中的先验理论所需要解决的问题就是形而上学何以可能。

第四节　理性概念的意义

康德所提出的理性概念的意义：第一，要从广义和狭义两方面来把握其含义，广义的理性有两层含义：一层含义包括理论理性与实践理性；另一层含义指的是理论理性自身，因为理性理论自身又分为感性、知性和理性，这里的理性是狭义的理性，它与感性、知性有所区别；第二，领会理性的批判精神，正是因为这种批判精神，康德反对独断论的理性，而且把实体性的理性概念改造为功能性的、结构性的；第三，把握康德所说的理性是人的理性而不是神的理性，这一点非常重要，正是因为人的有限性及其对无限的完善性的追求和向往，人的理性才显示为自身划界而又自身超越的特征，表现为理性对经验的依赖而又超越，这就是理性的超越性。

1.广义的理性

康德理性概念的第一层含义是广义的理性，在外延上包括所有高级认识能力及实践能力，内涵上指理性的逻辑推理能力，这是一个逻辑概念。康德通过建筑术对哲学所作的分类中，形而上学部分既包括了纯粹理性的思辨运用，也包括了它的实践运用。这也是康德第一批判所要致力于批判的“一般理性能力”，这种能力广泛使用的理性，只能是“普遍逻辑”的形式，也就是逻辑理性。

在康德看来，理性知识包括一般思维的普遍规律的逻辑学，关于自然规律的自然学说和关于自由规律的道德学说。在《判断力批判》一书中，康德不仅指出了广义的理性的外延，而且指出了其内涵：“我们可以把出自先天原则的认识能力称为纯粹理性，包括知性、判断力和理性，它们分别在认识能力、愉快与不愉快的情感、欲求能力方面提供先天构成性原则、制定规律，所以对纯粹理性的批判就应该包括实践理性批判和判断力批判。”

2.狭义的理性

狭义的理性，指的是最高的认识能力，原则的能力，以形式逻辑的推理来设置理念，引导、调节认识，属于先验逻辑的辨证论，是一个认识论的概念，我们称为理性。在《纯粹理性批判》中，康德把与知性相区别的理性，当作最高的理论认识能力。我们的认识从感性开始，前进到知性，结束于理性。康德以理性的逻辑能力为线索去制定理性的先验能力，理性的逻辑的能力是形成三段论式，进行间接推理的能力，它的先验的能力是由自身产生概念以进行最高统一的综合能力，他将理性的先验能力定义为原则的能力，把通过概念在普遍中认识特殊的知识称作出自原则的知识。

哲学启示

康德说："一切理性存在着都必须服从这样的规则：每个人都不应该把自己和别人仅仅看作工具，而应该永远同时看作目的的自身。这样就产生了一个依照共同的客观法则而建立起来的有理性存在者的系统联合，即可以称为目的的王国的王国。"

所谓的原则，就是从形式逻辑上来理解，就是能够作为一个理念推论的大前提的普遍命题或普遍知识，前提就是提供一个概念，使所有被归摄于这个概念条件下的东西都按照一条原则，然后从这个概念中得到认识。在先验逻辑的意义上，理性的原则是就其自身而言，绝对的原则，出自原则的知识则是不包含任何经验或来自经验的概念，纯粹从概念的普遍性产生的知识。理性的纯粹运用就是要从理性自身产生出本身就是原则的概念，因此叫作原则的能力。

第五节　康德的"理性"

从德的理性概念中，我们可以知道，在人们的交往过程中，只有以这个理想为检验的标准，才能实现人与人之间、主体与主体之间的互相尊重、平等与自由，也只有在这样的"主体间性"的关系中，个人才得以获得尊严与人格独立。康德所主张的"目的王国"是主体间和谐共处的领域，是和谐统一的世界，是一种人生的"理想"，尽管这在现实生活中不能完全实现，不过在现实生活中却不能没有这种"理想"，因为它是解决、协调现实生活中各种纷争、

矛盾、冲突的绝对尺度、客观准则，只有按照这个尺度或准则，才不至于让矛盾、冲突恶性发展而导致最后的毁灭。即便是人与人之间的交往，我们也需要遵循理性。

一天，有朋友去拜访德国哲学家康德，并亲眼见到康德给两人解惑。康德跟第一个人说，你之所以失败，是因为你自己打败了自己。接着，他又跟第二个人说，你之所以胜利，是因为你自己战胜了自己。

朋友不解地问："自己打败了自己，与自己战胜了自己。都是自己与自己在斗争，您能告诉我，什么叫自己打败自己，什么又叫自己战胜自己吗？"康德说："自己打败自己，就是自己与自己的缺点、身处的恶劣环境作斗争。比如，缺点有懒惰、懦弱、凶残、贪婪、嫉妒等，如恶劣的环境有贫穷、病痛、尔虞我诈等。"

朋友又问："那么，自己战胜自己呢？"康德说："自己战胜自己，也是自己与自己的缺点、身处的恶劣环境作斗争。比如，缺点有懒惰、懦弱、凶残、贪婪、嫉妒等。比如，恶劣的环境有贫穷、病痛、尔虞我诈等。"

朋友问："这么说，自己打败自己，与自己战胜自己，不就是一样的了？既然是一样的，那为什么前一个人，你说他失败；而后一个人，你却说他胜利呢？"康德说："虽然他们需要打败和战胜的，是一样的，但结果却不一样。"

朋友又问："哪里不一样？"康德说："前面那个失败了，而后面那个胜利了。"朋友再问："我们又怎么知道哪个失败了，哪个胜利了呢？"康德说："失败了的那个，呈现在众人面前的是一个丑陋、萎缩的面貌；而胜利的那个，呈现在众人面前的则是一个积极、美好的面貌。通常情况下，失败者，丑的那一面便变得异常强大，美的那一面便变得异常弱小；胜利者，则是美的那一面便变得异常强大，丑的那一面便变得异常弱小。"最后，康德说："人生中，自己打败自己是最可悲的失败，自己战胜自己则是最可贵的胜利。"

交往理性表达了隐含在人类语言结构中并由所有能言谈者共享的理性，

“所有言谈者共享的理性”只能是康德的实践理性，康德的实践理性是交往言论的形而上学的基础。马克思曾说：“理论只要说服人，就能掌握群众；而理论只要彻底，就能说服人。所谓彻底，就是抓住事物的根本，不过人的根本就是人本身。”

哲学启示

康德的实践理性就是抓住了“人的根本”，抓住了“人本身”，所以说它是能够说服人的。以实践理论为基础的交往行动理论，在新的世纪、在存在或者不存在的抉择中，终究会被人们认可，而康德的实践理性为人们构建了一座从现代性通往后现代的金桥。

第4堂课 听黑格尔讲哲学

黑格尔作为唯心主义辩证法大师，他反对经验主义者所持有的符合论的真理观和理性主义者所主张的融贯论的真理题，坚持整体论的真理观。在黑格尔看来，真理不是启示性的，不是现成的结果和固定的形态，而是思有同一，是包含对立面的发展的整体，是用概念进行思维的绝对精神的发展过程。

第一节　黑格尔：德国近代客观唯心主义哲学的代表

黑格尔，德国近代客观唯心主义哲学的代表、政治哲学家，其对德国资产阶级的国家哲学作了最系统、最丰富和最完整的阐述。黑格尔出生于德国符腾堡公国首府斯图加特一个官吏家庭，读书时期主要去图宾根神学院学习，主修神学和哲学，成年之后主要担任家庭教师。1800年到耶拿，与谢林共同创办《哲学评论》杂志，次年成为耶拿大学编外讲师，四年之后成为副教授。1807年，黑格尔出版了自己的第一部著作《精神现象学》，后陆续开始出版多部著作，其主要作品有《逻辑学》《哲学科学全书纲要》《法哲学原理》《美学讲演录》《历史哲学讲演录》《哲学史讲演录》《宗教哲学讲演录》《自然哲学》。

黑格尔的政治思想是西方近代资产阶级革命时期政治理论的终结，它深刻反映了资产阶级革命的基本政治要求，其整体国家观对19世纪末20世纪初的新自由主义产生过深远的影响。

政治思想

黑格尔青年时正好遇到法国大革命，其思想受到了卢梭的影响，他被法国革命崇尚的自由精神深深打动。对此，在思想上，黑格尔反对封建专制和民族分裂，渴望德国在政治上实现统一，他把德意志民族的复兴与资产阶级革命联系起来，并把立宪制度视为理想的国家制度。1815年，拿破仑战争失败，黑格尔的政治态度也发生了变化了，他放弃了之前激进的政治主张，开始赞颂普鲁

士王国，主张以此为基础而建立君主立宪制政体。

黑格尔的政治思想继承和发展了康德、费希特以来德国古典哲学的传统，他用哲学的思辨揭示了国家的本质，反对社会契约论从国家的外部特征解释国家的本质，认为国家不是契约的任意产物。黑格尔的国家概念指的不是现存的国家制度，而是精神的国家理念。在他看来，现实的国家只是国家理念的表现，国家的本质在于它是伦理理念的现实，是绝对自在自为的理性的东西。对此，他用唯心主义的观点对国家和社会进行了区分，在黑格尔看来，市民社会是“外在的国家”，是主观意志、个人利益的结合形式。国家以它至高无上的意志、伦理精神把整个民族凝聚为一个有机的统一体，国家先于并高于家庭、市民社会，是它们存在的前提，是决定的力量，是人类生活的最高形式。国家是自我与他人、个人与社会、特殊利益与普遍利益的统一。个人只是国家的一些环节，生活在国家中，才可以获得个人的人格、自由和价值。

对于国家制度，黑格尔认为，世袭君主制是国家制度的顶峰，王权是普遍利益的最高代表，国王拥有最后的主观决断权，不过，他主张限制王权，认为三权只是政治国家统一意志的象征。黑格尔指出，政权是执政权，应该掌握在为社会服务、与普遍利益相一致的等级手中。他反对封建的官职世袭制度，主张任用官吏应以才智为标准并向一切市民开放，他强调国家制度的整体性和有机性，反对机械的分权理论。

悲剧理论

黑格尔悲剧理论是其美学思想的重要组成部分，在他看来，悲剧的实质是伦理的自我分裂与重新和解，伦理实体的分裂是悲剧冲突产生的根源，悲剧冲突是两种片面的伦理实体的交锋。黑格尔认为，冲突的悲剧性在于：这种冲突中对立的双方各有它辩护的理由，而同时每一方拿来作为自己所坚持的那种目的和性格的真正内容却只能是把同样有辩护理由的对方否定掉或破坏掉。

黑格尔认为，在自然的冲突、人与外界的冲突、心灵的自我冲突这三种冲突中，心灵的自我冲突是最高冲突。而且悲剧冲突具有不可避免的必然性和社会性，冲突双方在实现自己片面的伦理要求时都把同样有辩护理由的对方排除掉，所以双方都是有罪的。悲剧冲突必然会导致“和解”，它体现了永恒正义的胜利和分裂的伦理实体在更高程度上的和谐统一。

辩证法

黑格尔的哲学思想，逻辑合理，充满生气，立论新颖，论述动人。每次研讨命题，他完全按照太极图的正、反、和的三维形式，采用三段式解读法。黑格尔的哲学分为三大部分，每部分论述三大命题，每个命题分三个论点，每个论点又分出三个步骤来进行解释。

比如，辩证法，黑格尔在他的逻辑的议论开头先假定“绝对是纯有”，我们假定它就是纯有，而不加给它任何质，不过不具有任何质的纯有是无，于是我们达到反题：“绝对即是无”。从这种正题和反题转入合题：有与非有的合一是“变易”，因此说“绝对是变易”。这当然也不行，因为变易必得有什么东西变易。这样，我们对“实在”的见解通过不断改正以前的错误而发展，所有这些错误都是由于把有限的或有界限的某物当成好像可以是全体，从这种不适当的抽象化产生的。黑格尔认为，过程对理解结果来说是必不可少的，这些阶段没有一个被完全取代，而是作为全体中的一个因素而赋予它适当的位置。因此不历经辩证法的所有阶段，便不可能到达真理。

理念

黑格尔说：“理念正如灵魂向导默久里神，真正是各民族和世界的领袖；而精神，即这位向导的理性的、必然的意志，是世界历史的种种事件的指导者，而且一向就是。按精神的这种指导职能来认识精神，便是我们当前的工作的目的。”同时，他也说：“哲学为观照历史而带来的唯一思想即‘理性’这一单纯概念；即理性是世界的主宰，即世界历史因而显示一种合理的历程。这

种信念和洞察在历史学本身的范围内是一个假说。在哲学领域中，它却不是什么假说。在哲学里由思辨认识证明：理性——这里不考究宇宙对神的关系，仅指这个名词就算够了，既是无限力量也是实体，它自身的一切自然生命和精神生命的无限素材与无限形式，即推动该内容的东西，理性是宇宙的实体。”

黑格尔认为，这种“理念”或“理性”是真实、是永恒、是绝对有力的存在，它显现在世界中，而且在这个世界中除它和它的荣耀之外，再没有别的显现出来，这便如前面所说，在哲学中已经证明的，在这里看作确证了的论点。知性和自觉意志作用的世界，并没有偶然，而是必定表现为自知的理念的样子。

绝对精神

黑格尔把绝对精神看作世界的本原，绝对精神不是超越于世界之上的东西，自然、人类社会和人的精神现象都是它在不同发展阶段上的表现形式。所以，事物的更替、发展、永恒的生命过程，就是绝对精神本身。黑格尔哲学的任务和目的，就是要展示通过自然、社会和思维体现出来的绝对精神，揭示其发展过程及规律性，启示就是探讨思维与存在的辩证关系，在唯心主义基础上揭示两者的辩证统一。

由于这个基本命题，黑格尔建立起令人赞叹的客观唯心主义体系，主要讲述绝对精神自我发展的三个阶段：逻辑学、自然哲学、精神哲学。黑格尔在论述每一个概念、事物和整个体系的发展中自始至终都遵守了这种辩证法的原则。乃至恩格斯也给予了高度的评价：“近代德国哲学在黑格尔的体系中达到了顶峰，在这个体系中，黑格尔第一次——这是他的巨大功绩——把整个自然的、历史和精神的世界描写为处于不断运动、变化、转化和发展中，并企图揭示这种运动和发展的内在联系。”

第二节　黑格尔对真理观的继承与批判

与所有的学科或科学都一样，哲学也是以寻求真理为目标，真理问题是知识论的最终归宿问题。我们甚至可以说，追求真理，是人类的思想的天职，同时是哲学的根本任务，更是每一个领域和个人进行研究和探索的根本宗旨所在。而所谓的真理观，在任何不同时代和不同的思想家那里都是大同小异的。黑格尔作为德国古典唯心主义哲学的集大成者，唯心主义辩证大师，他坚持真理的客观性、过程性和整体性的观点，且在此基础上建立了庞大的哲学体系。黑格尔认为，之前的哲学体系都是真理发展过程中的一个环节，是不完整的，或者是真理本身必须放弃的，而他的哲学体系才是科学的体系，是真理本身。

黑格尔所批判的两种真理观

在西方哲学史上，从古希腊柏拉图时期开始，直到黑格尔时期的近代哲学，一直都有两种对立或者相反对的真理观：一种是唯理论或者理性主义所坚持的融贯论的真理观；另一种是经验主义者所坚持的符合论的真理观。黑格尔是辩证法大师，在真理观的问题上，他都不能完全接受这两种真理观，因此都遭受了他的严厉批判。

1.融贯论的真理观

在近代哲学史中，由笛卡儿奠基，斯宾诺莎和莱布尼茨等加以发展和完善的理性主义哲学，排斥经验和事实。对于真理观，理性主义者认为只要按照少许不证自明的作为前提的命题，就可以通过演绎推理达到真理的结论。这个真理观只讲究体系自身的无矛盾性，对于那些该体系可能会涉及但又不属于这个体系的东西，被认为是多余的而要加以排除。假如一个命题是真的，那就需要它在一个推理体系中融贯。对真理的这种看法和观点都符合逻辑地演绎出这样

一个结论：一个体系中的一个命题或者一个整体中的一个环节仅仅是作为体系或全体的一个部分，它自始至终只作为一个部分而存在。如果离开这个体系和全体，那么作为部分而存在的环节就是不必要而可以取消的，即部分的存在是因为外在的目的。

在黑格尔看来，知性只处理日常的、熟知的事物，而理性则有反思的能力。因此推理演绎是获得真理的重要途径，而推理演绎就是要求系统本身的融洽和无矛盾性。不过，黑格尔对于融贯论的真理观，是持批判继承的态度的。对于融贯论的缺陷，他提出了反对的理由和根据，反驳是从理性主义者看来确定无疑的数学知识入手的。

所以，黑格尔提出了自己的看法：首先，数学知识的形成不同于哲学真理的形成过程，数学真理的形成过程，即证明推理的过程只是外在于事物自身的一种行为。对此，黑格尔说："数学证明的运动并不属于证明的对象，而是外在于对象的一种行为。"但是，哲学运动包括外在和内在两种运动，而且将两种运动统一于一个整体或环节。其次，从其构成材料来看，数学的材料是非现实性的、抽象的、空疏的，而且其目的贫乏，但哲学却不是研究抽象、空洞的东西，而是研究本质的规定、现实的东西。所以，黑格尔反对僵死的、抽象的教条和理论，反对融会贯通真理观的狭隘和自闭。

2.符合论的真理观

符合论的真理观主要是从两个不同的层面而言的，一方面是知识或观念符合对象，另一方面是对象符合观念或者知识。关于真理的定义，即真理是观念和对象的符合。柏拉图和亚里士多德提倡"符合论的真理观"，在他们看来，理论知识的目的在于真理，而每一件事物之真理与各事物之实是必须符合的。换言之，真理就是事实和被证明的命题或被验证的命题是时间上有关联的理论，一个信念是否为真就要看它宣称的命题是否能和事实相符合。

黑格尔的终极目的就是要寻找绝对精神的发展及展开的过程，从而构建其科学的哲学体系。对黑格尔来说，哲学要寻求真理，哲学呈现出来的性质是在某种程度上由真理的性质所决定的。所以，他所追求的是作为全体的完整的绝对真理，而不是作为部分的片面的相对真理。对此，黑格尔反对符合论的真理观，指出真理不是简单的主观和客观的一致，也不是命题与事实的简单符合。

哲学启示

可以说，一种理论体系的建立，都是以批判或者反对前一时期的同一问题上的相关体系为基础的。也就是只有在“破”的基础上，才有可能“立”。否则，按照思维逻辑的排中律原则，两个相反的体系或者观点不能同时为真，黑格尔的真理观就是在批判之前及同时代其他真理观的基础上建立起来的。

第三节　黑格尔完整的真理观

黑格尔，德国古典哲学的集大成者，同时也是辩证法大师，他在主观唯心主义的基础上建立起了庞大的哲学体系。他对真理作了种类的区分，即分为日常经验的真理和哲学的真理，在他看来，日常经验的真理是一时一事的真理，是部分和片段，所以只有相对性，而哲学的真理则是整体的真理，是预设的终点和目的，并以这个终点和目的作为运动的起点并最终达到终点和目的，如此一个圆圈式的运动包括目的和终点本身才是真理，即绝对。

黑格尔不仅对真理进行区分，而且运用辩证的方法来建立其哲学的科学体系。在黑格尔看来，这样一个建立其哲学的科学体系的过程以及最终结果就

是真理。对黑格尔而言，真理不单单是结果，而是结果连同其产生过程，他坚持真理本身的运动性和整体性，认为真理不是简单的结果或者现成的答案，他首次将自然的、历史的和精神的世界描述为一个整体，坚持统一的、整体的真理观。

1.真理实主同一

黑格尔在《精神现象学》一书的序言中说道：“一切问题的关键在于不仅把真实的东西或真理解释和表述为实体，而且同样理解和表述为主体。”黑格尔认为真理是实体向主体上升的过程，两者合二而一，通过自身发展、重建达到完善。

2.真理是运动发展的

在黑格尔看来，真理是包含目的和终点在内的一种自身运动，这种运动以目的为起点，最后达于目的和终点的一个圆圈式的运动。对此，黑格尔说：“真理就是它自己的过程，它是一个圆圈，这个圆圈预悬它的终点为目的，并以它的终点为起点，而且只有当它实现了并达到了它的终点，它才是现实的。”所以，现实的真理是运动发展的结果，是一个整体，既不仅仅是单纯的结果，也不仅仅是单纯的开端，或者仅仅是运动本身，真理是一个完全的整体，且其中的每一个环节自身也是作为一个整体而存在的。部分和环节本身并不单单只有部分和环节的意义和价值，即自身就是一个目的具有存在的理由和价值。因此，真理是对立面的统一和圆圈式的发展过程。

3.真理是用概念进行表述的

黑格尔强调或者看重的是哲学的真理，他十分反感当时浪漫派的诗人哲学，那是由于这种哲学强调直观和所谓的直接的知识，他反对那种一觉醒来真理就摆在眼前的做法，反对将真理诉诸于直观和感受的观点。在他看来，这样做是蔑视规定和确切，他认为这种故意回避概念和必然性的强调直观和直接的做法将导致它“有一种空的广阔，同样也有一种空的深邃”。

哲学启示

在黑格尔看来，哲学要避免成为有启示性的东西，哲学家也不是先知。因此，哲学必须要用概念进行思维，也就是要有规定和确定性，一般是概念先行出现，关于一般概念的阐述发挥随后出现。因此概念是最初的东西，是不完全的，还有待阐述、发展和完善的东西。在黑格尔看来，真理要用概念表达，不过概念还不是真理本身，它只是真理的最初发展阶段。

第四节　获得真理是最高的快慰

桑塔耶纳曾说："在一切事件中，获得真理是最高的快慰。"真理永远都是和谬误、虚伪、迷乱对立的。2013年5月15日，在北京大学的讲坛上，诺贝尔奖得者科学家杨振宁和作家莫言展开了一次"科学与文学的对话"。莫言这样说："科学和文学虽然探索的方式不同，但从本质上讲都是探寻真理和秩序，洞察宇宙和人心的奥秘。从某种意义上说，文学与科学都在用不同的方式追寻真理。"实际上，每一种存在，都因为真理才变得有价值有意义，科学是这样，文学也是这样，哲学更是这样。每一种人生，实际上也都是顺着这些学科铺设的道路，摸索前进，向着真理慢慢靠近。正如杨振宁所说："科学和文学都是真情妙语铸文章，科学研究要有真情，才能妙语。"而莫言则说："文学创作的是妙语，就是灵感，文学发展最根本的动力是人类追求光明的本性，是人类认识自我、表现自我的愿望。"

1878年9月，爱迪生决定向电力照明这个难题发起进攻，他翻阅了很多的

有关电力照明的书籍，决定制造出价格便宜、经久耐用，而且安全便捷的电灯。刚开始他从白热灯着手试验，他把一小截耐热的东西装在玻璃泡里，当电流把它烧到白热化的程度时，便由热而发光，于是，他想到了炭，就把一小截炭丝装进了玻璃泡里，刚一通电马上就断裂了。

爱迪生拿起断成两段的炭丝，看看玻璃泡，自问："这是什么原因呢？"过了很久，他才忽然想起：也许是因为这里面有空气，空气中的氧又帮助炭丝燃烧，所以使它马上断掉！于是，爱迪生用自己手制的抽气机，尽量把玻璃泡里的空气抽掉，一通电，果然没有马上熄掉，不过短短8分钟之后，灯还是灭了。

尽管这样，爱迪生发现：真空状态对白热灯非常重要，关键是炭丝，问题的关键点就在这里。那应该选择什么样的耐热材料才好呢？白金？爱迪生和助手们用白金试了很多次，但这种熔点较高的白金，尽管使电灯发光时间延长了很久，但不时要自动熄掉再自动发光，依然效果不理想。面对这样的结果，爱迪生并不气馁，继续着自己的工作，他先后试用了钡、钛等各种稀有金属，效果还是不理想。

以后的一段时间里，爱迪生对前边的实验工作作了一个总结，把自己所能想到的各种耐热材料全部写下来，有1600多种。然后，他与助手们将1600多种耐热材料分门别类地开始试验，不过试来试去，还是白金最合适。他又改变了抽气方法，让玻璃泡内的真空程度更高，灯的寿命这时已经可以延长到2小时。不过，这种白金材料制成的灯，价格太昂贵了，谁会愿意买呢？

偶然的一个冬天，爱迪生看着自己围巾上的棉纱，对，棉纱的纤维比木材的好用，能否用这种材料呢？他赶紧从围巾上扯下一根棉纱，在炉火上烤了很长时间，最后棉纱变成了焦焦的炭，他再小心地将这根炭丝装进玻璃泡里，一试验，效果果然很好。爱迪生十分高兴，接着制造许多棉纱做成的炭丝，连续进行了多次试验，灯泡的寿命一下子延长到13小时，后来甚至达到了45小时。

这个消息传开了，轰动了整个世界，人们意识到点燃煤气灯即将成为历史，未来将是电光的时代，大家纷纷向爱迪生祝贺，但爱迪生却丝毫不感到高兴，他摇头说道：“不行，还得找其他材料。”助手吃惊地问道：“怎么，亮了45小时还不行？”爱迪生回答说：“不行，我希望它能亮1000小时，最好是16000小时。”

那什么样的材料才是最合适的呢？爱迪生根据棉纱的性质，决定从植物纤维方面去寻找新的材料。通过多次选择，爱迪生选择了竹这种植物，把炭化了的竹丝装进玻璃泡，通电之后，这种竹丝灯泡竟然连续不断地亮了1200小时。助手们送来了祝贺，爱迪生认真地说：“世界各地有许多种竹子，其结构不尽相同，我们应该认真挑选一下。”助手们被爱迪生精益求精的科学态度所感动，纷纷自告奋勇地去各地考察，经过长时间的比较，他们最后选择了日本盛产的一种竹子。通过开设电厂，架设电线，过了不久，美国人便用上了这种价廉物美，经久耐用的竹丝灯泡。

到了1906年，爱迪生用钨丝代替竹丝，使灯泡的质量又得到了提高，一直沿用到今天。当人们点亮电灯，都会想到这位伟大的发明家，是他给黑暗的世界带来无穷无尽的光明。

真理就是这样诞生的，爱迪生寻找竹丝的过程其实就是追寻真理的过程，他那精益求精、孜孜不倦的精神和态度更是值得我们学习。实际上，真理的诞生并不仅仅是指发现前人已经发现的真理，发现真理还包括了解真理和创新真理，前人提出过的真理，一定是已经经过实践检验过的真理。

哲学启示

那么，我们该如何发现真理呢？

1.了解过去的真理

如果不了解过去的真理，自己就得出了一个结论，就高兴地宣布自己发现了一个真理，那就贻笑大方了。这就像科学发明一样，要想知道自己的发明是不是新的，那就需要了解过去在这个方面发明的情况，必要时进行查询。这种查询的必要性就是了解自己发现的真理是否真的是真理。

2.掌握过去真理的内容

我们需要了解前人在这个问题上的研究，已经达到了什么样的水平，这个问题实际上也是第一个问题的延续。第一个问题是要说从大的范围内了解前人提出的真理，这个问题是说要对这个真理的究竟达到了什么样的水平，心里要十分清楚。

3.有理性思维

老子曰：“智慧出，有大伪。”意思是，当一种被认为是真理的思想推出时，必须要进行独立的思考，想一想这个真理是否符合自己的实际。真理都是相对的，我们可以迈向的，只能是更加接近绝对真理的相对真理，而不可能是最终的绝对真理。

第五节　真理就是大胆质疑，证明自己

真理是什么？真理就是大胆质疑，证明自己。当然，对问题的怀疑将意味着我们需要证明自己的想法是正确的，这时候我们怀疑的是问题本身，而不应

该是自己。黑格尔认为，意识到问题的存在是思维的起点，没有问题的思维是肤浅，敢于质疑，常常是成功的导火索。然而，对于大多数人来说，面对一些既成的事实，即使他们发现了一些问题，他们所能怀疑的是自己，而不是问题本身。对此，不要怀疑自己，而是要大胆地证明自己。黑格尔这样鼓励我们："要善于并敢于否定前人，而不是一味地盲目地迷信权威。"在某些问题上，如果自己真的发现了端倪，我们所需要做的并不是怀疑自己，而是努力证明自己，当然，这需要绝对的自信与勇气。

1900年，著名教授普朗克和儿子在花园里散步，他看起来神情沮丧，遗憾地对儿子说："孩子，十分遗憾，今天有个发现，它和牛顿的发现同样重要。"原来，他提出了量子力学假设以及普朗克公式，但是，由于他一直很崇拜并虔诚地奉为权威的牛顿理论，而自己的发现将打破这一完美理论，他有些怀疑自己的判断，最终他宣布取消自己的假设。不久之后，25岁的爱因斯坦大胆假设，他赞赏普朗克假设并向纵深处引申，提出了光量子理论，奠定了量子力学的基础。随后，爱因斯坦又突破了牛顿绝对时空理论，创立了震惊世界的相对论，并一举成名。

对自己的怀疑，常常会让我们失去成功的机会，或是让我们放慢前进的脚步。普朗克对自己的怀疑，使整个物理理论停滞了几十年。所以，任何时候，都切莫怀疑自己，而是努力、勇敢地证明自己，这样我们才有可能站在成功的顶峰之上。因为真理就是大胆质疑，勇敢地证明自己。

伽利略是意大利伟大的科学家，当时，研究科学的人都信奉亚里士多德的见解，如果有人怀疑亚里士多德，人们就会对他进行责备："你是什么意思？难道要违背人类的真理吗？"亚里士多德曾说："两个铁球，一个10磅重，一个1磅重，它们同时从高处落下来，10磅重的一定先着地，速度是1磅重的10倍。"而伽利略对这句话却表示怀疑，他心想：如果这句话是正确的，那么将这两个铁球栓在一起，那么落得慢的就会拖住落得快的，那么落下的速度就应该比较慢，如果把两个铁球看成一个整体，那落下的速度应该比原来10磅重的

铁球快。伽利略相信自己的判断，他开始做实验，希望通过实验来证明自己。果然，实验的结果证明了亚里士多德的结论是错误的，而自己的判断是正确的。如果伽利略怀疑自己，不敢相信自己，那么也许科学的脚步会慢许多。

克里斯托莱伊恩是英国一位年轻的建筑设计师，幸运的他被邀请参加了温泽市政府大厅的设计，克里斯托莱伊恩没有运用工程力学，而是根据自己的经验，巧妙地设计了只用一根柱子就支撑了大厅天花板的预案。一年过去了，当市政府请权威人士来验收工程时，却对克里斯托莱伊恩设计的一根支柱提出了异议，他们认为用一根柱子支撑天花板太危险了，要求克里斯托莱伊恩再多增加几根柱子。克里斯托莱伊恩十分自信地说：“只要用一根柱子便足以保证大厅的稳固。”他完全相信自己的计算和经验，拒绝了工程验收专家的建议。不过，克里斯托莱伊恩的固执惹恼了市政府官员，他差点儿因此而被送上法庭。在这样的情况下，克里斯托莱伊恩只好在大厅周围增加了4根柱子，不过，这4根柱子全部没有挨着天花板，之间相隔了两毫米。

300年过去了，温泽市的市政官员换了一批又一批，但是，市政府大厅依然坚固如初，一直到20世纪后期，当市政府准备修缮大厅时，才发现了这个秘密。当时，消息一传出，便轰动了世界，各国著名的建筑师都慕名而来，欣赏这几根神奇的柱子，他们看到了在大厅中央圆柱顶端写着的一行字：“自信和真理只需要一根支柱。”而克里斯托莱伊恩这位伟大的设计师，只留下了这样一句话：“我很自信，至少100年后，当你们面对这根柱子的时候，只能哑口无言，甚至瞠目结舌，我要说明的是，你们看到的不是什么奇迹，而是我对自信的一点坚持。”

即使自己的设计遭到了质疑，克里斯托莱伊恩依然坚信自己的判断是正确的，他从来不怀疑自己设计的正确性，而且，努力、大胆地证明了自己。时间是不会偏颇一个人的，而正是时间证明了克里斯托莱伊恩的自信与真理。有的人其实已经触碰了真理，但是，他却因此而怀疑自己，最终，他错过了成功的机会。

哲学启示

一个人如果总是不断地怀疑自己，这是缺乏自信的人所表现出来的特点。缺乏自信的人，他们不敢，甚至畏惧相信自己的想法和判断；缺乏自信的人，他们想办法证明的是自己是错误的，而不会证明自己是正确的，因为他们内心畏惧出错。怀疑自己，只会成为我们成功之路的障碍，只会使我们放慢前进的步伐，所以，对自己多一份自信，相信自己，千万不要怀疑自己，同时，我们应该鼓起勇气去证明自己。

第六节　真理是推陈出新

在黑格尔之前，已经出现了两种真理观，不过，黑格尔并非被原有的思想禁锢了，而是持继承和批判的态度，对其积极的部分予以继承，对其消极的部分予以批判，从而形成自己的一套哲学体系。其实，真理就是推陈出新。无论我们做什么事情，如果你总是在别人用过的套路中打转转，那只会束缚自己的思维，这时你应该做的，就是跳出框框，别被固有的思想禁锢住。当经验在大脑里越积越多，甚至会形成一种思维定式时，人们总习惯用自己的价值标准和思维模式来评判事物，其实，这就是所谓的“思想僵化”。通常情况下，越是在机遇面前，一个人的心理越是趋于保守，就越容易陷入这样的困境，他很难去做任何事情。生活在这个变幻莫测的世界，时代总是向前，逆水行舟，不进则退，如果你不愿意创新自己的思想，总有一天，你会被这个社会所淘汰。

在美国纽约街头，有一位卖气球的小贩，每次当自己生意不怎么好的时

候，他就会使用这样的方法：向天空放飞几只气球。这样一来，就会吸引一些围观的小朋友来玩耍，自己的生意又会好起来，那些被气球吸引过来的小朋友都争着买他的色彩漂亮的气球。

有一天，当他向空中放飞了几只气球的时候，他发现了在一大群围观的孩子中间，有一个黑人小孩，他用一种疑惑的眼神看着天空。小贩很奇怪，他在看什么呢？顺着黑人孩子的眼光看去，发现空中正飘着一只黑色的气球。这只黑色气球是否代表着自己呢？

小贩走上前去，用手轻轻地抚摸黑人孩子的头，微笑着说："孩子，黑色气球能不能飞上天，在于它心中有没有想飞的那一口气，如果这口气够足，那它一定能飞上天空。"

在当时的美国，种族歧视十分严重，黑人在美国社会根本没有什么地位。难道黑人就真的没有办法像黑气球一样飞上天空吗？或许，在几百年前，美国白色人种不会相信有一天黑人也会坐上总统的位置，那是固有的思想。但是，在今天，相信所有的美国人都知道，黑色人种一样可以很好地统治美利坚合众国。当然，几百年来，无数的黑人并没有被固有的思想所束缚，他们一直在努力，终于，跳出了框框，而奥巴马则成为美国第一任黑人总统。

匈牙利在20世纪40年代发明了圆珠笔，由于它易于书写和便于携带，所以一经问世便风行全球。可好景不长，这种圆珠笔在使用一段时间后就会出现漏油的毛病，弄脏了纸张及衣袋。

对此，圆珠笔发明者及很多研究圆珠笔的人对于漏油问题都反复进行了深入的研究，他们都发现问题出在笔珠书写时受到磨损，墨油就跟随磨损部位漏出来。他们将注意力一直停留在笔珠的研究上，拼命提高笔珠的耐磨性。当他们把笔珠的耐磨性改善后，笔珠与笔杆接触的耐磨问题又冒出来了。

而中田藤三郎却发现了问题中的奥秘，在他看来，圆珠笔是个很有发展前途的商品，假如能改进它的漏油问题，将会获得比圆珠笔的发明者更多的财富。他仔细分析了圆珠笔的结构及出问题的原因，也总结了许多人对改进漏油问题的失败经验，最后，他采取逆向思维，获得了防止圆珠笔漏油的方法。

他的方法很简单：通过反复试验，统计当圆珠笔写到多少字后就漏油，在掌握这个数量的基础上，他着手把笔芯的装油量减少，减少到圆珠笔磨损在开始漏油之后，芯子中的笔油已经用完了，这样，再也无油可漏了。笔芯的油用完了，可换支笔芯，圆珠笔可继续使用。

在解决圆珠笔漏油的问题上，中田藤三郎并没有被固有思想的框框套住，而是逆向思想，开拓思维，因而巧妙地解决了难题。人和动物最根本的区别在于有思想、有思维活动，但是，思想也是需要推陈出新、不断更新的。否则，总是被固有的陈旧思想束缚，只会一事无成。

哲学启示

成功者说："财富是想出来的。"其实，一个人要想成功，不仅要养成思考的好习惯，还需要不断地创新自己的思想。追寻真理是这样，真理本身也是这样。解放思想，扩展思维，这样，你才能更大限度地获取有益的信息，从而促使自己获得辉煌的成就。对于那些敢于冲破固有思想的人来说，他们永远不会跟随众人的思维模式，而是找到一条独辟蹊径的解决办法的道路，那是他们身上的一种特质。新思想是击破思维定式的有效武器，无论是在思考的开始，还是在其他某个环节上，当我们的思考活动遭遇了障碍，陷入了某种困境，难以再继续下去的时候，你需要思考一下：自己的头脑中是否有了固有思想在起束缚作用，自己是否被某种思维定式捆住了手脚？

第5堂课 听海德格尔讲哲学

海德格尔的死亡观是独特的，他超越了传统形而上学以认识论为根基来探讨死亡的路向，从比认识更为本源的人的生存出发来思考死亡问题。他的生死观，不仅使死亡从“不在场”的遮蔽状态中释放出来，而且使其此在通过领悟自己的有死性而获得了生存的自由。

第一节　海德格尔：存在主义哲学创始人

马丁·海德格尔，德国哲学家，20世纪存在主义哲学的创始人和重要代表之一。由于其父母都是天主教徒，小海德格尔在天主教会的资助下在康斯坦茨读中学，为将来的牧师职业作准备，后来他在弗莱堡的文科学校上学，在这之后的六年里，他学习了希腊文，同时学习了拉丁文。1907年，海德格尔在回家度假时，从康斯坦茨三一教堂的神父那里借到了F.布伦塔诺的著作《论亚里士多德以来存在者的多重含义》，他开始对存在意义的问题产生兴趣，成为其毕生哲学事业的起点。

1909年进入弗莱堡大学，前两年主攻神学，辅以哲学，1911年他决定放弃牧师的前程而专攻哲学，跟随胡塞尔潜心研究现象学。在胡塞尔的影响和帮助下，1922年海德格尔受聘于马尔堡大学任哲学教授。就是在马尔堡时期，他开始撰写自己的主要著作《存在与时间》，这本书奠定了他一生哲学活动的基础，被视为现代存在主义哲学的重要著作，海德格尔也因此声名鹊起。1928年，海德格尔被胡塞尔推荐为弗莱堡大学哲学教席的继承人，他创立了自己的哲学——存在主义。其一生著作有《存在与时间》《康德与形而上学的问题》《形而上学入门》《荷尔德林诗的阐释》《对哲学的贡献》《林中路》《什么被称为思考？》《理性的原则》《同一与差异》《思考的展示》《通向语言的道路》《关于科技的问题》《社会与反省》《克服形而上学》《谁是尼采的查拉图斯特拉》《筑居思》《路标》。

哲学思想

海德格尔是存在主义哲学的创始人和主要代表之一，他在《存在与时间》一书中曾写道："当你们用'存在着'这个词的时候显然你们早就很熟悉这究竟是什么意思，不过我们也曾相信懂得它，但是我们现在却茫然失措了。"他认为，柏拉图当时指出人人都熟悉的"存在"的意思其实并没有真正懂得，后来，他阐述了"在"的意义：已经具有的性质，换言之，首先必须"在"，才有"在者"，绝不可能根本不"在"，就有了"在者"。要解决"在"的问题，必须追溯到一种"在者"，这种"在者"在究竟成什么样子还不明确时，它的"在"已经明确了。

在海德格尔看来，只有"我"是这种"在者"，只有"我"是在成什么样都还不清楚的时候，它的"在"已经澄清了。所以，"我"就是"在"，"在"就是"我"。继续往下，海德格尔就开始谈论"我"的"在"就是世界。

对此，海德格尔总结了自己的核心思想：个体就是世界的存在，在所有的哺乳动物中，只有人类具有意识到其存在的能力，他们不作为与外部世界有关的自我而存在，也不作为与世界上其他事物相互作用的本体而存在。人类通过世界的存在而存在，世界是由于人类的存在而存在。在他看来，人类处于矛盾之中，他们预示到不可避免的死亡，死亡导致痛苦和恐怖的经验。对此，他们不得不承认死亡是难以避免的，接着便是一切不复存在。我们的存在既不是我们自己造成的，也不是我们的选择。存在是强加给我们的，并将一直延续到我们去世。

存在与时间

在接触到布伦塔诺《论"存在"在亚里士多德的多重意义》后，海德格尔说："我开始了在哲学上第一次笨拙的尝试。"他第一次对存在提出了追问，在后面的岁月里，他一直坚持着哲学就是对“存在”的追问。1927年，海德格尔的《存在与时间》第一部分问世，从此其名声大噪，毋庸置疑地成为了德国哲学界的第一号人物。在书里集中了他整个思想过程的许多问题，其中包括“本直状态与非本直状态”“逻辑与判断”“真理构成”“先于理论认识的经验”“事实性生命”“此在的存在方式”“时间性问题”等。

开篇他便重新阐明“存在意义”发问的必要性，从“存在”本身便是超越一切种属关系的，最普遍的概念，它似乎谁都懂得，不过其意义确实隐藏在隐晦中。书中详细地讨论了此在与世界，时间的问题，书中概括来说分为此在与世界，此在与时间，此在展开部分。书中准备性叙述中，则规划了人类学与心理学以及生物学，进行了生存论的准备工作，并提出了存在的基本问题。

虽然此在总是非本直的存在，不过海德格尔提出了 “畏”这一情绪，使得本真成为可能，畏没有具体对象，而是人类有限性的表现，此在的基本存在即为操心。畏袭来，此在出离自身体，并意识到自己的有限性。畏在畏之中，它是无而且在无何有之乡，此在害怕沉沦，并有了本真状态。畏使此在看到了自身的终极——死。海德格尔详细的讨论了死的概念，它是时间的到时并且无法被经验，他使得此在谋划自身——向死而生，此时出现了“良知”呼唤此在。此在在这种良知中见到了本真能在的生存结构。

在书的最后部分则讨论了时间问题，批判了传统流俗的计数时间，结合实践性来讨论此在的生存状态，得出让人迷惑的概念“人即时间”，这主要体现在领会，沉沦等时间性的讨论，在这里就导出了海德格尔的历史观念。本书用人的在场来探索存在的种种意义，此后分析的种种结论则导出了存在的“疏明之地”，在这里存在者正题被把握，这光影纵横的存在场就是存在本身，使得物与此在的缘在发生，物与此在是其所是的回归于自身，但是存在本身的探索并没有就此结束。

第二节　生死观：先到死亡中去

归根结底，哲学是时代的产物，哲学家们的学说绝不是其个人脑子里面的奇思妙想，而总是代表和反映着一个时代的呼声。而海德格尔所处的时代就是一个充满了动荡的年代，由于大规模的经济危机严重影响了人们的生活，干扰了正常的经济秩序，世界大战的爆发，不但摧毁了无数无辜的生命，同时也给人们的精神世界带来了严重的创伤。如此残酷、矛盾与动荡并存的时局给个体的精神世界带来了极大的创伤，让个体的生命及其价值备受蹂躏，同时也让人们有更多的面对忧虑、烦恼、畏惧和死亡的困扰。这时候的人们十分渴望一种直接面对死亡的思考，呼唤一种关于死亡的“现代意识”。但是，传统的对死亡的认识要么是让人们回避死亡，以求生为最高价值和目标；要么是鼓励人们漠视生命，而以求死为最高价值和目标。前一种看法必然会导致享乐主义，而不能揭示生命由生到死的规律所在，后一种看法则是禁欲主义和宗教对死亡的“美化”埋下的伏笔。显而易见，这样的生死观没办法给处于动荡时代中的人们以慰藉，反而会加重人们的思想负担。

海德格尔对于生死的思索，其从死中领会生的存在主义正好给那些处于绝望中的人们以启示和鼓励。海德格尔认为，人生在世尽管有烦恼、畏惧、死亡，不过绝不应该悲观厌世、逃避现实，而是应该给生命以更高的价值和意义。他鼓励人们先行到死亡中去，从而可以超脱本身以外的一切去关注自己的生，从而领悟生的意义，实现人“本真的在”。

死亡问题

在传统形而上学看来，抽象的、普遍的、无限制的东西才是真实的存在，而具体的、个别的、有限的东西则意味着虚幻的存在。他们认为死亡只是对个体生命存在的否定，所以死亡问题并不具有独立的存在意义和价值，其实际上是一种非存在的，可以忽略不计。其实，恰恰是因为缺乏对人生存死亡中死亡问题的思考，使人们忽视了自身存在的有限性，从而导致了人类理性的过度膨胀，背离了人现实的存在基础，最终使人成为了抽象的、精神的存在，丧失其作为人的价值和自由。

海德格尔抛弃了传统形而上学以认识论为基础来探讨死亡问题的道路，从人的存在方式这个意义上来探讨死亡问题。他认为，死亡作为此在从开始存在就始终伴随着此在存在的方式和过程，它与生一样，都在此在的存在中显示出自身的存在性，死不是生命终结之时才到来，而是贯穿于生命存在的每一个瞬间。人只要存在着，就要承担死亡，不管其愿意与否，尽管死亡是生命的消亡，不过并非意味着空无，它也有着真实的存在性。死亡的存在，从根本上说是生命存在的意义之所在，它比生命更能揭示人生之价值所在。

1.死亡是本己性的

在海德格尔看来，死亡是本己性的，无关涉的意味着死亡是人的专利，是任何人所不能代替的，它依其本质就是自己的死亡。可以说，世界上最私人的东西就是死亡，它与他人、他物都是没有关系的。一个人只有面临死亡的那一刻，他才真正体验到生与死的不同，从而更好地领悟自己存在的意义。当然，也只有领悟到死，才能把自己与他人、社会以及集体完全分开，获得个性，离开常人的存在而回到自己本真的“在”中去。

2.死亡是必然的

死亡是不可超越的，任何人都不能逃脱死亡的控制，人生从刚开始就意味着注定要以死亡来结束。死亡作为此在存在的界限，标志着死亡“大限”的所在，使此在所有可能性的存在终将成为不可能，它揭示了人的生命的有限性。不过，人生是开放的，存在着无限的可能。此在作为一种先行于自身的在，意味着它必定不是现成的存在物，而总是要不断超越自己，不断筹划、设计、选择自己，以显现自己的多样性。

3.死亡是确知而不确定的

每个人毫不怀疑地确知自己早晚必有一死，不过什么时候死却是没办法知晓的，所以，人无时无刻不遭受着死亡的威胁，而这种威胁产生的情绪就是“畏”。此在得以本真地领会到自己的过程，其实就是面向死亡的过程，而这也正是畏的过程。所以，“为死而在，本质上就是畏”。海德格尔认为，人生之中最大的畏莫过于面对死亡的畏，即“畏死”。此在只有处于畏死的情绪中才能摆脱沉沦的厄运，而保持个人的独立于自由，从而领会自己本真的在。

先行到死中去

死亡是一个不断显现自身存在的过程，此在的存在在这个“向终结存在”的过程中，不断发现自身、实现自身存在的意义。对此在而言，死亡不是现成的，已经实现了的东西，只是意味着一种不断逼近的可能性。所以，死亡这种可能性是此在所有一切可能性存在所得展开的领域，正是它道出了此在本己的能在的过程。于是，海德格尔主张人们“先行到死中去”，自由地选择，谋划人生，积极地成就自身，有所作为。

在晚于《存在与时间》两年写的《形而上学是什么？》（1929）一书中，海德格尔直截了当地把“虚无”作为一个形而上学的问题提了出来。他说，虚无“原始地属于本质本身”，有限的“有”只有嵌入“无”中的境界才能显示自身。如果说形而上学就是超出存在物之上的追问，以求对存在物整体获得理解，那么，追问“无”的问题就属于这种情况。虚无是一切存在物背后的真正本体。所以，“我们追问无的问题是要把形而上学本身展示于我们之前”。个人通过“嵌入‘无’中的境界”而达到对一切存在物的超越，从而显示其真正的存在——此在。“超越存在物之上的活动发生在此在的本质中。此超越活动就是形而上学本身。由此可见，形而上学属于‘人的本性’。”

可以说，死比生更根本，无比有更根本，只有以死亡和虚无为根本的背景，才可以阐明人生的哲学问题。“先行到死中去”，也就是敢于自由、从容地面对死亡。只有这样，此在才可以从“常人”状态中走出来，找回沉沦在社会中的自我，从而赢得自由，从非本真的状态回归本真的状态。对此，海德格尔表示，一个人不管怎么殚精竭虑地回避死亡，怎么在平庸中冲淡对死亡的恐惧，最终人都是要死的。可以说，人的一生随时遭受着死亡的威胁，死对于人而言总是如影随形。尽管死亡是悲观主义的，不过，海德格尔在另一方面始终力图展现一种全新的死亡意识，也就是死亡所具有的独特的、积极的力量。

如何从容地面对死亡，保存生命的尊严直到最后一刻，这是每个人内心深处共同的渴求。海德格尔的生死观为我们提供了一种精神上的终极关怀：死亡既是人类的终点，同时也是探索人类价值的出发点。正是因为有了死亡，人才会真正认真思考生存的价值和意义。死是生的前提，有死才会有生，生死相继，才是一个完整的生命过程。死，从来就不是生的对立面，它本来就属于生的一部分，我们只有积极应对死亡的挑战，直面死亡，体验死亡，才能求得精神解放。简单地说，学会了死，才懂得活，海德格尔不仅仅属于过去的某个时代，不仅属于今天，更属于遥远的未来。

哲学启示

海德格尔对死的领会把人从人生中拔出来，投入虚无之中；把人从社会中拔出来，返回孤独的自我。孤独的自我在绝对的虚无中寻找着自己，这就是海德格尔对死亡问题的抽象思辨的形象图解。

正因为死亡使人的存在成为不可能，人们才更应该在死亡来临前认真地思考自己的存在，而不应该浑浑噩噩，虚度光阴。这是因为只有当一个人强烈地意识到自己必死的时候，才会真正地体会到自己独一无二、不可重复的价值，才会从沉沦、逃避中觉醒，回到自己的本真状态，也就是不回避死亡、不逃避死亡。

第三节　庄子的自然主义超脱论

如何看待个体生命的死亡现象是人生哲学的重要内容，《庄子》内七篇与海德格尔的《存在与时间》都对这个问题都花费了大篇幅进行探讨。尽管庄子不可能知道海德格尔，不过海德格尔却知道庄子，他们两人隔了几千里，地隔几万里，尽管这两者的生死观之间并没有太大的相同之处，不过透过他们对生死观不同看法的比较，可以丰富人生哲学，对于我们怎样看待生死的问题可以提供一种思想的参照系。

庄子作为道家发展史上的中坚人物，在生死观的问题上既继承了老子的思想，又提出了与不同的观点。在一方面他反对人们戕生伐性，要求人们守道修德，在不合理的社会里要善于避开各种矛盾，尽其天年而不中道夭折；在另一方面又主张齐生死，把生与死看作一种自然而然的现象，是造化洪流中的一个过程。劝导人们不必悦生而恶死，极力淡化人们在死亡面前的恐惧感，以一种旷达的死亡观慰藉人的心灵。

《庄子》内七篇的生死观主要精神是：尊生而不悦生，顺天而不恶死。在面对现实社会生不如死的黑暗状态时，庄子也表达了死比生可能更好的思想萌芽，但这种思想不是主要内容，只是在外篇《至乐》篇中，才系统地表达了乐死而厌生的思想。在该篇中，庄子在其妻死时鼓盆而歌，称其死后可能比现实更加快乐；又借与骷髅对话的寓言故事，歌颂死亡世界里的大快乐："死，无君于上，无臣于下，亦无四时之事，从然以天地为春秋，虽南面王乐，不能过也。"外篇中所具有的这一"乐死"思想与内七篇不悦生、不恶死的思想有内在联系，但还是不一样的，可以看作其追求自由思想的一种发展。

1.《逍遥游》

《逍遥游》篇被人们看作庄子追求自由的篇章，不过若从人生哲学的角度看，《逍遥游》篇主要讲"生"的理想，而《大宗师》篇则主要讲如何善待死亡。在《逍遥游》篇中，庄子主要讲如何通过修炼，最终达到“物莫之伤”与“乘物以游无穷”的理想境界。庄子的理想人生状态是：“若夫乘天地之正，而御六气之辩，以游无穷者，彼且恶乎待哉！”而这一“无所待”的理想人格，即至人、神人、圣人之类的人物，他们或无己，或无功，或无名，然皆是“无待”的大自由的人。

从《逍遥游》篇中可以看出，庄子的人生哲学是尊生的，而且十分重视生命的质量：绝对的自由自在。不但如此，在《齐物论》篇，庄子反对“心与形化”的人生样态，认为那些与物斗争，耗费生命的生活方式是人类迷惘的表现，不足为训。从人生哲学角度看，庄子所要表达的正好是一种尊重万物之性的思想，他通过颠覆人类社会历史过程形成的各种固有的“成毁”“美丑”“利害”观，希望人们从万物各具所是、所可、所然的角度看待万物自身的价值与意义。

在生命观、生死观方面，庄子把死亡看作一种回归本真的状态，庄子在作品中借王倪之口，表达了自己尊生、追求无待的自由的理想：“至人神矣！大泽焚而不能热，河汉冱而不能寒，疾雷破山风振海而不能惊。若然者，乘云气，骑日月，而游乎四海之外。死生无变乎己，而况利害之端乎！”

2.《养生主》《人间世》

《养生主》篇，庄子明确提出了“保身余生，养亲、以尽天年”的生命观，反对人们利用有限的人生去追求无限的知识。在篇中，他说：“吾生也有涯，而知也无涯。以有涯随无涯，殆已。已而为知者，殆而已矣。”要求人们避免与矛盾直接摩擦，以消耗生命，而应当做到“为善无近名，为恶无近刑。缘督以为经，可以保身，可以全生，可以养亲，可以尽年。”

《人间世》篇借颜回与孔子的对话，阐述了一个人在乱世如何先能保存自己，然后才去帮助别人的道理。文章以颜回欲去卫国帮助卫君，向孔子辞行开篇，孔子告诫颜回道：“古之至人，先存诸己而后存诸人。所存于己者未定，何暇至于暴人之所行！”之后又借孔子之口讲古人如何因为好名好实而丧身的

故事，告诫人们不要受名实之欺骗而残害生命论文联盟。“且昔者桀杀关龙逢，纣杀王子比干，是皆修其身以下伛拊人之民，以下拂其上者也，故其君因其修以挤之。是好名者也。昔者尧攻丛枝、胥敖，禹攻有扈，国为虚厉，身为刑戮，其用兵不止，其求实无已。是皆求名实者也，而独不闻之乎？名实者，圣人之所不能胜也，而况若乎？”以此告诫颜回，既不要求名，也不要求实，二者皆会令人丧生。

3.《大宗师》

庄子在《大宗师》篇所表达的生死观，首先表现在他把人的生命看作一个自然的过程，而且以感恩的态度来面对人的衰老与死亡现象。所以，庄子批评世俗社会悦生而恶死的观点，他说：“死生，命也；其有夜旦之常，天也。人之有所不得与，皆物之情也。”也就是说，死与生都是一种不受人的控制的命定现象，人没办法参与其中作出决定。既然是这样，我们对于死亡与被赋予的生命只能采取一种顺而受之的态度。不但如此，我们还应该以感恩的心态来面对生命过程中的辛劳、衰老与死亡，以善待生的态度来善待死的结局。

哲学启示

庄子主张“齐生死”“不知说生，不知恶死”“无古今而后入于不死不生”。生死都是自然变化，一个人只要把自己和自然融为一体，超越人世古今之变，就可以齐生死，不再恋生患死了。庄子所主张的是自然主义的超脱论，这是一种豁达的态度：人与自然本是一体，出于自然，又归于自然，无所谓生死。它教人看破人生的有限，把小我化入宇宙的大我，达于无限。因此，庄子的超脱论安死而不乐生，对人生持一种淡泊无为的立场。

第四节　人为什么活着

人为什么活着？这是一个古老的问题。人为什么活着？人活着是为什么？生命到底有没有意义、价值、目的？是为了活着而活着？是为了找到爱与幸福？是为了发展完善全面自身？是为了努力向上爬，追求更真更善更美？是为了穷尽一生获取幸福？假如这一切都实现了，那以后的以后我们又是为什么而活着呢？现代社会，有几个人为寻找活着的意义而活着呢？有几个人活着的意义就是为了寻找活着的意义？人活着，是一种对死的恐惧，一种对生的感恩。人的本能都有一种抗拒死亡，厌恶死亡，或许有的人，并没有认真地思考过活着是为什么，只知道，活着就是活着，至少我还是活着。当“生”渐渐地变成一种坚强的生命，把死像一只蚂蚁一样踩在脚下的时候，有人开始问自己生的意义，因为已经没有了强大的敌人，让“生”感觉到孤单。

于娟，《此生未完成》的作者，一名复旦大学青年教师，一个两岁半孩子的母亲，一个四十岁男人的妻子，两个六旬老人的女儿，一个乳腺癌晚期患者。她在《此生未完成》中写道：“我的房间很小，我就把窗户开得很大；我的感情很重，我就把诺言许得很轻；我的往昔很空，我就把今天填得很满；我的喜悦很少，我就把笑容积得很多。”

于娟要用多大的代价，才能认清活着的意义。对她而言，只是珍惜最后的时间，勇敢地做最后的努力，和病魔作斗争，以最大可能的陪伴来报答家人的恩情。哪怕自己身患绝症，但在她身上洋溢的是“生”的快乐。

于娟在《此生未完成》中写道：

有些事情，电影也好，BBS也好，K歌也好，想想无非感官享受，过了那一刻，都是浮云。唯一踩在地上的，是你健康的身体。

我曾经的野心是两三年搞到一个副教授来做做，于是开始玩儿命地想发表文章搞课题。虽然对实现副教授的目标后该干什么，我非常茫然。为了一个

不知道是不是自己人生目标的事情拼了命扑上去。不能不说是一个傻子干的事情，得了病我才知道，人应该把快乐建立在可持续的长久人生目标上，而不应该只是去看短暂的名利权情。名利权情，没有一样是不辛苦的，却没有一样可以带走。

生不如死九死一生死里逃生死死生生之后，我突然觉得一身轻松。不想去控制大局小局，不想去多管闲事淡事，我不再有对手，不再有敌人，我也不再关心谁比谁强，课题也好，任务也罢，暂且放着。世间的一切，隔岸看花，云淡风轻。

长大，对我来说是一个慢慢把年少轻狂时否定不屑的东西重新捡起来审视深味，然后心悦诚服，与万千年之前说出这短短数语的古人隔空莞尔共鸣。

在生死临界点的时候，你会发现，任何的加班，给自己太多的压力，买房或者买车的需求，这些都是浮云，如果有时间，多陪陪你的孩子，把买车的钱给父母买双鞋子，不要拼命去换什么大房子。和相爱的人在一起，蜗居也温暖。

有人说，生就是爱，一种对生，对活着的爱，我们要懂得去爱上她。只有当我们爱上，她珍惜她的生活，才会感觉到生的伟大，生的可贵。每个人都有一个磁场，他可以改变物质某些特质，而物质也会传达这种精神，所有的都是这样的循环，就好像一个画家一样，假如他是悲伤的，那么他的作品画出来，不管怎么样，都会透露出一种忧郁，当我们看到这些作品的时候，这些作品就会通过这位画家忧伤的传达，而传递到你的思想里面，或许这时你就会感到悲伤了。

人的一辈子，无常之处或许会见真情，当一些灾难发生之时，应该怎样学会与它共处，因此，学会重新去思考定义自己的人生，或许这才是每个人这辈子最艰难的功课。命运之神总不会一直眷顾着你，人生路上总会有磨难，如果我们遇到了，会不停地追问：为什么是我，我做错了什么？所有的这些问题，从来不会给你答案，而命运之神则会平和地回答我们：为什么不能是你？任何事情发生的同时，单单是希望自己学会思考一些以往忽略的东西，学会看重一些平日看轻的情意，学会重新走路，重新认识关于一个生命的个体，生命存在的真正价值和本质的意义。

哲学启示

海德格尔主张我们要善待生，善待死亡。其实，生也是需要一种快乐来支持的，有了这种支持，才会让生命更强大，更有力。不过，快乐也不是自己快乐了就快乐了，自己幸福了就幸福了，介质的传播，才是你快乐幸福的根源。只有使你周围产生一种因为生，因为活着，而透析出来的一种快乐，一种幸福，你才会领悟到生命活着的意义，才会发射出“生”的快乐。

第五节　活着就是为了改变世界

活着是为了什么？我们始终坚信乔布斯的一句话：“活着，就是为了改变世界。”这是一句多么令人振奋的话。我们所生活的世界是多姿多彩的，每时每刻都在改变着。在远古时代，由于原始人类发明的甲骨文，这将标志着人类进入了文明时代。在我国的封建社会东汉时期，因为蔡伦对造纸术的改进，这使得世界范围内的信息得以传播。就在20世纪80年代，由于互联网的发现，使得世界变得更小了。确实，也许，就在下一刻，世界或许会因为你我的发现而发生翻天覆地的变化。这是丝毫不值得怀疑的，当我们怀着一颗富有创新精

神与坚持不懈的心，善于去发现身边的新事物，那世界将会因为我们而发生变化。

蒙提·罗伯茨在圣司多罗有个牧马场，他在一次活动的致辞里提到这个故事：初中时，有一次老师叫全班同学写作文。那一晚，一个小男孩费了很大的心血把作文写成了，他描述他的宏伟志向，那就是拥有一个属于自己的牧场。他仔细地画了一张200亩牧场的设计图，上面标有马厩和跑道的位置，在这一大片农场中央还要建一栋占地400平方米的豪宅。

两天后他拿回了作文，看到第一页上打下了一个又红又大的“F”，小男孩下课后带着作文去找老师：“为什么给我不及格？”老师回答说：“你小小年纪，不要老做白日梦。你没有钱，没有家庭背景，什么都没有，你别太好高骛远了。”他接着说：“如果你肯重写一个不怎么离谱的志愿，我会重新给你打分。”小男孩回家反复思考了很久，然后征询父亲的意见。父亲对他说：“儿子，这是非常重要的决定，你必须自己拿主意。”经过再三考虑，这个小男孩决定原样交回。他告诉老师：“即使拿个大红‘F’，我也不愿意放弃梦想。”

“我讲这个故事，是因为各位现在就在这200亩农场及占地400平方米的豪宅，那份初中时写的作文我至今还保留着。”罗伯茨对大家说：“有意思的是，两年前的夏天那位老师带了30个学生来到我的农场露营一星期，离开之前，他对我说：‘蒙提，说来有些惭愧，你读初中时我曾泼你冷水，幸亏你有这样的毅力坚持自己的梦想，现在我应该告诉你一句话：这个世界一切都是你的，就等着你来开拓。”

或许，我们就像那位小男孩一样，最初是希望自己能开拓世界，成就梦想。不过，随着时间的流逝，我们的斗志已经不见了，因此我们才难以去开拓世界。然而，只要我们保持小男孩的自信与奋斗精神，始终相信梦想是可以实现的，那我们就会真的成为那群开拓世界的人。

2011年10月5日，苹果公司创始人史蒂夫·乔布斯在家人的陪同下走完了

传奇的一生。童年时，他发誓要做一个“颠覆宇宙”的人。后来，他真的做到了，用他的话说：“活着，就是为了改变世界。”

1976年，乔布斯与斯帝夫·沃兹尼亚克共同创办了苹果公司，创造了世界上首台个人电脑“苹果Ⅰ”，引领了个人电脑的革命。而他在1977年发布的“苹果Ⅱ”电脑成为影响最大的一款个人电脑。

1984年，苹果推出用鼠标在图形界面操作的新系统，再次颠覆了计算机行业。不仅如此，乔布斯还改变了生活娱乐方式。他不仅在科技行业取得了巨大的成就，在娱乐行业也取得了突破性的成绩。他将苹果发展成为全球最大的音乐零售商，于是在2001年，苹果发布了第一代ipad，到了2003年发布了itunes应用程序，拥护可以从itunes商店付钱下载音乐到ipad上。这一措施改变了唱片业的生存状态，即便是歌曲被下载了，但唱片上却依然可以有部分利润收入。引导人们使用互联网，以及消费音乐、电视剧、电影和图书的方式方面，乔布斯是一个关键人物。

在超过30年的职业中，乔布斯改变了硅谷。他帮助硅谷这一气氛慵懒的“大农村”变为科技行业的创新中心。可以说，乔布斯奠定了当代科技行业的基础。乔布斯已经证明，产品的良好设计比技术本身更重要，他改变了笔记本电脑、消费电子和数字媒体行业。他通过出众的广告宣传和独特的零售商店来推广以及销售产品，而苹果同时则成为流行文化的偶像。

乔布斯是世界著名苹果电子公司的CEO，多次被评选为《时代》杂志的封面人物。如果问他的什么是最令人佩服的话，那就是创新与不断开拓进取的精神。从平板电脑到液晶电脑，从ipad系列到如今的phon系列，这当中的一切都是他不断实践与创新的结果。这一切改变了世界，使整个世界真正地走向了电子化，使世界上的信息实现全球化，方便了人与人之间的沟通与交流。

哲学启示

海德格尔认为，活着，我们可以做更多有意义的事情。世界的车轮每时每刻都在向前滚动着，世界每一秒都在运动与变化中，只要你我拥有不断开拓进取与坚持不懈的精神，善于发现事物，那么世界便等着你我去改变。在人生的前进旅途中，我们要相信自己，即便自己是一个毫不起眼的小人物，也要坚信我们可以改变世界，哪怕是一点点的改变，我们也应该感到知足。

第六节　活着就是为自己奋斗

海德格尔认为，我们每一个人都需要保持终身不变的理想：为自己奋斗。这是活着的终极目标，在我们的人生历程中，自己希望成为一个什么样的人呢？国家元首、企业家、艺术家、演说家、经济学家，还是仅仅是一个善良的人。其实，这一切都将取决于我们自己，即为自己而奋斗。因为我们的命运由我们自己主宰，为了实现自己的人生价值，没有人可以取代我们。我们一定要为自己而奋斗，在我们的内心深处，都存在着一种潜意识，也就是我们付出了什么，我们就将会收获什么。

伊尔·丰拉格是美国历史上第一位获得新闻界最高奖——普利策奖的黑人记者，是美国黑人的骄傲。

但是，丰拉格小时候曾经非常厌恶自己的出身。他小时候因为自己的肤色而自卑孤僻，甚至绝望地认为自己将来不会有任何出息。父亲带儿子去荷兰参观了凡高的故居。在看过那张小床及裂了口的皮鞋之后，儿子困惑地问父亲："凡高不是位百万富翁吗？"父亲答道："凡高是位连妻子都没娶上的穷人。"

听了父亲的介绍，儿子若有所思。父亲用厚实有力的大手抚摸着儿子的头说："孩子，你看，上帝并没有看轻卑微，伟人原来也不过是一介草民。"听了父亲的话，丰拉格改变了，不但对自己的未来充满了自信，而且对大千世界产生了浓厚的兴趣。他立志要成为一名记者，走遍全世界。

从此，丰拉格开始为理想不懈地奋斗。大学毕业后，他如愿以偿地成为一名新闻记者。但是风无常顺，兵无常胜，他很快遭到了白人的排挤。有一次，一个白人记者公然将丰拉格辛苦了一个多月的采访稿件据为己有。丰拉格当时很气愤，找到主编，希望能讨个公道。事与愿违，主编竟然偏袒那个白人，根本不相信他的申辩。

这件事使丰拉格再次看清了社会的现实和人生的坎坷，但是他仍然坚信自己的未来。他不辞辛苦，深入各种险境，获取第一手新闻资料。最终，他凭借独特的新闻视角和理念获得了美国新闻界最高奖——普利策奖，开创了黑人获此奖项的先河。

在颁奖仪式上，丰拉格激动地说："感谢上帝！上帝并没有看轻卑微，而将高贵的灵魂赋予每个人的肉体，无论是出身高贵的肉体，还是出身卑微的肉体。感谢父亲！是他给了我自信和新生。我的经历使我确信，凭借坚定的信念和艰苦的努力，黑人可以做成任何事情。每个人都是自己命运的设计师。"

在这个世界上，或许可以成为我们的偶像的人很多，但哪一个才是我们最值得期待的呢？当我们为自己的理想种下一颗种子，然后浇水施肥，每天坚持不懈，长久下去，我们就真的朝着那个方向前进了。同时，我们也会成为当初自己羡慕敬佩的那个人，这时自己岂不是成为了自己的偶像吗？

大约在五十年前，一个小女孩诞生在田纳西州那士维市郊。她的健康有严重的缺陷，使她不能像一般人一样走路。虽然她有一个温馨的基督化大家庭。

可是，当兄弟姐妹在外面享受奔跑和玩耍的乐趣时，她却必须被支架所限制。

父母亲定期带她到那士维接受物理治疗，但那小女孩痊愈的希望仍甚渺茫。“我可能像其他小孩一样，跑步和玩耍吗？”她问父母。

“亲爱的，你只要相信，”他们回答：“你若相信，神就能让这件事发生。”

她把父母的话放在心中，相信神能使她不必靠支架走路。她常瞒着父母和医生，靠兄弟姐妹的帮助，练习解开支架走路。在十二岁生日那天，她当着父母的面解下支架，不靠别人搀扶，自己在医生的办公室周围绕行。此举让她的父母大感意外。医生简直不能相信她的进步，但她从此不必戴着支架了。

她的下一个目标是打篮球。她继续运用信心和勇气——和她未曾发育的双腿——去参加学校篮球队。教练挑了她的妹妹入队，却拒绝了那个勇敢的女孩。她的父亲，一位智慧和蔼的先生，告诉教练：“我的女儿们是一对。你若要其中一个，另一个也要接受。”教练只好勉强让她加入。于是她得到一件过期的制服，被允许跟其他队员一起练习。

一日她去找教练。“你若每天多给我十分钟训练，我就给你一个世界级的选手。”教练笑了，但他知道这个小女孩是认真的。16岁那年，她成为全国最佳的年轻选手，被选派参加在澳大利亚举行的奥林匹克运动会，跑四百公尺接力赛的最后一棒，赢得了铜牌。她对这样的成就并不满意，于是再接再厉，四年后再次参加1960年的罗马奥运会。那一次，维玛·鲁道夫（Wilmna Rudolph）赢得一百公尺短跑，二百公尺短跑，又在四百公尺接力赛中的最后一棒中夺标，为全队赢得胜利。当年她更锦上添花，被选为全美最佳业余运动员，获得极高荣誉的苏利文奖。

如果有人问她为什么会这样成功，她会回答：因为我一直在为自己而奋斗。在这个世界上，没有什么理由比这个理由更适合成为理由了。在通往成功的路途中，有的人始终找不到前进的方向，其实并不是他们缺少能力，而是在于他们尚未明确自己到底是为了什么而奋斗。自己，当然是自己，难道这个世界上还有比自己更重要的人值得去奋斗吗？因为我们所奋斗的是自己的人生，与别人一点儿也不沾关系。每个人都会有一种为自己奋斗的理由。生活在这个世界，我们始终要坚定一种信仰，那就是终身为自己的理想而奋斗，没有什么比这个走向成功更捷径的路途了。为自己而奋斗，我们才会竭尽全力地昂首向前，我们才不会有一丝的保留。

哲学启示

只要你不把命运交给别人，那你一定能掌握自己的命运。生活中，或许我们会把身边那些优秀的人当作自己的偶像，在努力欣赏的同时，却在一旁自怨自艾，好像自己再怎么努力也成为不了这样的人。其实，真的是这样吗？我们的偶像只能是别人吗？当然不是，当我们经过不懈的努力之后，我们也可以成为自己的偶像。在人生的旅途上，引导我们继续向前的，不是别人，而是自己。

第6堂课
听叔本华讲哲学

叔本华的悲剧理论是我国近现代最早引进的西方悲剧理论，其悲剧理论是围绕人类所受的痛苦，并如何摆脱这种痛苦展开的，当然，这种痛苦的摆脱是人的主观认识的产物，他更强调人类的悲剧命运，个体只是体现了这种悲剧命运。

第一节　叔本华：意志主义的创始人

叔本华，德国著名哲学家，意志主义的创始人和主要代表之一。在人生观上，持悲观主义的观点，主张禁欲忘我。叔本华出生于德国但泽的一个银行家家庭，从小性情孤僻，父亲是一位十分成功的商人，母亲是当时颇有名气的作家，与歌德等文豪有交往。不过，叔本华与母亲关系不怎么好，后来直至关系破裂。不过由于他继承了父亲的财产，后来他一直过着富裕的生活，死后并将所有家产捐给了慈善事业。

叔本华早年在英国和法国接受教育，可以流利地使用英语、意大利语、西班牙语等多种欧洲语言，1809年他进入哥廷根大学攻读医学，不过他把兴趣转向了哲学，并在1811年于柏林学习一段时间。1814年至1819年，叔本华在理智的孤独中完成了自己的代表作品《作为意志和表象的世界》，这部作品受到了印度哲学的影响，被认为是将东方和西方思想融合的首部作品，不过发表后无人问津。对此，叔本华说：“如果不是我配不上这个时代，那就是这个时代配不上我。”

在后来的陆续几年，他都出版过作品，不过均是反应平平。1851年，他完成了对作为意志和表象的世界的补充与说明，结果是这篇以格言体写成的《附录与补遗》使他获得了声誉，瞬间成了名人。1859年，《作为意志和表象的世界》出了第三版引起了巨大的轰动，他自称“全欧洲都知道这本书”。他在最后的十年终于赢得了声望，不过依然过着孤独的日子，陪伴他的是一条叫作“世界灵魂”的卷毛狗，他在遗言中说：希望爱好我哲学的人，能不偏不

倚地、独立自主地理解我的哲学。其主要著作有《论充足理由律的四重根》《论视觉与颜色》《作为意志和表象的世界》《论自然中的意志》《论意志的自由》《论道德的基础》《伦理学中的两个基本问题》《附录与补遗》，等等。

哲学思想

在叔本华看来，康德最大的成功在于划分了表现和物自然之间的区别。叔本华自身哲学思想中表象的含义：意志是世界的本质。人的躯体是自我意志的表现，动物的各种活动都受生存意志的支配，植物的活动也受生存意志的支配，即便知识也是意志的工具。所以，仅用直观就能获得经验对象，关于物自体的知识，是通过理智这种内在感觉而获得，它只在时间的形式中被认识。

美学思想

在叔本华看来，艺术是解除人类存在的痛苦的一个可能途径，在《作为意志和表象的世界》第三部分，他对柏拉图表示了敬意，并在此讨论了艺术以及艺术的积极意义，艺术是独立于充足理由律之外的表象，因此能摆脱意志无处不在的诉求。

叔本华认为艺术品会有一种超时间的本质，而音乐同时具备超时间和超空间的本质，因此，音乐不只是对理念的复制，它还更接近意志其本身，因此它就具有一种更高的价值。叔本华认为音乐和表象世界几乎是并列的存在，不过这种美都只能使人们从意志那里得到暂时的解脱，由于这种对美的诉求只能使人陷入意志其本身的陷阱中去，因此它依然具有一定的局限性。

生存意志

在叔本华看来，人的躯体也是自我意志的表现，动物的各种活动都受生存意志的支配，植物的活动也受生存意志的支配，整个大自然以及无生命的事物也不例外。人生为什么很悲观？意志为什么令人痛苦？人是利己主义者，欲望的满足总是受到条件的限制，人生活在摩耶之幕中，人生就是苦难，叔本华说："生命，整个儿地根本地就是痛苦，它是和痛苦分不开的。每一部生命史就是痛苦史，对知识乐观主义的批判，幸福与快乐包含在痛苦之中，世界唯有人的痛苦最深。

悲观理论

叔本华的形而上学构建于两个基础概念之上：一是表象和意志虽然是同一的，并且共同构成世界，但意志是决定性的，任何表象都只是意志的客体化；二是意志永远表现为某种无法满足又无所不在的欲求。于是世界本质就是某种无法满足的欲求，所以从逻辑上说，它永不可能被满足。所以如果不能满足的欲求是某种痛苦，那么世界就无法摆脱其痛苦的本质。人们只是永远试图使自己的欲求满足，但这种满足却更加证明和显现了意志本身，这被叔本华认为是世界上最悲哀的事情。所以他认为无论一个人是乐天派还是悲观派，都不能摆脱根本上的痛苦，乐天派只是对现实的躲避，是自我欺骗所造成的假象。所以对悲观主义的怀疑者们只能从叔本华的形而上学上进行争论而不是争论悲观主义本身。

读书论

叔本华最反对死读书、读死书的人。他认为读书必须思考，如果不思考，只一味地读，和经常骑马坐车而步行能力必定减弱的人一样，将会失去独立思考的能力。他说：有许多学者就是这样，因读书太多而变得愚蠢。经常读书，有一点空闲就要看书，这种做法比常做手工更容易使精神麻痹，因为在做手工时还可以沉湎于自己的思想中。我们知道，一条弹簧如久受外物的压迫，会失去弹性，我们的精神也是一样，如常受别人的思想的压力，也会失去其弹性。

又如，食物虽能滋养身体，但若吃得太多，反而伤胃乃至全身；我们的“精神食粮”如太多，也是无益而有害的。读书越多，留存在脑海中的东西越少，两者是成反比。读书多，脑海就像一块密密麻麻、重重叠叠、涂抹再涂抹的黑板一样。读书而不加思考，绝不会有心得，即使稍有印象，也浅薄而不生根，大抵在不久后又会淡忘丧失。

死亡论

叔本华不赞成自杀，因为自杀行为正是肯定了意志本身的显现。同时在他看来，死亡并非什么不好的事情，他的论点基于他的形而上学，即一切事物必有其生成的原因。他认为人们对于死亡最大的恐惧在于他们无法想象这样一个事实：我死了，但这个世界却仍然运行着，而这个观点的错误在于人们认为死亡代表了自己的表象归于无。叔本华认为人类的出生和死亡都有其内在的原因，而一切事物的变化都只在于表象之间。出生只是从前一状态转变而来的，所以不是一种无的状态。同样，死亡也不是归于无，而只是以另外一种状态存在于表象世界中。

第二节　叔本华的悲剧理论

叔本华非常推崇悲剧，因为他认为悲剧是以表现人生可怕的一面为目的的，是要在外人面前演出难以形容的痛苦、悲伤，演出邪恶的胜利，嘲笑统治着人的偶然性，演出正直、无辜的人们不可挽救的失陷。在叔本华看来，悲剧中的不幸、痛苦和灾难都只是手段和表面现象，其真实的本意是要传达出这一本质的洞见：意志是所有不幸、痛苦和灾难的原罪，从而让人看穿世界的本质和人生的真谛，自觉地放弃和否定生命意志。

叔本华认为，人之所以不幸是由于人的本质是意志。他反对从正义中寻找悲剧灾难的原因，他认为悲剧人物之所以得到毁灭的惩罚，并非犯了什么个人的罪过，而是犯了原罪，即生存本身这一罪过。叔本华经常推崇加尔德隆的那句诗：“人最大的罪恶，就是他诞生了。”对此，叔本华还反驳说：“奥菲利亚、苔丝狄蒙娜或者狄利亚有什么过错呢？”总而言之，悲剧揭示了人的原罪，所以是文艺的顶峰。

不幸之源

在叔本华看来，悲剧以表现人性的痛苦、不幸、灾难等可怕的一面为题，对此，他把不幸的来源分为三种：

一是，它可能来自“一个特别坏的人”，或者说造成巨大不幸的原因可能是某一剧中异乎寻常的、发挥尽致的恶毒，这时角色就是罪魁祸首。比如，理查三世、《奥赛罗》中的雅葛、《威尼斯商人》中的夏洛克、《安提戈涅》中的克瑞翁等。

二是，它可能是盲目的命运造成的，也就是说，偶然的机缘与错误，大多数的古希腊悲剧，如《俄狄浦斯王》《罗密欧与朱丽叶》以及《麦西纳的新娘》等都属于这类。

三是，它可能仅仅是因为“剧中互相所处的地位不同，由于他们的关系造成的”。这种悲剧的造成，不需要邪恶的人为非作歹，也不需要安排可怕的谬误和意外事故，而只需要将普普通通的人安排在普通的环境下，让他们处于互相对立的地位。如此一来，他们就会因为地位所迫、彼此十分自觉地损害对方，而在情理上却不能完全归咎于任何一方。比如，歌德的《浮士德》和莎士比亚的《哈姆雷特》就属于这种类型。

在这三种类型的悲剧中，叔本华特别欣赏第三种，理由是他认为第三种最为可怕，因为第一、第二种悲剧的影响力离我们较远，这两种所造成的恐怖通

常来说是可以避免的，而第三种悲剧的威慑力最大，离普通人最近。对此，叔本华说："因为这一类不是把不幸当作一个例外指给我们看，不是当作由于罕有的情况或狠毒异常的人物带来的东西，而是当作一种情意而自发的，从人的行为和性格中产生的东西，几乎是当作本质上要产生的东西，这就是不行也和我们接近到可怕的程度了。"

在现实生活中，破坏幸福和生命的力量可以说无处不在，无时不有，每个人随时都有可能充当悲剧的制造者和悲剧的承担者，而究其根源，悲剧就是罪恶，罪恶就是人生的本质，也就是世界的本质——意志。

悲剧为什么会带来快乐

悲剧主要表现的是苦难，为什么会给我们带来快乐呢？叔本华说："所有悲剧能够那样奇特地引人振奋，是因为逐渐认识到人世、生命不能彻底满足我们，因而不值得我们苦苦依恋，正是这一点构成悲剧的精神，也因此引向淡泊宁静。"人们欣赏悲剧，自然感到人生的不幸和痛苦，从而逃避现实社会。这样审美主体在观照对象中忘却自己，感知者与被感知者合为一体，成为一个自足的世界，主体不再是个体的人，而是认识的纯粹主义，是无意志的、无痛快的、无时空的主体。

简单地说，在悲剧中经历漫长的冲突和苦难之后，最高尚的人最终放弃自己一向急切追求的目标，永远弃绝人生的所有享受，或者自在而欣然地放弃生命本身，作为观众，亲眼目睹了这场冲突和苦难，也就从他们身上受到了高尚的教育，同样可以暂时摆脱求生的意志，所以悲剧快感和一般快感一样，都来自痛苦的暂时停止。

哲学启示

叔本华接受了亚里士多德的悲剧唤起怜悯和恐惧的说法，不过他认为恐惧是自己的，先感受到主人公的那种不幸的威胁，于是和他结成同盟来对抗人生，慢慢分享到他的痛苦，忘却了为己的动机，于是恐惧便产生出怜悯。叔本华虽然指责亚里士多德把怜悯看作目的，但他本人却没有低估怜悯的重要性。反之，他把怜悯视为所有道德的基础，把怜悯视为一切审美活动的基础，因为怜悯是关照的起点，同时也是爱的起点。人们只有通过怜悯，才能超越个人意志，通过悲剧任务的苦难直觉地认识到普遍性的苦难。

第三节　人生就是在痛苦和无聊间摇摆

人生就像钟摆，在痛苦和无聊之间摆来摆去。叔本华说：“一切欲求的基础是需要、缺陷，也就是痛苦，所以人从来就是痛苦的，他的本质就是落在痛苦的手心里的。如果相反，人因为他易于获得的满足随即消除了他的可欲之物而缺少了欲求的对象，那么可怕的空虚和无聊就会袭击他，也就是说，人的存在和生存本身就会成为他的不可忍受的重负。所以人生是在痛苦和无聊之间像钟摆一样来回摆动着，事实上痛苦和无聊两者也就是人生的两种最后成分。”人类受着欲望的驱使不断追求自己所谓的理想，这确实是一段痛苦的煎熬，而快乐只是钟摆垂下的那一瞬间，如此短暂，转瞬即逝，当自己欲望得到满足时又会陷入巨大的空虚与无聊之中。

人之所以悲剧，是因为想拥有的东西太多了，而这来自心中的贪念。人生在世，贪什么呢？一为名，二为利。人生之名利如猛兽，生不带来死不带去，看透说不透才是真正的智者。佛家说：“打透生死关，生来也罢，死来也罢，参破名利场，得了也好，失了也好。”名利，说白了，不过是身外之物。一个人呱呱坠地到成长过程中，越是长大，他追逐名利的思想就越来越厉害。从古至今，人们无时无刻不在为名利而追逐，尔虞我诈，不惜血本，有的甚至以牺牲生命为代价，有的人为了一时既得的利益，竟然违背自己的良心，这种对名利的追逐其实就是一种人生的痛苦与悲哀。佛家说，假如真的能看透生与死，那也就看透了人们的生死虚妄。一个人，得名利时，如果十分欣喜，那就是一种生，也是一种死；一个人，失去名利时，如果痛苦万分，同样也是一种生，也是一种死。

据说造物主在创造蜈蚣时，并没有为它造脚，但它仍可以爬得和蛇一样快。

有一天，它看到羚羊、梅花鹿和其他有脚动物都跑得比自己快，心里很不高兴，便说：“哼！脚越多，当然跑得越快啊。”于是，它向造物主祷告说：“造物主啊，我希望拥有比其他动物更多的脚。”

造物主答应了蜈蚣的请求，于是把很多很多的脚放在了蜈蚣面前，任凭它自由取用。蜈蚣迫不及待地拿起这些脚，一只一只地往自己身体上贴去，从头一直贴到尾，直到再也没有地方可贴了，它才依依不舍地停止。它心满意足地看着满身是脚的自己，暗暗窃喜：“现在我可以像箭一样飞出去了！”

然而，等它想要开始跑步时，它才发现自己完全无法控制这些脚。这些脚都在各走各的，所以蜈蚣一定要全神贯注，才能使一大堆脚不致互相绊跌而顺利地往前走。这样一来，它走得比以前更慢了，而且还累得够呛。

佛祖说，满足不在于多加柴草，而在于减少火苗；不在于积累财富，而在于减少贪念。贪念多的人，尽管从表面上看得到了很多，但其实最后得到的却更少，还有可能会成为痛苦的奴隶。在很多时候，人之所活得累，不是因为拥有的东西太少，而是想要的东西太多。只有懂得把握分寸，适可而止，才能享受到生活的平静与快乐。

有个富人尽管拥有很多财富，但却总感觉不到快乐。他已经厌倦了当下的生活，便决定到美丽而神秘的远方去寻找快乐。一天，富人背上许多金银珠宝出发了，他要去远方寻找快乐。

背负沉重包袱的他上路了。可是，他发现自己走得越远就越是烦躁，觉得根本就不可能有所谓的快乐。走遍了千山万水的他，累得气喘吁吁，根本就没有心思去欣赏野外的风景，体会那闲云野鹤般的悠闲自在。

一天，一位衣衫褴褛的农夫唱着山歌从对面走了过来。富人忍不住问农夫：“你看上去很快乐，对吗？”

“呵呵！是的，我觉得自己很快乐！我刚从田地里回来，我的秧苗又长高了一截；在路上，我又幸运地捡到了一些柴火和蘑菇！”“我什么都不缺，你看我背上有这么多宝贝，可我就是感觉不到快乐，你能告诉我快乐的秘诀吗？”农夫憨厚地笑了笑说：“哪里有什么秘诀啊？想快乐很简单啊，只要你把背负的东西放下来就可以了。”

富人忽然顿悟。是啊，自己背着那么沉重的金银珠宝，腰都快被压弯了，而且一路上担心的事情也太多了：晚上住店时害怕财物会被人偷走，白天走在大路上担心身上的东西被别人抢了去，带着太重不方便，丢下又舍不得。自己整天如此忧心忡忡、惊魂不定，又怎么能快乐得起来呢？如果自己只带够用的银两，然后把心思单纯地放在欣赏身边的自然风光上，或者把身上的金银财宝分发给穷人，让别人得到快乐，也许自己不但能轻松，也能获得快乐！

富人真的这样做了，结果他发现，没有了沉重的包袱，他因获得了轻松而快乐，另外，他还因为帮助了别人而快乐。原来，快乐是如此简单，只要懂得放下，只要学会分享！

人生路上，每个人都背着一个空行囊行走，一路上，因为心中的欲望，人们会捡拾许多东西，诸如地位、权力、财富，一路捡拾，最后行囊便渐渐地

被装满了，因为沉重，所以快乐也就渐渐消失了。生活本来没有痛苦，没有烦恼，没有忧愁，当欲望太多了，计较太多了，背负太多了，那痛苦、烦恼、忧愁和沉重便产生了。欲望越多，贪念越盛，痛苦便越多，幸福便远离。而只有懂得节制欲望的人，才能享受到人生的真正乐趣，才能享受到生活的从容自在。

每个人都生活在欲望中。换个说法，欲望也就是我们所有想要的东西。往小处说，如攀登一座高山，在登上山顶的那一刻，除了有“一览众山小”的豪迈外，有没有一点伤感和无聊呢？此处，我想起一个登山队员的故事，他登尽了所有目标中的山峰，一阵兴奋之后是巨大的落寞，然后他从山上跳了下去。这也许就是欲望满足后的巨大空虚所致。

哲学启示

有没有什么办法可以超越叔本华钟摆的束缚呢？能够超越叔本华钟摆的只是极少数有天赋、有艺术气质的幸运儿，他们超越了世俗生活中的小苦恼小欣喜，从纯粹认知当中得到快乐，从美的享受当中得到快乐。叔本华告诉我们有一些那样“超脱这世界的人们”，羡慕他们的“高于一切理性的心境平和，那古井无波的情绪，深深的宁静，不可动摇的自得和怡悦”。

第四节　意志是战胜一切挫折的利器

在悲剧理论中，叔本华强调了意志的作用，其实，意志是战胜一切挫折的利器。曾任美国副总统的戈尔曾说：“自古以来的伟人，大多是抱着不屈不挠的精神，在逆境中挣扎着奋斗过来的。”在人生这条充满荆棘的路上，我们常常会遇到这样或那样的挫折与困难。当然，不同的人对挫折有着不同的理解，有人说挫折是人生道路上的绊脚石，有的人却说挫折是一种磨砺，会让今后的路更加平坦。古人曰：“百糖尝尽方谈甜，百盐尝尽才懂咸。”与河流一样，如果人生不经受历练，那就显得单调、幼稚。甚至我们可以这样说，不经历挫折的人生是空白的。或许，我们并不知道前方有多少挫折在等着我们，但是，有一点是很明确的，那就是这些挫折是不可避免的。在挫折面前，我们的力量是有限的，但挫折却是层出不穷的，当我们战胜了一个挫折，又会有更大的挫折在等着我们，人生就是这样一个不断前进的过程。

小时候，妈妈总是这样说：“你能做到，玫琳凯，你一定能做到。”玫琳凯女士不仅将这句话作为自己的座右铭，而且将这句话作为公司的理念来激励更多未来的女性。玫琳凯坦言，自己想创建公司是在遇到了一些挫折之后才真正的开始。

玫琳凯女士曾在直销行业工作了25年，当时，她已经做到了全国培训督导。但是，眼看着自己的一位男下属都得到了提拔，而且薪水将是自己的两倍。玫琳凯女士毅然决定辞职，实现自己的一个理想，她说：“我建立公司时的设想是想让所有女性都能够获得她们所期望的成功，这扇门为那些愿意付出并有勇气实现梦想的女性带来了无限的机会。”然而，在创业之初，她经历了多次失败，也走了不少弯路，但是，她从来不灰心、不泄气，反而这样诙谐地解释：“挫折是化了妆的祝福。”最后，她创建了玫琳凯公司，玫琳凯女士这样说道：“从空气动力学的角度看，大黄蜂是无论如何也不会飞的，因为它身体沉重，而翅膀又太脆弱，但是人们忘记告诉大黄蜂这些。女性就是如此——只要给她们以机会、鼓励和荣誉，她们就能展翅高飞。”

挫折造就着生活。凡事能够成大事者，他们必须经得起挫折的历练，经得起失败的打击，因为成功需要风风雨雨的洗礼，而一个有追求、有抱负的人，

总是视挫折为动力。所以，挫折对于天才来说是一块成功的跳板，对强者来说则是一笔宝贵的财富。所谓的挫折是一所修炼人生的高等学府，你是否能顺利毕业则源于内心强劲的忍耐力。

一位少年自认为看破了红尘，放下了一切，历经了千辛万苦找到了隐藏在深山里的寺院，他要求见方丈想出家，他认为自己只有在这里才能真正地洗去城市的繁华与浮躁。方丈仔细打量着少年，问道："做和尚要独守孤灯，终身不娶，你能做到吗？"少年坚定地回答："能。"方丈又问："做和尚要每日三餐粗茶淡饭，粗衣薄挂夏热冬寒，你能忍受的了吗？"少年回答说："能。"方丈又问："做和尚要无欲无求、无怨无恨，不问恩情，不记仇恨，无论任何时候都要心如明镜不染尘埃，你能做到吗？"少年斩钉截铁地说："能。"然后，方丈问了一些关于佛法的东西，少年都能作出很好的回答。但是最后方丈拒绝了少年出家的请求，而是把少年送下了山。临走时，方丈留下了这样一句话："未曾拿起莫谈放下，当你真正拿起时，你再回来告我你还能不能放得下。"

一个人若是没有经历过生活，那自然不会理解出生活的艰辛；一个人若是没有真正经历过挫折，自然不懂得选择快乐的角度。一旦挫折降临，就想要逃避这个世界，这本来就是一种不负责任的做法。生活中，只有那些真正经历过挫折的人，才能放眼望世界，因为经历了挫折的生活在他们眼里变得更加绚丽多彩了。

挫折是一门生活必修课，但是这并不是说挫折是不可战胜的，挫折的必然性让我们在遇到它时就没有必要怨天尤人，更没有必要处处较真。因为挫折不具备不可战胜性，所以，面对挫折，不必畏惧，迎难而上，直面挫折，把生活中的每一个挫折都看作上天考验我们的一次机会，只要心中怀着必胜的信念，对自己说："我能行！"那么，我们就一定能战胜挫折，采摘成功的果实。

哲学启示

不畏挫折，所彰显的就是一份强劲的意志，这是叔本华所推崇的。曾国藩说：“吾平生长进，全在受挫受辱之时，打掉门牙之时多矣，无一不和血一块儿吞下。”如果经不起挫折，受不了历练，处处较真，我们将沉埋在痛苦的生活里，永远没有希望，也没有前进的方向。其实，挫折带来的并不全是坏事，它能使我们的人生绽放出最美丽的成功之花，而从挫折中吸取到的教训将是我们迈向成功的垫脚石。

第五节　笑纳上天赐予的悲剧人生

叔本华认为，我们要接受上天赐予的悲剧人生，善于缔造自己的斑斓人生，不管是麻烦也好，困难也好，我们都要善于接受。人生因充满各种各样的麻烦才变得多姿多彩，或许，我们都不喜欢生活的悲剧，当它与自己不期而遇时，你也不要掉头或转向，因为麻烦是一个魔鬼，一旦它看上你，就会对你穷追猛打，不舍不弃。而那些不接受生活赐予麻烦的人，只会被麻烦纠缠得更悲惨。

生活中，我们要学会笑纳生活赐予的困难，缔造斑斓的人生。曾经有人说：“成功的人生是痛苦与失败的交织，是磨难与顺利的交替。”如果你害怕生活中会出现麻烦，那你就会永远丧失走向成功的机会。卓越的人生是从卓越的目标开始的，卓越目标的背后必然是充满着麻烦的道路。经受了那些麻烦的打搅和坎坷的摔打，我们追求成功的意志才能坚定起来，可以说，历练是人生

不可多得的宝贵财富，拥有这笔财富，再多的困难问题也能解决，没有什么麻烦可以把人吓倒。

安妮爱上英俊潇洒的杰克。他对她来说很重要，安妮确信他就是她的白马王子。

可是有一天晚上，他温柔婉转地对她说，他只把她当作普通朋友。安妮以他为中心的梦想的世界当时就土崩瓦解了。那天夜里她在卧室里哭泣时，觉得记事簿上的“不要紧”三个字看起来荒唐得很。“要紧得很，我爱他，没有他我可不能活”。

翌日早上她醒来后又想到这三个字，这时，她已经冷静下来了，她开始分析自己的情况“到底有多要紧？杰克很要紧，我很要紧，我们的快乐也很要紧；但我会希望和一个不爱我的人结婚吗？”日子一天天过去，她发现没有杰克自己也可以生活，也能快乐。

几年后，一个更适合她的人真的来了。在兴奋地筹备结婚的时候，安妮把“不要紧”这三个字抛到了九霄云外。她不再需要这三个字了。她的生命中不会再有麻烦与失望。

有一天，丈夫和她得到一个消息：他们把所有的积蓄投资做生意，但这笔钱赔掉了。

安妮感到一阵酸楚，胃像扭作一团一样难受。她想起那句“不要紧”，“这一次可真的是要紧”，她心里想。

可是就在这个时候，小儿子用力敲打他的积木的声音转移了安妮的注意力。儿子看见母亲看着他，就停止了敲击，对她笑着，那笑容真是无价之宝。安妮把视线越过他的头望向窗外，两个女儿正在兴高采烈地合力堆沙堡。院子外面，树映衬着无边无际的晴朗碧空。安妮觉得胃顿时舒展，心情恢复平和。她对丈夫说：“都会好转的，损失的只是金钱，实在并不要紧。”

在生活中，总有这样或那样的麻烦出现，这会给我们的心灵带来巨大的压力，许多人会因为这些压力而变得一蹶不振，甚至会因此而失去生活的勇气。

其实，许多麻烦问题并不像我们想象的那么严重，面对这些狂风暴雨，假如我们能够尝试对自己说“不要紧”，接纳那些生活赐予的麻烦，那我们就会缔造出无比灿烂的人生。

有一个穷人为农场主做事。有一次，穷人在擦桌子时不小心碰碎了农场主一只十分珍贵的花瓶。

农场主向穷人索赔，穷人哪里赔得起。最后被逼无奈，只好去教堂向神父讨主意。神父说：“听说有一种能将破碎的花瓶粘起来的技术，你不如去学这种技术，只要将农场主的花瓶粘得完好如初，不就可以了。”

穷人听了直摇头，说：“哪里会有这样神奇的技术？将一个破花瓶粘得完好如初，这是不可能的。”神父说：“这样吧，教堂后面有块石壁，上帝就待在那里，只要你对着石壁大声说话，上帝就会答应你的。”

于是，穷人来到石壁前，对着石壁大声说：“上帝请您帮助我，只要您帮助我，我相信我能将花瓶粘好。”话音刚落，上帝就回答了他：“能将花瓶粘好，能将花瓶粘好……”

穷人听后希望倍增、信心百倍，于是辞别神父，学粘花瓶的技术去了。

一年以后，这个穷人通过认真地学习和不懈地努力，终于掌握了将破花瓶粘得天衣无缝的本领。他真的将那只破花瓶粘得像没破碎时一般，还给了农场主。所以他要感谢上帝。神父将他领到了那块石壁前，笑着说：“你不用感谢上帝，你要感谢就感谢你自己。其实这里根本就没有上帝，这块石壁只不过是块回音壁，你所听到的上帝的声音，其实就是你自己的声音。你就是你自己的上帝。”

当生活的麻烦找到我们，我们应该记住，除了接受这些麻烦，努力去解决这些麻烦问题，别无他法。而且，没有人能够帮助你，如果你总是与麻烦较真，希望自己能获得别人的帮助，那这样的想法未免太天真了。其实，每个人都有解决麻烦的能力，许多人解决不了人生或大或小的麻烦，那是因为他们没有接纳悲剧人生的良好心态，因此才无法缔造绚丽的人生。

哲学启示

悲剧理论的宗旨就是抓住悲剧背后的生存意义。在生活中，我们每时每刻都可能遇到那些不如意的麻烦事情。其实，不要小看那些麻烦，其实那是生活赐予我们的宝贵财富，如果我们固执于此，跟自己较真、沉溺在痛苦之中，这样我们只会更加烦恼。因此，不如对自己说："没关系，不要紧，风雨之后，肯定会有彩虹。"这样想来，那些麻烦的问题还能算什么呢?

相比较人生的挫折，生活中那些麻烦的小事情根本算不了什么。如果我们还总是为生活的琐碎事情而较真，那无疑是折磨自己。学会接受生活赐予的麻烦，通过解决这些麻烦问题，领悟生活的真谛，然后缔造斑斓的人生。

第六节　黑暗的悲剧往往孕育着成功

爱默生曾说："每一种挫折或不利的突变，都带着同样或较大的有利的种子。"换言之，即便是黑暗的悲剧，也往往孕育着璀璨的成功。在悲剧中，往往隐藏着宝贵的经验与信念，其实，悲剧是一笔不可缺少的财富。虽然，我们在遭遇悲剧，面临失败时，都会产生某种程度的负面情绪，不过，假如自己长期与挫折较真，深陷其中不能自拔，那我们注定会遭遇失败。美国著名心理学家贝弗利·波特认为，当一个人在工作中的失败感大于他所取得的成就感时，就很有可能对自己的工作失去热情，而当这种失败感以一定的频率固定出现的时候，他就很容易对自己的工作产生倦怠。面对悲剧，我们所需要做的并不是自甘堕落，自暴自弃，而是不断地积累失败的经验，在悲剧中铸就璀璨的成功。

1896年4月6日，现代奥运史上的第一个世界冠军诞生了，他就是詹姆斯·康纳利。

康纳利1895年被哈佛大学录取，学习古典文学。在学校时，他已经是当时全美三级跳远冠军了。听说奥运会即将在雅典举行，他便向学校请8周假前去参赛，但学校拒绝了他的要求。康纳利执意要到奥运会上一试身手，于是他离开了哈佛，自己争取到参加奥运会的资格，成为由11人组成的美国代表团的成员之一。

与他一同前去的其他美国同伴都是波士顿体育协会麾下的运动员，参赛是免费的。而康纳利太穷了，他享受不到这种待遇。他这次参赛是在一家很小的体育协会的赞助下才成行的。由于资金紧张，他花掉了自己仅有的700美元的积蓄，才登上了德国“德福达”号货船。

就在起航的前两天，他伤了后背，几乎毁了他的全部计划。幸运的是，在从纽约到那不勒斯的17天航行中，他的伤痊愈了。但是刚下船，他的钱包又被人偷走了。这还不算，更为糟糕的事接踵而来：因为希腊历制和西方历制不同，比赛在他们到达的第二天就开始了，而不是他们原以为的12天之后；而对他更为不利的是，他的三级跳远项目的起跳要求是单足跳、单足跳、起跳，而不是他从小练习的传统跳法单足跳、跨步、起跳。

4月6日下午，三级跳远比赛开始了。在其他运动员跳完之后，康纳利最后一个出场。他走到沙坑前，把帽子扔到了一个别的运动员跳不到的位置上，大声呼喊自己要跳到帽子那里去。他在跑道上加速，按照新的规则，先两个单足跳，然后起跳，最后落在比他的帽子更远的地方，跳出了13.71米的好成绩，成为当之无愧的现代奥运史上的第一个冠军。

通往成功的道路从来就不会是一条风和日丽的坦途，人生必须渡过逆流才

能走向更高的层次，最重要的是，我们能接受悲剧人生的考验。当然，并不是每个人都能在挫折中坚持自己的决定。在这个故事中，面临着参加奥运会就要离开学校，而且自己自费参赛的严峻考验，詹姆斯·康纳利坚持在这条不平坦的路上走下去，最终赢得了胜利。可以说，成功者大多起始于不好的环境并经历许多令人心碎的挣扎和奋斗，在生命的转折点，他们通常能缔造色彩斑斓的人生。

伊莎克·帕尔曼出生在以色列的特拉维夫，父母都是波兰人，3岁半的时候，帕尔曼就开始拉小提琴。可是，天有不测风云，一年以后，帕尔曼的双腿因小儿麻痹症瘫痪了。但是，疾病并没有阻碍他的音乐天赋，9岁时他就开始在音乐会上演出了。许多人认为，对帕尔曼来说，在这个竞争激烈的行业中，开独奏音乐会实在是太难得了。但是，帕尔曼并没有沮丧，他一次又一次地扬起心中的白帆，驶向音乐的海洋。“我一直在尽力着。”帕尔曼对自己这样说，正是这种乐观的心态为他赢得人生的一次机遇。

帕尔曼13岁那年的一天，美国国家电视台邀请帕尔曼到“爱德·沙利文综艺节目”做客，这对帕尔曼来说简直是天赐良机。为了使帕尔曼的音乐天赋得到更好的发挥，他们一家人搬到了纽约，在那里，帕尔曼开始了自己的音乐之旅。帕尔曼开始在酒店演奏，当人们吃过晚餐后，他们会说：“好了，让我们来听一听年轻的帕尔曼给我们演奏《野蜂飞舞》和布鲁赫的《尼根》。”帕尔曼一直坚信“逆境之中也有可能成功”，秉承着这种信念，终于有一天，帕尔曼迎来的不再是同情的目光，而是雷鸣般的掌声，他成为了世界顶级的小提琴演奏家。

莎士比亚曾说：“逆境使人奋进，苦尽才能甘来。”在人生道路上，成功没有巅峰，追求没有止境，短暂的荣誉往往会束缚住人们前进的手脚，一时的辉煌往往会消减人们的斗志。而悲剧，既让人痛心又催人奋进，既让人难堪又让人坚定，让人们在放弃时能鼓足勇气，想逃避时拾起自尊。悲剧是成功的前奏，是一笔宝贵的财富。在挫折中奋进，在低谷中抓住机遇，不断地尝试，最终一定会拥抱成功。

哲学启示

席勒曾说："任何一个苦难与问题的背后，都有一个更大的祝福。"其实，伴随着悲剧的除了祝福，还隐藏着无限的机遇。在我们的人生道路上，会遭遇很多逆境，如果缺乏自信，会使畏惧之心蔓延开来，不仅抓不住机遇，反而会被困难吞噬。生活是一道选择题，当你选择了坚持，机遇就有可能会降临；但是，当你选择了放弃，机遇将永远放弃你。没有经过悲剧中挫折的磨炼，就不会有未来的璀璨与辉煌。

第7堂课
听萨特讲哲学

萨特的哲学因其主题较为吸引人，而且善于用文学作品和剧本等形式表达，所以成为法国存在主义哲学思潮中最有影响力的哲学，并在青年学生中十分有声望。实际上，萨特最初并不认为自己的哲学是存在主义，而自称为“现象学本体论”，出于外界舆论使然，最后他还是接受了这个在当时看来很时髦的名称。不管是“现象学本体论”，还是“存在主义”，我们都应称为“自由论哲学”。

第一节　萨特：拒绝诺贝尔奖的存在主义哲学家

萨特，法国20世纪最重要的哲学家之一，法国无神论存在主义的代表人物，同时也是优秀的文学家、戏剧家、评论家和社会活动家。他是西方社会主义最积极的鼓吹者之一，一生中拒绝接受任何奖项，包括1964年的诺贝尔文学家。萨特出生于巴黎，童年是在外祖父母家里度过的，由于外祖父是一位语言学教授，家中拥有大量藏书，这让小萨特受到了良好的教育，获得了丰富的知识。

1915年，萨特考入亨利中学，学习成绩优异，期间接受叔本华、尼采等人的哲学思想。1931年4月，成年后的萨特去了法国北部港口城市勒阿弗尔，在高中教哲学，同时写小说和哲学论文。1933年，萨特赴德国留学，悉心研读德国哲学家胡塞尔和海德格尔等人的哲学，并在此基础上形成了他的存在主义哲学思想体系，这就是一切从人、人的意识出发来研究人和这个世界，把人的主观意识的存在看成一切存在的根本。不久之后，他度过了10个月的俘虏铁窗生涯，战争与现实让萨特的思想发生了巨大的变化，他从战前的个人主义和纯粹个人转向了对社会现实的关注，开始利用文学干预生活。

1934年，萨特在柏林写了《论自我的超越性》，1936年完成了一部关于偶然性的文学作品的第三稿，发表《影响论》。1938年，萨特出版了自己的成名作《恶心》，这是一部带有自传性质的日记体小说，通过中心人物罗康丹对世界和人生的看法，充分表达了作者的哲学观念——存在主义。之后，他开始进入自己的辉煌时期，陆续出版《存在与虚无》《间隔》《死无葬身之地》《实

用整体理论》等著作。

在写作特点上，萨特主张“介入文学”，也就是作家要投身到改造社会的活动中去，对各种政治事件和社会问题表明自己的见解，文学作品要干预社会现实。在写作方法上，萨特主张写真实，不讲究艺术雕琢和浮华的辞藻，只求文字质朴自然。在他的小说中，作者叙述往往和主人公的内心独白互相交织，在作品的时间处理上，讲求同时性。比如，在其长篇小说《缓期执行》中，萨特同时描写了约20处的人物活动场景，他主张文学主张和创作实践，对第二次世界大战以后的法国文学有十分重要的影响。

存在主义

萨特从人的主观性出发谈个人自由，在他看来，人在自主选择自己的本质时具有绝对自由，自由是人的本质属性，人的一切行动都是自由选择的结果。这种自由是绝对的、无限的，他说：“假如存在确实先于本质，那么，就无法用一定定型的现成的人性来说明人的行动。简言之，不容有决定论，人是自由的，人就是自由。自由是人的规定，人的意志、情感乃至整个存在都是自由的。”在他看来，人的一生就是一连串的选择，不管我们的存在是什么，都是一种选择，甚至不选择也是一种选择，也就是说你选择了不选择。自由是选择的自由，这种自由的选择是无条件的，不需要什么根据和标准。所以，人愿意自己是什么，他就能成为什么，懦夫是自己变成的懦夫，英雄是自己变成的英雄。他承认自由选择是“无目的”“无着落”的，为选择而选择，为行动而行动，除行动外，别无现实，所遵循的格言是“不冒险，无所得”。

在萨特看来，人的问题才是哲学的根本问题，必须把人召回来并作为哲学的研究对象加以研究，从而解释现实世界。萨特认为存在主义是一种“唯一给人以尊严的理论”，认为人有理想和愿望，既能否定也能肯定自己：人有意识、感觉和思想，既能认识到自己的存在，也能意识到人之外的各种东西的存在。人才是真正的存在，必须把人及人的问题作为先于其他一切东西而存在，并从本体论上把人作为哲学的根本问题加以研究。

萨特，作为法国乃至世界著名的存在主义哲学家，他强调存在先于本质："首先是人存在、露面、出场，后来才说明自身。假如说人，在存在主义看来是不可能给予定义的话，这是因为人之初，是空无所有？只有后来人要变成某种东西，于是人就按照自己的意志而造就他自身。"所以，他断言："人，不外事由自己造成的东西，这就是存在主义的第一原理。这一原理，也就是所谓的主观性。"

萨特的出发点是强调哲学应研究人的问题，并承认人生活在某种"环境"中，强调人的价值及责任问题，从这一点来说是很有价值的。他的"存在先于本质"否定了上帝的存在，打破了上帝创造人的本质这一唯心主义观点，同时还反对人的本质是命中注定的宿命论观点。萨特意识到了人的主观努力及主观能动性在确定人的本质过程中的巨大作用，这有利于彰显人的个性，增强人的自信心。萨特强调的人的自由，抗议了资本主义社会摧毁人的罪恶行为，鼓励了工人阶级自己的自己，激发了工人阶级推翻资本主义的热情与斗志，他强调人应对自己及其行为负责，这有助于加强人们的道德责任感，激发人们承担自己的义务。

意识

在萨特看来，通过"我"来研究意识，就意味着把某种透明的"中心引入了意识"，这样意识就变成了"沉重的""有分量"的东西，从而获得了实体的特点。萨特认为，"我"是我们意识中的第二性构成物，它只是在反射意识的层次上出现的。意识只有设法转向自身，才能通过反射行为构成"我"这个"处于"我们一切意识活动"之外"的东西。所以，并非"我"是我们的意识与其一切活动起作用的条件，"我"本身只有基于非反射和自生的意识才可能成立。

在萨特看来，只有从意识中排除一切哪怕一点点"非透明""有分量"的

东西，也就是排除一切可能在意识中形成意识本身的真正客体的东西，才能避免唯心主义。所以，萨特拒绝承认先验的“我”，从其观点看成先验的“我”这个概念是不必要的，甚至是有害的。

萨特是这样定义自由的：意识作为独特的存在方式，作为“自为存在”“虚无”和人的现实，领悟到自己与世界不同，这就是自由。在萨特看来，这是人的现实和人的主观性的基本意义。作为自为存在方式或人的现实的意识，其基本规定之一是意识“是它不是的东西，不是它是的东西”，换言之，意识永远处于自身之外，始终是超验的，最后，这就是说超验是意识和人的本质。

第二节 萨特的存在主义自由哲学

萨特立志为人类呐喊自由之初，发奋读书，其读书的目的就是寻求尽可能多的关于自由的理论根据以支持自己的立场，丰富和明确自己真正追求的那种真理性的自由观念，探讨实现自由的道路和现实的任务。

1929年，萨特有了这样的结论：自由乃是人的本性，恢复现实的人的自由本性须先破除人们心中的上帝观念，并打倒各种形式的决定论。由于上帝和决定论使人陷入宿命论，从而无法使自由本性焕发出来，在这里，否定决定论是根本任务，因为上帝存在说事实上也是一种决定论。对此，萨特对这些观点进行了彻底否定：一切存在都有其存在的理由和根据；一切事情都可以从原因、根据中推论出来；必然性、规律性的观念；强调过去对于现在和将来的决定性作用。简单地说，否定理性主义者尊奉的各种基本思想。

自由哲学的诞生

萨特从小与外祖父母一起生活，由于外祖父营造了一个宽松、民主、活泼的家庭气氛，让外孙享受充分的爱和鼓励，引导其正常而正当的天性自由发展。小小年纪的萨特喜欢上了外公的藏书，培养了好读文学作品的习惯，他从小就是通过文学作品来了解这个世界，他非常崇拜英雄人物，最喜欢读的作品是各种各样的英雄人物的历险、冒险、探险之类的故事。这时候的萨特认为英雄人物都是一些敢于拥有自由从而享受自由快乐的人，是自由使他们成为英雄。

12岁时，由于母亲的改嫁，萨特与母亲一起来到了新家，与继父生活在一起，因为受到种种约束和得到的种种训诫，他感到自由的失落，他怨恨母亲为了自己而背叛了他，更把继父视为扼杀自由天性的专制暴君。在萨特看来，人都应该享有自由，不应该用强制或者虚伪的手段去剥夺任何人的自由。虽然，备受约束的日子并不长，不过从自由到不自由这个经历让他感受到了自由的珍贵，为其后来形成志向奠定了基础。

在萨特不到13岁的一天，他脑子里突然蹦出了一个想法："上帝是没有的！"他觉得这个判断是人之自由的一个根据，理由是：由于没有高高在上的上帝支配，人注定要靠自己，而这恰恰能够说明人是享有自由的。因为有了上帝，就好像萨特有了继父一样，人才不自由。但是，继父并不是万能而无所不知的上帝，不可能每时每刻都盯着和管着萨特，所以萨特认为自己尽管不能在继父面前享受本有的自由度，不过只要发挥自己的能动性，还是能够相对地享有自由，所以，萨特感到十分有把握去经历一个自由的人生。

成年后的萨特在巴黎高师读书，选择了哲学专业。巴黎高师在法国享有盛誉，被称为"思想家的摇篮"，这里充满了青年学生所喜欢的自由学术气氛，在学校四年中，前两年萨特的自由性格已经形成，而且表现出十分自觉的独立性和对创造性的追求。萨特坚信自由是人生之根本，修正早年志向，决心走一条文学与哲学结合的学人之路，鉴于人类对自由的不自觉和存在着大量的不自

由的现实，他决定用探讨和呐喊自由度过自己自由的一生。

1933年，萨特听说胡塞尔的现象学是一种很了不起的哲学，就在这年的九月公费到德国柏林法兰西学院哲学系学习，研读了胡塞尔和海德格尔哲学，回国后便开始了自己追求自由与真理的学术生涯。

代表作《恶心》

在萨特看来，只要宣布世界上一切存在都只是偶然性的和毫无道理的东西，那决定论得以立足的支柱就倒塌了。1931年，萨特在几部作品发表的基础上着手写一本“论偶然性”的小册子，写成之后，按照妻子波伏娃的意见，改成了日记体的哲学小说，后经多次反复修改，取名为《恶心》，并于1938年3月问世。

在《恶心》中，主人公洛根丁似乎患上了一种功能性行为障碍的神经病，对任何事情，他都陷于一种拿不起、丢不开的难堪境地。这是两种人性的矛盾在相互抗衡：移情与反感，认同与拒斥，贴近对象、与对象合一的需要与逃离对象的孤独的需要。最终，激发起一种甩不掉也抓不住的黏滞感、恶心感。

洛根丁到图书馆里去，遇见一位认识了两年之久的老朋友“自学者”，但是他却看到“我花了十秒钟来认出他。我看见的是一个陌生人的脸，简直不像一个脸。然后是他的手。他的手像一条肥大的白色的虫握在我手里。我马上把他的手松开，他的肩膀软绵绵地垂了下来。”

这种感受也蔓延到洛根丁的日常生活一切事情中。工作、爱情、友谊、旅行、娱乐、秩序……凡涉及与人打交道、与现实事物或事实打交道的场合，本身都引起一种期待，似乎“有些事情就要发生”，有些东西在等待我，从而“我的生命就要开始”；然而，一旦把这些事把握在手，一旦试图去探讨事物的真相。它们就从手指缝里漏掉了，一切又都是那么无意义。洛根丁假装着热心于收集和编纂一个历史上子虚乌有的德洛勒旁侯爵的事迹，但这些事迹和传闻漏洞百出、自相矛盾，最主要的是，洛根丁骨子里根本就不相信有什么客观的历史，人类根本就没有历史，一个人也休想从历史中找到自己的朋友，对历史产生什么感慨：人与历史不相通，人是孤独的。

与洛根丁形成对照的是那位“自学者”，即一位自作多情者，他怀着教徒式的虔诚宣扬人道主义、同情和爱，一发现有人和他思想一致就惊喜若狂，“简直像到了天堂”。洛根丁却看出，在这种甜腻得令人恶心的外表底下，“归根结底，他和我同样的孤独，没有人关心他。只不过他并没有发觉自己的孤寂”，谁也不需要他那一厢情愿的爱和关心。

“自学者”后因猥亵少年被当场抓获并揍得满脸是血，倒是这位孤僻冷漠的洛根丁忍着满腔恶心解救了他，并不由自主地“为他的羞耻而感觉羞耻”。洛根丁骨子里不是不寻求人与人相通的机会，但是他太深刻、太真诚。他看出人们只有在表演和自欺中才能相通，他怀疑“自己骗自己是不是绝对必要的呢？”如果人与人相通要以牺牲他独立的个性为代价。他宁可独自一人留在地狱之中，因为与他人相处将是一个更糟的地狱，特别是当他人煞有介事、满腔热情、心怀廉价的善意和同情而凑到跟前来的时候。

唯一能吸引洛根丁的是他的恋人或女朋友安妮，之所以被她吸引，恰好是因为她也是一个孤独者。这就注定了他们永远不可能心心相印。安妮最了解他，也想从他那里得到理解。可是当洛根丁真的对她表白：“你告诉我的一切，正是我要来告诉你的——当然，用语不同。我们是殊途同归。我简直说不出这使我感到多么高兴”，这时，安妮却冷冷地说：“我不像你一样，我知道有人和我的想法相同，反而不高兴。何况，你一定是弄错了。”

在萨特看来，“恶心”是一种无所依持的孤独感受，这种感受不能说明我们应当否定自己的生命，反之，倒是我们应当发挥自己生命的主观能动性，独立自主创造和发展自己的存在，去领略和充分享有这种无所依持的自由性。

自由思想

萨特说：“人享有自由，人就是自由，生就享有绝对的自由。一切扼杀自

由、压制自由、不愿展现自己绝对自由、总想有所依持和归属的人都违背了作为人的本性，对这些现象均应采取拒斥和批判的态度。”

萨特的本体论思考目标十分明确，即能够提供人之自由的有效证明，对于人为什么是自由的。在萨特看来，根本的问题在于要把人理解为一种独特的意识活动，不过对于人这种意识活动进行考察时要尽量避免重蹈传统的唯心主义、唯物主义和二元论矛盾错误的覆辙。

对于现象性意识，萨特提出自己的观点：“这种意识总是超越自身指向外部事物，即它总是那种关于某物的意识，由于它是忘我的，因此，尽管它是非先验的、属人的，不过不具有人格性的自我意味；在它之中没有主客之分，更不存在主客之间的因果关系；它是欢笑的、自由能动的、不断绵延和富有创造性的意识之流：它不具有实体形式，仅仅是一种特殊存在。由于这种意识没有主客之分，它就既不是二元论的，也不是唯物论和唯心论的。”

萨特不仅把自由理论摆上哲学舞台，而且尽可能地扮演一个自由人的角色。萨特与波伏娃的婚姻终身都不履行法定的结婚手续，两人却感情非常好，但绝不让家庭成为自由的坟墓，甚至不干涉对于与异性朋友超出常规的交往。

法国出兵阿尔及利亚，许多政客和文人墨客纷纷登场表示拥护和支持，但萨特却冒着被逮捕的危险公然站出来极力反对，甚至趁外出旅行之机到阿尔及利亚发表演说，严词谴责法国政府剥夺阿国人民自由权力的罪恶行径；他欣赏美国的自由体制，但对美国的侵越战争深表愤怒，与罗素等知名学者组建了国际法庭，公开审判美国的侵略罪行；他对马克思提出的实现自由王国的共产主义目标表示欣赏，对现实的社会主义运动也曾寄予厚望并曾一度与法共合作，赢得过共产国际的好感。然而，一旦发现共产党人没有把人的自由作为目的，只有一些短期而“浅层次”上的行为，他就立刻疏远共产党。

萨特强调自己所显示的人绝不是那种一般意义上的人，而是那种具体的、完全自由的、活生生的、能自主的个人。这种个人自己规定自己，不接受任何外来的规定。当人还没有规定自己，仅仅还是存在的时候，他也不隶属于任何抽象而普遍的、现成定型的“人性”的定义。

萨特说，一个人实际上并不根据一个什么普遍定义说“人是善的或恶的”才据此去做一个善人或恶人。行善为恶都是由个人的选择行为决定的。况且，“善”或“恶”以及诸如“自私”“功利主义的”人性定义也不具有普遍意义。一句话，人的存在正像没有一帝一样，也没有先天的普遍“人性”定义规定它，唯此，它才是一个彻底意义上的自由人。

哲学启示

萨特认为人要彻底展现自己的自由性，连自己给自己的束缚也要否定掉，也就是否定自己的过去对自身的束缚。他说：“我们只是作为现实的人，这个现实的我不应该被理解为是由过去创造和决定的，过去已成为僵死不变的既定事实，而现在的我正处于不断的创造之中，现在的新我的每一个选择行动都具有独创性，与过去没有关联，只有这样，我们才真正享有了彻底而绝对的自由。

第三节　海德格尔的“死亡与自由”

海德格尔的死亡观是独特的，他超越了传统形而上学以认识论为根基来探讨死亡的路向，从比认识更为本源的人的生存出发来思考死亡问题。海德格尔生死论的死亡分析，不仅使死亡从“不在场”的遮蔽状态中释放出来，是其所是的敞开自身，而且使此在通过领悟自己的有死性而获得了生存的自由。

从海德格尔的死亡观中，我们可以知道：个人存在与现实生活的意义问题，从根本上说，是由人的生命的有限性引起的，死亡不但表明了人的生命是有限的存在，而且涉及对人的生命的理解与评价，直接构成人的生存意义的基本源泉。因为人是有死的，人才会思考生命的意义和价值，才会有自由与不自由、善与恶、真与假、美与丑等一系列价值系统，才会有历史与现实、伟大与平凡、悲伤与喜悦等观念和感觉。

在海德格尔看来，此在的存在就是“向死亡的存在”，作为向死亡存在的此在，面对死亡的行事态度就是要“先行到死中去”，对死亡作事先的领悟和体味。因为死亡是不可经验的——此在既不能经验自己的死，也不能经验别人的死。所以，“先行到死中去”只是一种纯粹的“领会”，此在通过领悟死亡这一极端的可能性开展着自身。海德格尔说：“此先行表明自身就是对最本己的最极端的能在进行领会的可能性，换言之，就是本真的生存的可能性。”简单地说，先行到死中去，就是去实现此在本真的生存的可能性，因此，本真的此在对死亡的领悟并不是为了追求死亡，也不是为了逃避死亡，而是为了积极地活着，面对死亡能勇敢地承担起自身生存的种种可能性。

死亡即生存的自由

在海德格尔看来，死亡的存在使此在看清了自身的有限性和独立化面目，促使此在能够面对自身的真实情况，独自去勇敢地筹划和实现自身的存在，此在这一自身使自身的存在得以显现、自身承担起自身的生存能力，其实就是向我们表明：自由。自由就是此在在向死亡存在中获得的自由，也就是生存的自由。

生存的自由不同于我们通常所理解的认识论意义上的自由，也就是“自由是对必然性的认识”。人只有服从必然性的认识才有可能获得自由，不过自由一旦被必然性的规律所规定，那就是不自由了，其实就是取消了自由的存在。

向死的自由

康德认为，尽管自由是实践理性具有的能够对“自然”限制说不的一种能力，不过他的道德自由只是作为一种合理的公设，是脱离了现象界的“自在之物”，是不受任何限制的理性的无限。生存的自由就是“向死的自由”，这并不是要摆脱死亡对人的存在的限制，把我们从有限性和必然性中释放出来，它所要表明的是一种超越性，也就是人的存在所包含的可能性。

海德格尔认为，任何存在都是有限的，不过唯有人的存在能给自己的有限存在提出无限的可能性，他具有自己筹划自己，自己实现自己的能力。有限的此在所具有的这种实现自身无限存在可能性的能力，就是超越性。因为人是有限的，他才会有超越自身的可能，有限性本身就原始地包含了超越性，此在无限的超越本性并不脱离此在的现实存在。

自由而生存

海德格尔所认为的“向死而得自由”，通达了此在的死亡也就通达了此在的自由，他说：“先行到死中去，看清楚丧失在常人之中的日常存在，不再沉陷于操劳和操持，而是立足于自己的生存筹划种种生存的可能性，面对由畏敞开的威胁而确定他自己，因负重而激起热情，解脱了常人的幻想而更加实际，在向死存在中获得自由。”

此在生存的意义在对死亡的超越过程中得到了揭示，也就是坦然接受自身有限的存在命运，承担自身生存的无限可能性不断地超出自身，显示自己的无限能在。人是有死的存在，死亡作为有限的存在占据了人生的始终，构成了生之意义得以展开的原始境遇。所以，只有理解了死亡即生存的有限性，人生才能成为一项严肃的事业，因为人绝对没有第二次生命，怎样筹划这个有限的生命，活出真实的自我对我们而言至关重要。

哲学启示

死亡的存在警惕着我们，呼唤我们对自己有限的生命进行真正的创造，从无聊的事情中解脱出来，面向未来筹划自身的生活，真正意识到个体生命的意义及价值。简单地说，死亡的存在是人之为人的根据，是开启自由之门的钥匙。“未知死，焉知生”是海德格尔的思想，这对趋向于自由而生存着的人类而言无疑是无价的财富。

第四节　追寻自由的足迹

有人说，自由是春天里照耀在树杈上的第一缕阳光，令人无限向往。在大自然中，苍鹰展翅于蓝天，向日葵朝着太阳怒放，鱼儿在清澈见底的水中畅游，大雁往来于南北之间，这是属于它们的自由。自由就好像碧空中的一片白云，对我们而言，看得见，摸不着。自由的气息，弥漫在碧绿的原野上，在充满芳香的花蕊里，在小溪中鱼儿吐出的水泡里。自由无处不在，为了追寻它，人们伤痕累累，但却乐此不疲。为了追寻自由，尽管精疲力竭，但依然坚持到底。或许，我们都没获得过真正的自由，不懈的努力似乎是徒劳的，然而，换来的却是更加严厉的束缚。然而，哪怕穷尽一生也无法获得真正的自由，但自由就是我们的信仰。

聂华苓女士是一位追寻自由足迹的学者，其著作《三生影像》就是一部追寻自由的生命之传。

1949年，聂华苓跟随家人去了台湾，被朋友介绍到胡适和雷震创办的《自由中国》杂志编辑部工作。她回忆说："那时，我是编委会里最年轻，也是唯一的女性，旁听编辑会议上保守派和开明派的辩论以及他们清明的思维方式，是其时最大的乐趣，并不知不觉影响了我一生。"《自由中国》杂志是由胡适亲自发起的，社长是雷震，当时会聚了一大批血气方刚、有理想的知识分子。

这11年的编辑工作不长，不过对一个人的影响却十分深厚，从那些知识分子的身上，聂华苓看到了做人的尊严和生命的光彩，尤其是雷震先生，身上闪耀着知识分子的良知。1952年，胡适辞去《自由中国》发行人的职务，留下雷震孤军奋战。然而在1960年9月4日，雷震、傅正等人因"叛乱"罪名被捕，《自由中国》遭到国民党查封，雷震获刑10年，聂华苓也被迫远走他乡。

聂华苓到美国生活之后，对追寻自由还是不忍放弃。为了让《自由中国》这一传统能继续下去，她在美国爱荷华，与著名诗人保罗·安格尔共同创办了爱荷华大学"国际写作计划"。每年9月到12月的"国际写作计划"活动中，聂华苓寻找过诗人艾青，拜访过小说家沈从文，也接待过丁玲、王蒙、白先勇、余光中、陈映真等两岸作家。聂华苓这样回忆说："那年从大陆来的是吴祖光、茹志娟、王安忆，台湾的有陈映真、七等生和香港的潘耀明。吴祖光诙谐，茹志娟沉毅，潘耀明宽厚，王安忆敏锐，对人对事都有她独特的见解。她最引人注意，扎两条小辫儿，明丽、透着点儿腼腆，偶尔冒出一句一针见血的话，多带批判性。七等生风流去了。其他几位常到我家来，谈笑之中皆见性情，甚至透露政治意味。"

聂华苓的这一段回忆不禁让人联想起当年在雷震家里聚会的场景，在一个郊外的大棚里，雷先生经常邀请作家朋友们相聚，在那里，聂华苓认识了柏杨、林海音、高阳等文人。虽然，这样的聚会后来被迫取消了，不过当时这种聚会的精神，却深深地留在聂华苓的心里。她是一位很有成就的作家，更是一位有着自由精神的知识分子，她的传记是一部生命史，更是一部心灵史。了解这段苦难的历史，像聂华苓女士一样去追寻自由的足迹，捍卫知识分子的良知。

哲学启示

作家余华看了著名华裔女作家聂华苓的回忆录《三生影像》之后，说："从现在开始，10年内我不能再读传记了，要不然我又写不了小说了。"一本普通的传记竟然让小说家怀疑起自己所写的小说的价值，看来它确实有其独特的魅力。《三生影像》，这是一本用生命写成的书，更是倾洒了追寻自由的足迹的一本书。

第五节　自由是什么

自由是什么？有人说，身心自由包括：财富自由、时间自由和心灵自由。

财富自由：当我们去商场挑选商品，看好了一件衣服，十分喜欢，不过一看到标签上的价格，就只好放弃，这就是财富不自由，当我们的消费完全是按照喜好和需求的时候，再也不用看标签上的价格，那就叫财富自由。

时间自由：我们可以自由地支配时间去干自己主观上喜欢做的事情，而绝不再是听凭别人支配你的时间。不拥有时间的人，不可能拥有财富，因为你只能去做别人想要做的事情，不能做自己想要做的事，甚至一生都没有为自己作过一个决定，也没有时间去实施它，最后感到悲哀的就是从来没有为自己作过一次决定。

心灵自由：不会因为损害别人而不安，也不会因为屈从而不宁，一生之中，你的创富成功和爱心使你的所有的亲人都过上幸福的生活，甚至把爱奉献到社会，自己的心灵也会因此而升华。有的人没时间陪父母和家人，每天忙到半夜，为了生活而到处去应酬；有的人可能拥有了财富，但自己必须付出的代价就是家庭和自己的健康，没办法获得心灵的安宁。

周晓微翻译的作品《三乘之舟，法性之山》中，讲述了一个关于“寻找自由”的故事：

大概和许多人一样，在我少年时代，为自由的问题而困扰。我出生于1956年，是一个晚熟的孩子。在我早年的许多时间里，信奉着自由的思想，寻求着自由的真实体验。没有成为一名扔炸弹的无政府主义者，我成为一名摇动花朵、哲学上的无政府主义者。然而我非常认真地看待我对自由的追寻，我深深知道自由是可能——我们作为人类有这个潜能成为完全自由的，存在着某种完全纯净、不受拘束的东西，且存在于我们内心当中。而我的体验是无限限制与挫折之间的冲撞，首先远离我的父母，然后是法律，然后是没有足够的钱。我想找那条挡着我的路，如果没有这些，我会是自由的。

我非常困惑，无论我是多么想要自由，不受习俗、形式和结构的阻碍，总是似乎有其他没完没了的叠置。我一直遇到局限，因此我一直觉得挫败，我经受痛苦，不知道为什么。

我离开英国开始旅行，想要在某个地方找到自由，任何地方。我去了东南亚，追随着酒神式的生活，像他们那样吃喝、作乐；性，毒品，摇滚；在海岸边的月光下跳舞，同时召唤着自由。不过我的内心觉得得到的是一种令人绝望的践踏，我知道这种颓废的道路并不真的导致自由，所以我寻求更多。

我前往泰国东北部，几乎没有任何西方旅游者到过那里，我发现自己漫步在一个森林寺院中。这里是阿姜查寺院的分支，是他西方弟子们住的地方。重要的是，知道泰国森林传统是一种意境狭隘传统的拘谨的结束。这是对已然保守派传统的严格遵守，然而马上对我很明显的是，这些人生活在最奇怪的苦行中，不过他们是我见过最愉快的人。他已经作为一名僧侣生活在森林中，没有任何性生活、音乐或者酒过了40年。你会想象一个人这样以后会变得非常无趣的，但是这儿的这个人却完全自在地生活着。事实上，他完全享受生活，十分满足。

我很快意识到我已经在错误的道路上寻求自由，“我怎会如此蠢的？”那时我从没想过自由会仅仅来自内在。直到那时，我还在一些天性束缚的地方寻找自由。我是通过对抗习俗，通过试图不受社会法则，我个性的命令或者我身体的制约的抑制，来误导了寻找自由之路。

我将自由显现为外在，但是在内心我却是自己信仰和行为的囚徒。只有将注意力转向内在，我才能发现已经存在在那里的自由。我认识到我们所拾起及使用的外部形式和结构是设计来帮助我们将注意力专注于我们自己已经完全自在的地方的，这不像是我们需要成为自在的。

存在主义哲学的大师萨特曾经说过一句经典的话：“人生而自由。”这种自由是因为人的存在而存在的，人不是存在以后而变成自由的，是作为一个存在者就是拥有思想上的自由。这种人类的自由先于人的本质而存在，并使人的本质成为可能，人的最大自由莫过于天马行空般的思想自由，在内在世界里，每个人相对于自己来说就是唯一的君主。

哲学启示

心学的开宗师祖陆象山曾说过：“吾心即宇宙，宇宙即吾心。”同样在说明一个人在内在世界的相对自由，诚然，内在世界的确是相对自由的，人们无法去干涉他人思想上漫无边际的翱翔，就这点而言，思想的自由是最纯粹的，也是最彻底的。

真正的自由不是外在于人的目标，而是人通过自身对这世界的分析认识后意识的内在结构，它既是唯心的，同时也是唯物的。心外无理，心外无物，心外无事，只是片面地强调了自身主观能动性的重要作用，然而知行仍须并用，与对客观世界的了解共同主宰内在世界，那么所进行的思考才是真正的自由。

第六节 自由是相对的，而非绝对

自由本就是相对的，自由的相对性不但表现在自由与游戏规则的二元对立统一上，也就是风筝与引线的关系方面，更表现在自由的相对永恒与人类获得的自由的相对性上。自由是相对永恒的，这里的“永恒”有两层意思：一是自由永存人心，照耀人前进；二是彻底的自由永难享有。现实就是这样，自由的外延扩张迂回前进，不过内核不变，自由的精神不变。自由的相对性还表现在人类获取的自由的相对性，即人类获得的始终是相对自由。任何人不论做什么事情，都不能由着自己的意志，想干什么就干什么，他的自由都是相对的，世界上没有绝对的自由。比如，某些事情，如果我们不按照一些规则去做，而按照自己的想法去做，结果事情就不可能做好。

一提到美国，许多人第一反应就是“自由女神像”。1865年，法国奴隶协会主席提议，在法国本土为美国独立100周年建造一个自由纪念碑。建筑师巴托尔迪1870年开始为雕塑预备初稿。石膏模型被美法联盟认可后，巴托尔迪团队在1875年11月开始工作。于是，重达120吨的“自由照耀世界”雕像在1884年7月4日巴黎的一次仪式上送给了美国，然后它被分装在241个板条箱里漂洋过海去了美国，重新组装，于1886年10月被放置于自由岛上，这座雕像就是“自由女神像”。

美国是一个自由的国度，那么在他们看来自由是什么呢？在美国，售报机是一个铁盒子，所有的报纸都放在里面，放一个硬币就可以全部打开，取一张之后再关上。这样的设计，在外面看来是根本行不通的，三下五除二不就被人全部拿走了吗？不过在美国，这种售报机是很让人放心的。

在美国几乎所有的州法律都不允许卖酒给21岁以下的年轻人，如果警察看到一个21岁以下的年轻人从你这里买了酒，你肯定得上法庭。有一次，几个中国人去一家酒吧喝酒，其中一个女同事被要求出示证件，就因为她看起来非常

年轻。

中国人倾向于道德判断，经常用“好”“不好”这样的字眼来界定某些事情。但美国人评论一件事情的时候经常说“合法”“非法”。在华盛顿旅游，如果中国人要求司机开车带他们出去转转，导游会说：司机今天的公里数已经用完了。中国人会说，反正是我们包的车，晚上我们要出去玩的自由都没有吗？但最后的结果是没能出去玩。原来，在美国，法律对司机每天的工作量有严格规定，早上出车时，导游会在司机的记录本上写下出发时间并签字，行程结束时要记录，以此控制他们的工作量，司机们不愿意为了多赚一点钱就触犯法律。

在美国，一切的自由都是相对的。

自由往往是相对的，假如不在乎自己已有的幸福，不去珍惜现在自己所拥有的一切，而去过分追求绝对的自由和对立，那么自由无疑是不自由。青春期的孩子们，常常因为讨厌父母的管教而喜欢离家出走，去寻找所谓的自由，不过当他们真正离家之后，才知道在家里是多么幸福。

哲学启示

风筝为了寻求自由，挣脱人们手中的线，希望能飞上更高的天空，岂料马上就跌落了下来；如果顺着人们手中的线，自由地在天空中飞翔，我想一定能看见最美的风景。这时候自由是相对的，这个世界没有什么是绝对的，自由更是，只有相对，没有绝对。

第8堂课
听尼采讲哲学

周国平曾对尼采的人生论作出这样的总结：生命的意义不在于活得长久，而在于活得伟大，活得高贵，活得有气魄。一个人对人生悲观一个很重要的原因是因为死亡，生命是短暂的，生不断地变成死，人在变动的世界里每一个个体生命都是短暂的，都是暂时的，到底有什么意义？尼采说，实际上流变的生命必然包含着否定，包含着毁灭，这是不可避免的。所以你要肯定生命，肯定世界的话，必须肯定他必然包含的否定。要做到这种肯定，取决于你有没有强大的生命力。

第一节　尼采：西方现代哲学的开创者

尼采，德国著名哲学家，西方现代哲学的开创者，卓越的诗人和散文家，现代最伟大的思想家和哲学家之一。其主要代表作有《悲剧的诞生》《不合时宜的考察》《查拉图斯特拉如是说》《希腊悲剧时代的哲学》等。可以说，尼采开创了人类思想史的新纪元，因为他的哲学思想，改变了传统哲学体系，哲学由非存在转变为存在，从天上回到了地上。

尼采的思想有一种强大的冲击力，它颠覆了西方的基督教道德思想和传统的价值，揭示了在上帝死后人类所必须面临的精神危机，激发了无数的思想和艺术家们的富有创造性的作品的观念和意象。

尼采的影响是不容忽视的，他以非凡的勇气和惊人的洞察力轻易地颠倒了各种公认的观念，赞扬了所有的邪恶，尽管他没有建立一个封闭而庞大的哲学体系，他只是写散文、格言和警句，那里只有预告和启示。不过，他已经征服了全世界，他奉献了一种新的哲学，不仅是一首诗或一段警句，更是一种新的信仰，新的希望，新的宗教。尼采反对哲学形而上学及其在认识论方面的绝对优势，反对千百年来哲学以纯理性观察宇宙、运用逻辑推理程序建立的以理性为中心的庞大思辨体系。他给欧洲古典哲学注入了新鲜血液，开辟了古典语言学的崭新时代。

人物生平

1844年10月15日，尼采出生于普鲁士萨克森州勒肯镇附近洛肯村的一个乡

村牧师家庭，尼采的生日恰好是当时的普鲁士国王腓特烈·威廉四世的生辰。尼采曾回忆说："无论如何，我选在这一天出生，有一个很大的好处，在整个童年时期，我的生日就是举国欢庆的日子。"

1849年7月，童年的尼采过早领略了人生的黑暗面，相继经历了父亲和弟弟的死亡。他后来曾回忆说："在我早年的生涯里，我已经见过许多悲痛和苦难，所以全然不像孩子那样天真烂漫、无忧无虑……从童年起，我就寻求孤独，喜欢躲在无人打扰的地方。这往往是在大自然的自由殿堂里，我在那里找到了真实的快乐。"父亲死后第二年，尼采随同母亲和妹妹迁居瑙姆堡，从此生活在一个完全女性的家庭里。家中信教的女人们把他娇惯得脆弱而敏感，小小年纪的尼采深切地感受到了死亡的无常，他曾经这样描述自己的童年："那一切本属于其他孩子童年的阳光并不能照在我身上，我已经过早地学会成熟地思考。"

1865年，由于尼采敬爱的古典语言学老师李谢尔思到莱比锡大学任教，他也随之到了那里，并在一个偶然的机会读到了叔本华的《作为意志和表象的世界》一书，便终日沉浸在这本书中，他后来回忆说，当时他正孤立无助地经历着某些痛苦的体验，几乎绝望，而叔本华的书就像一面巨大的镜子，映现了世界、人生和他的心境。那时，尼采很不解：为何像叔本华那样的天才会被现世所抛弃，其伟大的著作为何只在书架的偏僻角落才找得到？

1870年，尼采被聘为正教授。不久德法开战，尼采主动要求上前线。1872年，尼采发表第一部专著《悲剧的诞生》。1873年至1876年，尼采先后发表四篇长文，结集为《不合时宜的考察》一书，书的主题是文化批评。1879年，尼采辞去了巴塞尔大学的教职，开始了十年的漫游生涯，与此同时，尼采也进入了创作的黄金时期。1883年，他完成了《查拉图斯特拉如是说》的第一、第二部分，1884年完成了第三部分，1885年完成了最后一部分。

1889年，图林的灾难降临了，长期不被人理解的尼采据说由于无法忍受长时间的孤独，在都灵大街上抱住一匹正在受马夫虐待的马的脖子，最终失去了理智。1900年8月25日，这位生不逢时的思想大师在魏玛与世长辞，享年55岁。“银白的，轻捷地，像一条鱼，我的小舟驶向远方。”

第二节　尼采的人生哲学

尼采提出了强大意志说，以强大意志取代上帝的地位，传统形而上学的地位，肯定生命，肯定人生。他认为，强大意志不是世俗的权势，它是一种本能，自发的，非理性的理论，并决定生命的本质，决定人生的意义。强大的意志源于生命，归于生命，它就是现实的人生。人生虽然短暂，只要具有强大的意志，创造意志，成为精神上的强者，就能实现自己的价值。强力意志作为最高的价值尺度，一方面肯定了人生的价值，另一方面为人世间的不平等作了辩护。可以说，尼采推翻了神的等级制度，肯定了人的等级制度。

1883年，尼采完成了《查拉图斯特拉如是说》的第一、第二部分，1884年完成了第三部分，1885年完成了最后一部分。尼采在这部著作中阐述了著名的“同一性的永恒轮回”的思想。这是他的两个主要思想体系中的一个。而另一个“趋向权力的意志”的构思，由于他的身心崩溃而半途夭折。著名的“超人”理想和“超人”形象就是在这部著作中首次提出的。

尼采评价自己的这部著作：“在我的著作中，《查拉图斯特拉如是说》占有特殊的地位。它是我给予人类的前所未有的最伟大的馈赠。这部著作发出的声音将响彻千年，因此它不仅是书中的至尊，真正散发高山气息的书——人的全部事实都处在它之下，离它无限遥远——而且也是最深刻的书，它来自真理核心财富的深处，是取之不尽用之不竭的泉水，放下去的每个吊桶无不满载金银珠宝而归。这里，没有任何‘先知’的预言，没有任何被称为可怕的疾病与

强力意志混合物的所谓教主在布道，从不要无故伤害自身智慧的角度着眼，人们一定会首先聆听出自查拉图斯特拉之口的这种平静的声音的。‘最平静的话语乃是狂飙的先声；悄然而至的思想会左右世界。’”

尼采提出超人哲学，关于建构理想人生的哲学，超人是人生理想的象征，是尼采追求的理想目标和人生境界。尼采对现代人，现代生活感到十分希望，他梦想改善人，造就新的人，也就是超人。在尼采看来，超人不是具体的人，是一个虚幻的形象，超人具有大地、海洋、闪电那样的气势和风格，超人没有现实的存在，它是未来人的理想形象，超人给现实的人生提出了价值目标，是人的自我超越。

人生哲学的诞生

尼采人生哲学的诞生，得益于叔本华哲学的悲观主义。在叔本华看来，一切生命现象在本质上都是痛苦，假如欲望得到短暂的满足，人们又会感到无聊。人生不过是在痛苦和无聊之间来回摆动，生命的意志总是附着于个人，个体生命的必然结局是死亡，个体生命是有限的，而意志是充斥着整个宇宙的生命力量，是无限的本体。因此，无限的生命意志在有限的个人身上必然得不到满足，人生的痛苦来源于意志，人生的出路就在于否定生命意志。

尼采继承了叔本华意志是世界的本质的观点，不过他却把叔本华对生命意志的否定改造成为对生命意志的肯定。尼采歌颂了人的原始的生命意志，认为它是一种永恒的理论，个体的生命的毁灭总是伴随着生命整体的再生，生命之泉源源不断，尽管人生永远根植于痛苦之中，但却是有价值的。意识到人生的痛苦并不能否定人生的意义和生命的存在，而应肯定生命，享受人生，在痛苦中求欢乐，在死亡中求生存。

人生哲学的内容

尼采把权力意志作为世界之本体，并赋予其超越性特点，把人的本质看成未定型的、未完成的。在他看来，人没有任何超验的本质，人在任何时候都可以重新创造自己的本质。人没有任何超验的目的，由人自己来确立目的。人没有任何超验的罪恶及赎罪的责任，宇宙的生成变化超于善恶之外，而人同样如此，其行为完全由自己决定、自己衡量。

尼采对基督教道德展开了严厉的批判，旧道德提倡柔顺、压制生命的本能。在尼采看来，否定和破坏，乃是肯定生命的先决条件。基督教道德却强调驯服、柔顺、慈悲、怜悯，这让人类变得怯弱无力，这是从根本上反对生命。传统道德提倡无私，抹杀人性。在尼采看来，自私和自爱都是人的本性，自私才有自乐、自爱，才能爱人。基督教的道德鼓吹博爱、邻人之爱，提倡舍己为人，轻视个人独立，否定自我，压制了人的个性的发展。

哲学启示

传统道德反对创新，扼杀有创造精神的人，从而阻碍了人类的进步。在尼采看来，只有具有创造精神的人，才是人类的希望，传统道德却把创新视为恶，把守旧视为善，把一切新兴事物和具有创造精神的人视为洪水猛兽，判其为罪人和恶人，从而断送了人类的前途和命运。

在尼采看来，超人是人的最高自由的表现，所以他提出“超人”说，为人类的生存和发展设立了一个新的目标、新的意义和新的理想。在过去，人们把进入天国视为自己的人生目标。不过，“上帝死了”，价值世界出现了空白，尼采编出一个理想化的人格形象——超人来填补，从而取代了上帝的位置。

第三节　王国维“悲”的人生哲学

王国维由“体素羸弱，性复忧郁，人生之问题，日往复于吾前”到成为中国近代较为系统地宣扬悲观主义人生哲学的代表，当然，这一切都和他有选择性地接受了叔本华唯意志论以及建立在这种哲学之上的人生哲学是分不开的。

在1903年，年轻的王国维在《游通州湖心亭》和《来日二首》中写道：“人生苦局促，俯仰多悲悸”“人生一大梦，未审觉何时”，流露出了浓重的忧郁气质。当然，忧郁的气质源于其童年生活的不幸、少年时期家庭社会地位的低微、“家贫不能以资供游学”和其父王乃誉抑郁苦闷的人生观对他的影响。

在26岁时，王国维开始“读叔本华之书而大好之——于其人生哲学，观其观察之精锐与议论之犀利，亦未尝不心怡神释”，也就在这时，他开始探索“悲”的人生哲学。在《叔本华之哲学及其教育学说》《叔本华与尼采》等文章中，王国维全面系统地介绍了叔本华的唯意志论哲学，他称赞叔本华以“意志”为本体对形而上学的重建，指出了叔本华哲学强调直观的非理性主义特征，进而他指出叔本华把认识论的结论延伸到伦理学和美学，得出理性对道德的不生发原则并认为艺术领域的知识纯粹是直观的知识而不夹杂概念。

命

王国维最初与其他近代思想家一样，是站在反对儒家道德宿命论的立场上接受西方唯意志论的。在编入《静庵文集》的《论性》《释理》和编入《静庵文集续编》的《原命》《人间嗜好之研究》等文章中，王国维通过考察中国传统哲学的“命”“性”“理”等范畴，表明了自己反对儒家天命论的立场，同时为他接受叔本华悲观主义人生哲学打下了理论基础。

在王国维看来，“命”有两层含义：一是“言祸福寿夭之有命者谓之定命论”，二是“言善恶贤不有之有命而一切动作皆有前定谓之定业论”。他不屑于正统儒家“死生由命，富贵在天”那套粗俗的宿命论，他提出了伦理学中“自由意志”和“定业论”的矛盾，他说：“此二论之争论而不决者盖有有由矣。盖从定业论之说，则吾人对自己之行为无丝毫之责任，善人不足敬而恶人有辞矣，从意志自由之说，则最普遍最必然之因果律为之破灭，此又爱真理者之所不任受也。”

王国维不同意康德以二元论来解决自由与必然矛盾的做法，在经验所不能到达的本体世界，空间、时间、因果律都不能适用，那里是自由的而不是必然的。人作为感性存在者，是自然界的一部分，受自然规律和自身欲望的支配，没有意志自由。作为理性的东西，人属于“自在之物”，可以超越现象界，不受自然律和欲望支配而达到意志自律。王国维比较赞同叔本华认为因果律在自然界与人的意志中同样存在的说法，认为意志进入经验界就无处不受动机支配，意志的本体有没有自由，我们没办法知道。他在《原命》中宣扬了叔本华的因果律，为生命受幻影支配的悲观主义奠定了哲学基础。

性

在王国维看来，意志自由“不过一空虚的概念”，不过这并不等于他赞同儒家道德宿命论。儒家把人说成先验地具备善性，并把儒家伦理形而上学化，结果导致了道德宿命论。在王国维看来，抽象地谈论人性的本质或普遍的本性是不可能的，因为人性是什么，关系到知识的内容，普遍必然的知识只能是形式的知识，而经验得来的人性知识，必然夹杂人性以外的因素，也不是原来意义上的“性”。

王国维认为超出经验范围论性都是空论，都表现自我矛盾，所以人们不得不从经验界来谈性。他列举中国哲学史上的诸主要派别，证明不管是性善说还是性恶说，都必然变成性善恶二元论。王国维以此否定了儒家的性善理论，而且已经猜测到抽象地谈论人性是没有意义的，因而蕴含着否定先验人性论的倾向。

王国维得出了这样一个结论：人性不过是善与恶永恒的战场。“政治与道德、宗教与哲学，孰非由此而起乎？——历史之所记述，诗人之所悲歌，又孰非此善恶二性之争斗乎？”善恶是绝对对立的，无法互相转移的，其实，在王国维看来，人类本质上就是极端自私自利的，在《人间嗜好之研究》中，王国维说，在博弈之战中，“吾人竞争之本能遂于此以无嫌疑无忌惮之态度发表之，于是得窥人类之极端之利己主义”。总之，王国维从经验界，从人的行为来推断人性，认定人都是服从动机律的，无所谓意志自由；人在本质上是利己的，是追求自身幸福的，人生就是善与恶的永恒争执。

理

由于儒家道德宿命论与理性专制主义的内在联系，王国维的非理性主义同时也具有反儒家道德宿命论的意义，他写了《释理》来研究“理”的概念，认为从语源来说，“理”可以有广义的“理由”和狭义的“理性”两层含义。

王国维运用叔本华《充足理由律的四重根》中的观点来解释它们：“理之意义，以理由而言为吾人知识之普遍之形式，以理性而言则为吾人构造及定概念之关系之作用而知力之一种也。故理之为物，但有主观的意义而无客观意义。易言以明之，即只有心理学上之意义而无形而上学之意义。”

不过，王国维批评客观唯心主义的理论武器是唯意志论这个主观唯心主义理论，王国维认为，“理”不管是从广义上还是从狭义上解释，从客观的假定到主观的意义，从理性的意义或感性的意义来解释，都只是主观的东西，没有客观的性质。“理”不存在于直观之世界，而是暗含在广漠暗昧的概念之中。

王国维常常在诗歌中描写盲目的带悲剧意味的人生，以一首《蚕》为例：“余家浙水滨，栽桑径百里。年年三四月，春蚕盈筐筐。蠕蠕食复息，蠢蠢眠又起。口腹虽累人，操作终自己。丝尽口卒瘏，织就鸳鸯被。一朝毛羽成，委之如敝屣。喘喘索其偶，如马遭鞭箠。呴呴濡视其卵，怡然即泥滓。明年二三月，蠢蠢长孙子。茫茫千万载，辗转周复始。嗟汝竟何为？草草同生死。岂伊悦此生，抑由天所畀？畀者固不仁，悦者长已矣。劝君歌少息，人生亦如此！”

这首诗对受生存意志驱使而盲目的生生息息的人生作了悲悯而无可奈何的描述，代表了王国维的人生态度。王国维很自觉地把唯意志论与诗歌结合起来，通过完整的意象和妥贴的比喻表达人生哲学，使诗和哲学融为一体，而能够在具体鲜明的文学形象中融进普遍而深沉的人生哲学，表明唯意志论及其人生哲学已经内在于王国维的思想血脉，而不再是单纯外在的理论了。

哲学启示

王国维这样评论《红楼梦》：“夫吾人本质既为意志矣，而意志之所以为意志，有一大特质焉，曰生活之欲。”在他看来，无论是个人还是种族都是为了延续生命，生活的本质就是“欲”。“欲”具有普遍意义，也是促使政治、科学、文化发展的动力。他说：“故吾人之知识遂无往而不与生活之欲相关系，即与吾人之利害相关系。”

叔本华反对儒家的道德宿命论，但又贬低理性的意义，认为道德教育无非依赖于个体的直观。然而叔本华的直观，归根结底是人体悟意志的荒谬与世界的虚无之手段，是解脱生存痛苦之道德，王国维于此又有所怀疑：人生是善与恶的永恒苦斗，理性不能改善而只能加剧这场战争，解脱之道又是如此虚无缥缈，那么人类的希望在哪里、生命的意义又在哪里呢？

第四节　卡耐基：人生因挫折而精彩

人生的路途上永远不会是一帆风顺的，它总是充满了荆棘和坎坷，等着我

们去跨过。如果你在人生的挫折面前选择逃避，那么你就永远错过了成功的机会。每个人要学会和挫折做朋友，当你把它当作朋友时，你就会发觉它并没有那么可怕，你就会鼓起勇气去战胜它。最初的人生是一张白纸，而挫折是白纸上的星星点缀，当你已经走完了你的一生，再回过头来，你会发现正是那些挫折才让你登上成功的顶峰，而你的人生也因为挫折而变得十分精彩。

卡耐基在生活和工作中遭遇了很多挫折，但是他依然凭着顽强的精神斗志，每一次他都能从挫折中站立起来，迈向新的生活。而实际上，卡耐基成功的过程就是战胜困难和挫折的过程。他在面对生活和工作的挫折时，并没有退缩，而是以一颗乐观的心态去对待，因为他觉得正是因为挫折，他的人生才会取得如此巨大的成功，他的生活才充满了精彩。

卡耐基的课程受到了广泛的欢迎，也赢得了很高的声誉。但是并不是所有的人都认为卡耐基的课程是有十分有效的，是很实用的，在卡耐基课程不断发展的同时，也遭到了来自一些人的非议和责难。

戴尔·卡耐基在青年会夜校的课程非常紧张，他无心兼顾身外的任何事情，哪怕是路边的一个行人。于是，卡耐基把自己的全部精力投入夜校里的“卡耐基课堂”，为了使自己的课堂有所创新，让自己的课程形成一个比较清晰的内容体系。他一边自己着手来策划，实在是很忙，所以有一个晚上就停课了。当时那些学生就不满了，闹到青年会的新主任那里。那位中年妇女主任，毫不客气地教育卡耐基：“先生，你必须记着‘你的课程，学生们并不怎么满意。你不能如此懒惰，不要以为你现在能拿到三十美元一个晚上就很了不起！’明天，我就可以让你永远告别青年会。如果你不能勤奋地工作的话！”

面对这样的警告，卡耐基并没有生气。他只是平静地接受了因自己不上课而导致学生不满的事实，他自己明白问题出在哪里，明白应该怎么办。后来当他再一次踏进教室开始讲课时，有学生公然指出：“戴尔·卡耐基先生，你说的一切都与怎样演说无关，我们不需要心理医生，我们只要一位充满机智的教师，而不是像你这样只会胡说八道。”下面的学生也开始吹口哨，又拍桌子地闹了起来。卡耐基手足无措地站在那里，这时那位妇女主任来了，喝令卡耐基结束了青年会的授课。于是，卡耐基狼狈地离开了青年会，他心里明白除了就手既成事实以外，没有别的办法。可是他不甘心自己所试图创立的事业如此半途夭折。他开始到图书馆查阅一些资料，为自己的课程作些准备，后来他在一位朋友的帮助下重新开始了卡耐基课程。

每当卡耐基陷入了困境，卡耐基就会想起曾经使奥斯勒终身受益的一句名言："我们最重要的工作，并非在眺望遥远的、朦胧的事物，而是实行切近的、明确的工作。"虽然，卡耐基因为课程遭到非议，最终离开了青年会。但是，卡耐基用自己的能力克服了暂时的挫折，又通过他的课程确立了自己的事业，并且越干越好，最终走向成功。

人生中的挫折并不可怕，重要的是你是否有战胜它的信心。面对挫折，要用自己最美丽的笑容去征服它，你笑得越灿烂，它就越是怕你，当你自信满满地从它身边经过时，它就会不战而退。有一天，当你回首往事，你会发现正是那些挫折才让你的人生丰满起来，让你的生活充实起来。人生不会因为挫折而一蹶不振，而是因为挫折，所以人生才充满了精彩。这是卡耐基的成功之道，也是每个人的幸福之道。

哲学启示

或许在我们的日常生活中，也会遭遇一些像卡耐基一样的挫折。这时候，你就要学会接受已经发生的事实，这是克服任何挫折的第一步，然后再寻找可以解决的办法，让自己从挫折中站立起来。有的人时常在想，假如有一天我失去工作了怎么办？假如有一天我老了怎么办？假如有一天我失去健康了怎么办？假如有一天孩子不能成才怎么办？假如有一天所有的亲朋好友都对我不友好怎么办？我们暂且不说那一天是否会到来。我们需要关注的是，你现在这样的担心只会让你陷入更严重的焦虑中。

第五节　人生之贵——珍惜现在

孟子曰：“鱼，我所欲也；熊掌，亦我所欲也。二者不可得兼，舍鱼而取熊掌者也。生，亦我所欲也；义，亦我所欲也。二者不可得兼，舍生而取义者也。”漫漫人生路上，我们总是面临着得与失的艰难抉择，得与失就如同一对生死兄弟，我们只能选择其一，有得必有失，有失必有得，这就是哲理所在。其实，在很多时候，我们没有必要去计较得失，只要你怀着一颗感恩的心，珍惜眼前的生活，那么，你将获得更多。

一个学生向苏格拉底请教，世界上什么东西最宝贵。苏格拉底没有直接回答，他领着他去访问了一个在河边晒太阳的人。年轻人向老人提出了同样的问题，老人颤颤巍巍地站了起来，羡慕地盯着年轻人容光焕发的脸庞说：“在我看来，世间再没有什么东西比青春更宝贵了。瞧，你拥有青春多么好！可惜，青春对每个来说只有一次，我不可能再拥有它了！”

他们一路访问下去，那些拥有权力的人渴望友情，精神压抑的人渴望快乐，门庭若市的人渴望宁静。人们的回答尽管各不相同，但有一点却很相似：那些最宝贵的东西，都是已经失去和即将失去的东西。

这时，苏格拉底说：“孩子，世界上的许多东西其实都是十分宝贵的。当我们拥有它的时候浑然不觉，而一旦失去它，便感到它的宝贵了。所以，我们应该学会珍惜，珍惜我们的拥有。”

学会珍惜，这四个看似简单的字，组合在一起，却变成了一个意义涵广的话题。大海广阔无垠，因为它珍惜每一条小溪；群山连绵巍峨，因为它珍惜每一块砾石；树叶繁荣枝茂，因为它珍惜每一缕阳光。人生在世，有许多需要珍惜的东西，但是，人们往往在拥有时不懂得珍惜，在失去之后，才会想到珍惜，但为时已晚。

有人说：“世间最珍贵的是‘得不到’和‘已失去’。”人们用尽了一辈子去验证这句话，可到了迟暮之年，他们才发现：原来，世间最珍贵的不是“得不到”和“已失去”，而是现在能把握的幸福。流年似水，人生苦短，世界上的许多人，固执地为了追求自己得不到或已经失去的东西，而放弃了眼前唾手可得的幸福，这是多么不值得啊！

有一个朋友，婚姻已经走过了十个年头了，其间经过的磕磕绊绊、风风雨雨自然是不必提，多少次横眉冷对，多少次咬牙切齿，多少次都在怀疑能否并肩到最后。

有一次，夫妻二人在路上意外遭遇车祸处理现场，由于货车司机疲劳驾驶，汽车冲进了路旁的山沟里，满车的货物碎成了一堆残片，而驾驶室里的三个人已经血肉模糊，甚至无法看清容颜。这起车祸延续六个小时后，死者的身份依旧无法确认。

忽然之间，夫妻俩有了醒悟：平日争吵的内容无外乎一些鸡毛蒜皮的小事，而造成的结果却是互相埋怨，甚至是恶毒的咒骂。见了如此惨景，难道自己不该庆幸自己还活着吗？不该庆幸自己有一个温馨的家庭吗？难道不应该互相珍惜吗？

从这以后，依然清贫的小家却充满了欢声笑语。

世事变幻风云莫测，祸福旦夕，谁也无法预测，唯有珍惜眼前拥有的幸福。如果你常常抱怨自己失去得太多，那么，不妨豁达一些，珍惜眼前，你就会发现：自己拥有的，并不比别人少。

朋友最喜欢木棉花，因为它有美好的花语——珍惜眼前的幸福。身患重病的人会觉得健康是一种幸福，骨肉分离的人会觉得合家团聚是一种幸福。许多在雨夜中赶路被淋得浑身湿透的人都有过这样的感受，当他走进一家亮着灯的小店铺时，一碗热汤给人的幸福感往往是刻骨铭心的。为什么一定要等到失去才学会珍惜呢？人生总有得失，我们需要学会珍惜，懂得珍惜，这样才会使我们的生活多几分甜美，少几分遗憾，多几分幸福，少几分痛悔。

哲学启示

人的幸福感永远都是在比较中存在的，幸福通常是感觉不到的，而我们感觉到的常常是不幸福。一个人可以健康地呼吸，他会认为这是最自然的事情，但是，忽然有一天，他生病了，才明白自由地呼吸是一件多么幸福的事情。其实，他没有得到什么，也没有失去什么，但是，经历过之后往往会更懂得珍惜眼前的生活以及自己所拥有的一切。在生活中，我们经常会感到健康、自由、亲情、友情，这些都是极大的幸福，但是，我们在拥有它们的时候，并不知道珍惜。内心欲望的驱使，使得我们想获得更多的东西，其实，我们得到的已经很多，只是不懂得珍惜而已。

第六节　人生不必太“理想”

阿法朗诗曾说：“我坚持我的不完美，它是我生命的真实本质。”生活中，大多数人所梦想的人生太理想，他们终身都在寻找最“理想”的人生，然后，日子就在这种寻找中如白驹过隙般地流走了。与其追求理想的人生，不如把握眼下真实的生活。

理想人生是一座心中的宝塔，你可以在内心中向往它、塑造它、赞美它，但是你万万不可把它当作一种现实存在。因为太理想的人生，往往会失去它的真实，而你最终只会陷入无法自拔的矛盾之中。人生本是真实的、简单的，而偏偏有许多人对生活的幻想超出了生活本身，假意装点生活，希望生活变得如同橱窗里的塑料花一般，十全十美。孰料，那塑料花只是装饰品，它没有生

命，自然不具备真实，虽然，它看起来很精致，但少了花香，少了露珠，缺乏生物应有的生气，更缺少生命经历之后的真实。

一位刚做了整形手术的女人一边打量镜子中的自己，一边埋怨道："你并没有对我的脸孔做太大的改变。"医生说："你的脸孔本来就只需稍作改变，问题是你使用脸孔的方式错了，你把它当作一个面具，用来遮掩你的真实感觉。"

女人伤心地低下头："我已经尽最大的努力了，每天，我到学校的时候，都像戴着面具，极力想表现出最好的一面，把所有的感情都隐藏起来，只留下我认为正确的一部分，但是，孩子们总是嘲笑我。"

医生说："孩子们嘲笑你，是因为已经看出你一直在演戏。作为一名教师，并不一定要表现得十全十美，偶尔也可以表现得愚蠢一点儿，学生仍然会尊重你。拿掉你的面具，你会更喜欢你自己。"

美不是伪装，而是真实的释放。真实的东西总会打动人，就像那些花儿，虽然它会凋零，可是我们还是喜欢它是真的。而那些假花，即使再好看，人们也一样不喜欢。生活中，假象因为缺乏真实的基础而原形毕露，唯独有真实相伴。真实是一种客观事实，是事物的本质属性，是人们对于事物感知后的一种理性的思考。

一个总是郁郁不得志的人，找到了智者，他向智者诉说自己的遭遇和无奈。

智者听了他的诉说，沉思良久，舀起一瓢水，问："这水是什么形状？"那人摇摇头："水哪有什么形状？"智者不语，只是将水倒入杯中，那人恍然大悟："我知道了，水的形状像杯子。"

智者没有说话，他又把杯子里的水倒入了旁边的花瓶，那人悟然："我知道了，水的形状像花瓶。"智者摇摇头，轻轻提起花瓶，把水倒入一个盛满了沙土的盆里，水一下子溶入了沙土，不见了。智者低头抓了一把沙土，叹道："看，水就这么消逝了，这也是人的一生。"

听了智者的话，那人陷入了沉思，良久才说道："我知道了，你是通过水告诉我，社会处处就像一个个不规则的容器，人应该像水一样，盛进什么容器

就是什么形状。”智者笑了，说道：“是这样，也不是这样。很多人都忘记了一个词——滴水穿石。”

那人大悟：“我明白了，人可能被装于不规则的容器，但也能像这小小的水滴，改变着坚硬的石头，直至突破。为人处世就像水一样，能屈能伸，既要尽力适应环境，也要保持本色，活得自我。”

追求理想的人生是人类正常的渴求，同时，也是人类最大的悲哀，因为现实生活中“理想”这个字眼的诞生原本就伴有缺憾。在这个世界上，并不存在太理想、太完美的事物，如果你一味地追求理想的茧一层一层地套在身上，那么，你最终将会死在这重重的包裹之中。永远不要将生活理想化，否则，你将永远陷入无法自拔的矛盾之中，最后只能在哀叹中终老而死。

哲学启示

当然，追求理想、完美的人生，这并不是错误，但前提条件是你必须做得踏实。抛去心中的烦躁，不要好高骛远，脚踏实地，一步一个脚印，领悟生活背后的真实，你才能体会到生活的真谛。而生活的真谛就在于真实，不是虚无缥缈，而是异彩纷呈。许多人忽视了生活的可塑性、真实性，他们所谓的理想已经被极端化了，因为缺少了真实，生活便成为了一潭死水。

第七节　感恩人生，走出低谷

易卜生曾说：“不因幸运而故步自封，不因厄运而一蹶不振。真正的强者，善于从顺境中找到阴影，从逆境中找到光亮，时时校准自己前进的方向。”如果生命中没有逆境，也就无法使一个人的才能与智慧获得增长。你想采摘玫瑰，就不要怕被刺扎破手指。人生不可能只有成功的喜悦而没有遭受挫折的痛苦，一个人在陷入失望与绝望的低潮中看到希望，感恩自我，抓住新生，他就已经获得了一半的成功。

那些心怀感恩的人，他们将万物皆视为恩赐。当心中充满了感恩之情时，世界才会变得美好无比，苦难才会变得甘之如饴。真正的人生就是要品味生活中的苦与乐，乐中有苦、苦中享乐，也只有这样，才体会到生活的甘美。当你对人生感到绝望、陷入低潮时，试着将感恩的情绪融入生活中，这样，你的疲劳感就会相对大幅度减少，希望之火也会在你的心中生生不息。在面临人生低潮时，学会感恩自我，积蓄力量，在忍耐中等待高潮的来临，这就如同在大雨连绵数日之后，天空突然放晴，你的心情可能会为之一振，但是，如果没有那一段阴雨连绵日子中的忍耐与积蓄，你怎么会体会到晴天时的喜悦呢？

查尔斯·詹姆士·福克斯对那些面对挫折从不灰心丧气的人，总是寄予厚望，他说：“年轻人首次登台亮相就博得满堂喝彩当然不错，不过我更欣赏在失败后还能一再尝试的年轻人，这才是生活的强者，他们往往比首战告捷的人发展得更好。”人生难免有低谷时期，几乎每一个成功者都经历过低潮，只是他们懂得感恩，最终以坚强的意志战胜了挫折。在那些刚强坚韧者的眼中，挫折只是一小块路上的石头，慢慢积蓄力量，奋力一跃便会踏上成功的路途。

1967年夏天，美国跳水运动员乔妮·埃里克森在一次跳水比赛中身负重伤，导致全身瘫痪。事故发生之后，乔妮一直摆脱不了噩梦，无论身边的家人朋友如何安慰，她总是认为这是命运对自己的不公平。

曾经有一段时间，她陷入了绝望，不吃东西，不说话，整天只是凝望着窗外的风景。朋友劝慰：“乔妮，越是在这个时候，你越是要学会感恩。”她猛然醒悟过来，自己还活着，为什么不尝试着做一些事情呢？

她开始冷静思考人生的意义和生命的价值，她借来了许多如何成才的书

籍，开始认真阅读了起来。虽然，她双目健全，但读书还是很困难，只能靠嘴衔根小竹片去翻书，劳累、伤痛常常迫使她停下来。但片刻休息之后，她又咬牙坚持下去，领悟到生命的意义之后，她想到了自己中学时喜欢画画。于是，她捡起了中学时代用过的画笔，用嘴衔着，练习开始了。用嘴画画？许多人连听都没听过，那是一个多么艰辛的过程，但是，乔妮坚持住了。

许多年过去了，乔妮的一副风景油画在一次画展上展出后，获得了美术界的好评。后来，她开始接触文学，写了一本自传《乔妮》，轰动了文坛，她成为了千千万万青年自强不息的榜样。

当人生陷入了低谷，乔妮并没有放弃自己，而是感恩自己还活着，依然可以成才。在这样坚强的信念下，慢慢地积蓄力量，最终，她迎接了人生一个又一个的成功。人不能一遇到困难就选择退缩，虽然我们努力过，但是人的一生中要遇到许多困难，只有想办法去克服，才能获得最后的胜利。

哲学启示

尼采认为，人生需要拼搏，需要奋斗，才尽显人生价值。没有人会喜欢失败，但是，我们应该学会尽早面对失败，在陷入低潮的时候，学会以一颗感恩的心去面对。面对挫折，你有可能会失败，但你并没有失去坚强的意志，耐心等待，在等待中慢慢积蓄力量，他日你必定会一鸣惊人。爱迪生在别人嘲笑他失败几千次的时候，笑着说，我已经知道了几千次不成功的原因了，我离成功已经近了几千次了。学会感恩，尤其是当自己处在低潮的时候，这样，你才会积蓄力量，你才有可能再次成功。

第9堂课 听洛克讲哲学

英国哲学家洛克是唯物主义经验论体系的代表，他批判天赋观念说，认为“我们的一切知识都是建立在经验之上的，而且归根结底是来源于经验”的。洛克主张经验按照其来源可分为外部经验和内部经验两类，前者是感觉，后者是反省。

第一节　洛克：唯物主义经验论体系的代表

洛克，英国哲学家，其在社会契约理论上作出重要贡献，他发展成了一套与托马斯·霍布斯的自然状态不同的理论，主张政府只有在取得被统治者的同意，并且保障人民拥有生命、自由和财产的自然权利时，其统治才具有正当性。在洛克看来，只有在取得被统治者的同意时，社会契约论才会成立，假如缺乏了这种同意，那人民就有推翻政府的权利。其主要著作有《论宽容》《人类理解论》《政府论》等。

洛克的墓志铭是：停下你的脚步啊，路人！躺在这里的就是约翰·洛克。如果你想问他是怎样的一个人，他会说他是一个以自己的小财产过着满足生活的人。身为一个学者，他以追求真相为他学习的唯一目标，你可以在他的著作里发现这点，任何有关他的事物都写在他的著作里了，也都比本墓志铭对他的赞美还要真实。确实，他的美德，并不足以让他自己提出来炫耀也不足以拿来给你作为典范。让他犯下的邪恶随着尘土掩埋吧。如果你要寻求做人的典范，去从圣经里找寻吧；如果你要寻找邪恶的典范，希望你不会找到它；如果你要寻找死人，你在这里就可以找到一个也可以在任何其他地方找到啊。

人物生平

洛克的父亲是一名在萨默塞特郡担任地方法官书记的律师，母亲是一名制革工匠的女儿，父母亲都是清教徒。1632年8月29日，洛克出生于萨默塞特郡的威灵顿村，出生后不久，洛克一家就搬到了布里斯托以南7英里的Pensford镇

区，他便在那里的一个农村长大。

1647年，洛克就读于西敏中学，从西敏中学毕业之后，他接着前往就读牛津大学基督教堂学院。尽管洛克的成绩十分突出，不过他对大学安排的课程感到不满，在这时他发现一些哲学更有趣，于是，他开始将兴趣转向一些实验哲学和医学的研究，并成为了皇家学会院士。

1656年洛克获得学士学位，1658年获得硕士学位，1664年获得医学学士的学位，在1666年洛克成为沙夫茨伯里伯爵的助手，并于1667年搬进了沙夫茨伯里伯爵在伦敦的住所，兼任其个人医师。在担任沙夫茨伯里伯爵医师的时期，洛克开始撰写一些在后来被出版为《人类理解论》一书的草稿，其中有两份草稿保存至今。

沙夫茨伯里伯爵身为辉格党的创立者之一，对于洛克的政治思想有很大的影响。伯爵于1672年被指派为英国大法官（Lord Chancellor），洛克也随之参与各种政治活动。1675年，在伯爵于政坛失势后，洛克前往法国旅行。在这个时期，很可能是出于伯爵的鼓励，洛克开始撰写知名的《政府论》一书。

1683年，洛克逃亡到荷兰，他开始有时间继续撰写许多著作，花了很多时间重新校对《人类理解论》及《论宽容》的草稿。在1688年洛克跟随奥兰治亲王的妻子一同返回英格兰。在抵达英国后不久洛克开始将大量的草稿出版成书，包括《人类理解论》《政府论》以及《论宽容》都在这段时期接连出版。

从1691年开始洛克一直住在玛莎姆女士的家中。由于健康状况不断恶化，洛克在1704年10月28日去世，并被埋在艾赛克斯郡东部的High Laver小镇的一个教堂墓区。洛克终身未婚，也没有留下任何子女。

主要思想

洛克的思想对后代政治哲学的发展产生了巨大影响，而且被广泛视为启蒙时代最具影响力的思想家和自由主义者。其著作对伏尔泰和卢梭，以及许多苏格兰启蒙运动的思想家和美国开国元勋都有很大的影响，且理论被反映在美国的独立宣言上。

1.财产理论

洛克主张公民社会是为了对财产权利提供保护才产生的，在他看来，所谓的财产代表了一个人所拥有的东西，包括拥有了他自己。所以，洛克所谓的财产包括了拥有“生命、自由和财产”的权利。政治社会创始的目的便是提供财产权利更好的保护，因为财产能够代表其成员私人的利益，不过却无法代表一些只有与共同体里其他人结合才能实现的利益。

洛克主张每个人都拥有他自己，因此每个人在自然状态下都是同样自由而平等的。所以每个人必然拥有他劳动所得的产品，要否认这点便等同于将他视为奴隶。每个人都有权在自然赋予的资源上混合他自己的劳动。

洛克对自己的思想作了这样的解释：一颗长在树上的苹果对所有人都没有用处，只有当某个人将其采收后它才有可能被食用，而苹果便成为了那个采收的人的财产。洛克同时提出另一种论点，他主张我们必须允许苹果被采收为私人财产，否则无论世界上的资源有多么丰富，所有人类都只有饿死一途。一个人也必须被允许进食，因此他有权利食用经过他劳动所得的果实。当苹果被他吃下时，他也必然是这颗苹果的所有人，无论是在他咀嚼时、在他啃咬时，还是在他将苹果送至嘴边时，只要他在这颗苹果上混合了他的劳动。

不过这还没有说明为何一个人应该被允许在自然赋予的资源上混合劳动。由于人必须进食，采收苹果也是必要的，但这还不足以解释为何人们必须尊重其他人的财产。因此，洛克假设在自然状态下资源是相当丰富的：只要其他人还有机会取得“同样多”和“同样好”的资源，一个人便有权利拿走一部分的自然资源，而由于自然资源是相当丰富的，一个人可以在拿走所有他自己会用到的资源的同时，也不会侵犯到其他人的资源。除此之外，一个人不可以拿走超过他能使用到的数量，以免资源被糟蹋。洛克也因此提出了两个取得财产的但书：“同样多和同样好”的条件以及避免“浪费糟蹋”的条件。

2.累积的限制

劳动创造财产，不过财产的积累也是有限制的。按照洛克的思想，没有被使用的财产是一种浪费，也是对于自然的侵犯。但是，随着长久产品的引进，人便可以卖出他们手上过多的会腐烂的产品以交换长久产品，这样一来便不会违反自然法了。因为黄金、银块和其他各种贵金属以及宝石并不会腐烂，除了美观以外，它们对于人的生存是没有用处的。所以，一个人可以自由地积累它们，或者以它们进行贸易换取食物，通过人与人之间的自愿同意，它们便成为了货币。

3.政治理论

洛克常常被视为自由主义的代表人物，同时也是美国革命的先驱。洛克相信人的本质是带有理性和宽容的，不过与霍布斯相同的是，他认为自私是人性的本质，这是他在货币理论上的基础。在洛克看来，在自然状态下所有人都是平等而独立的，没有人有权利侵犯其他人的生命、自由或财产。洛克主张应该对政府权力实行监督与制衡，而且认为当政府背叛了人民时，革命不仅是一种权利，也是一种义务。

4.自我理论

在洛克看来，人类所有的思想和观念都来自或反映了人类的感官经验，他将“自我”定义为“会以意识思考的东西，这种东西可以进行感觉的，会感觉到快乐或痛苦、幸福或不幸，而其意识延伸的程度，便是其自我所关心的程度”，不过洛克并没有忽略“本体”的重要性，他说：“肉体是构成人的一部分。”

在洛克看来，“自我”是一种在体内的自我察觉以及自我意识的反射。在《人类理解论》中，洛克解释了这种意识灵魂的发展过程，他批评了圣奥古斯丁派所提出的人生下来皆有原罪的理论，批评了笛卡儿提出的人生下来皆带有基本逻辑知识的理论。在洛克看来，人的心灵开始时就像一块“白板”。而向它提供精神内容的是经验，观念分为两种：感觉的观念和反思的观念。感觉来源于感官感受外部世界，而反思则来自心灵观察本身。

第二节　洛克论“经验”

经验论的诞生

15世纪中期到16世纪是以“文艺复兴”而命名的伟大的光辉时代，这个时代既是理性的复苏与人的发现的时代，同时也是西方哲学史上发生重大转折的时代。因为理性的复苏、人的发现和人的主体地位的确立，必然促使哲学对象和功能发生转变，并为西方哲学的发展提供新的内容和基础，从而促使西方哲学的发展发生新的转折。

1.开端

欧洲中世纪占统治地位的意识形态是基督神学，恩格斯说：“中世纪只知道一种意识形态，即宗教和神学。”在中世纪，神学赢得了绝对的统治，信仰取代了理性的地位，人们在自我意识中失去了对理性的信念，失去了自己作为理性主体的意向，不再是理性的所有者，人的理性被对象化为上帝的理性。

在文艺复兴时期，从这两个方面对理性进行恢复：一方面，他们极力恢复古代的理性传统，宣扬古代哲学家们的思想和观点，以古代哲学家来启迪人们的理性；另一方面，他们热情地赞美理性，把理性看成人的本质特征，呼唤人们用自己的理性去指导行动，确立行为的目的。

文艺复兴运动关于理性与人的发现，不但促进了欧洲人的觉醒，而且为欧洲人理性作用的发挥和认识活动的发挥提供了思想准备。

2.转折点

文艺复兴时期的哲学以理性和人为中心，展开了认识论的研究，构成了中世纪信仰主义向近代理性主义的转折。文艺复兴的哲学家们通过对人的理性和人的发现，确立了认识的主体是现实的人，实现了理性能力向认识主体——人的复归。文艺复兴时代的自然哲学家们通常都认为认识起源于感觉，感觉是关于事物的所有知识的基础，而感觉起源于外部事物对人的感官的作用，是对象

刺激感官使感官状态发生变化，对人对于外部事物变化的感知。

经验论的形成

17世纪，欧洲哲学发展到了一个全新的阶段，在“文艺复兴”新思潮的哺育下成长起来的新兴资产阶级哲学家们，高举人类理性的旗帜，向封建主义、经院哲学发起了猛烈的冲击。洛克作为英国经验论的集大成者，其理论的形成是具有深刻的历史根源的，也就是根植于英国资本主义与自然科学发展的肥沃土壤，且从中滋生出来的。

1.英国资本主义的发展

在欧洲，英国是资本主义生产关系形成最早的国家之一，在14世纪末，英国的农奴制已经瓦解，英国城乡出现了资本主义的经济关系。15世纪末至16世纪初期，由于新航路的发现，英国的海外贸易得到了迅速的发展，伦敦成为国际贸易的中心。农村出现了许多资本主义性质的农场和牧场，农业市场也随之快速扩大，这就促使英国的封建农业向资本主义农业过渡，为以后的工业发展提供原料和市场。

2.英国自然科学的发展

近代英国实验科学的发展，对洛克哲学思想的形成具有重要的影响。洛克不但是一位杰出的哲学家，而且还是当时一名科学家和卓越的医生。洛克不仅对新时代的科学具有广博的知识，对时代精神有深刻的了解，而且必然使得他在这一时期形成的哲学思想深深地打上了时代的烙印。从一定的意义上说，洛克的经验主义认识论，正是他把近代英国经验科学所依据的观察和实验的方法上升到哲学高度的结果。

思想基础

任何一种新观点或理论的提出，都是从既有的思想前提出发。正如恩格斯所说：“每一时代的哲学作为分工的一个特定的领域，都具有由它的先驱者传给它便由此出发的特定的思想资料作为前提。”而洛克经验主义认识论的形成也具有深厚的思想渊源。

1.古希腊罗马哲学

古希腊哲学是西方哲学之渊源，现代西方各种思想的胚芽，基本上都可以追溯到古代哲学之中。恩格斯曾说：“古希腊哲学丰富多彩，在它的多种多样的形式中，差不多可以找到以后各种观点的胚胎和萌芽。”

比如，从米利都学派对宇宙万物的本质进行抽象概括中可以看到，他们对世界的认识始终立足于对客观世界感性直观的把握之上，他们的哲学标志着经验主义倾向的最早出现。再如，昔勒尼学派的哲学家最早提出了经验论的思想，基本哲学主张是感觉主义，他们把感觉作为认识论的原则。

2.中世纪哲学经验主义

中世纪哲学的基本形态是经院哲学，经院哲学中在占统治地位的宗教神学把信仰放在首位，在本质上既反对理性亦反对经验。不过，经验论的思想并未因此而断绝，这一时期经验论的倾向主要是与经院哲学中的唯名论相联系。

3.文艺复兴

可以说，文艺复兴是近代经验论的直接的前导，文艺复兴时期一些具有唯物主义倾向的科学家和自然哲学家强调经验和实验的思想是近代经验论的直接前导。

哲学启示

洛克是欧洲哲学史上著名的哲学家，西方近代经验论的集大成者。洛克的思想十分丰富，经验主义认识为其赢得在欧洲哲学史上的盛誉。洛克经验主义认识论形成反映了15世纪中期到16世纪西欧哲学对于理性与人的发现的客观要求，而经验主义认识论的形成是根植于英国资本主义与自然科学发展的肥沃土壤，并从中滋生出来的。

第三节　经验是学费最贵的学校

西奥多·罗斯福告诉我们说：“经验是学费最贵的学校，但它是唯一可以学到东西的学校。”没有经历过风霜雨雪的花朵，无论如何也结不出丰硕的果实。温室的花朵注定要失败，成长的过程就是不断接受折磨的过程，学会感谢折磨自己的人，才能真正领悟到成功的真谛。荀子说：不积跬步，无以至千里；不积小流，无以成江海。这句话是说想成就大事者，首先要积累大量的经验和知识。

但积累要有目的，有所选择，不能胡子眉毛一把抓。切忌像猴子一样见到香蕉丢了桃子，捡到西瓜丢掉香蕉，到头来竹篮打水一场空，什么也没捞到！更不可以三天打鱼两天晒网；积累需要耐心，需要恒心！如果有始无终则不能有所作为，由此可见，猴子想吃饱，必须积累食物，才能为下面的生活做好铺垫；如不积累果实，怎样填饱肚子呢？又怎么有力气去找食物呢？所以生活必须要重在积累。

有个渔夫有着一流的捕鱼技术，被人们尊称为“渔王”。依靠捕鱼所得的钱，“渔王”积累了一大笔财富。然而，年老的“渔王”却一点儿也不快乐，因为他三个儿子的捕鱼技术都极其平庸。于是他经常向人倾诉心中的苦恼：“我真想不明白，我的捕鱼技术这么好，我的儿子们为什么这么差？我从他们懂事起就传授捕鱼技术给他们，从最基本的教起，告诉他们怎样织网最容易捕捉到鱼，怎样划船最不会惊动鱼。他们长大了，我又教他们怎样识别潮汐、辨别鱼汛……凡是我多年辛辛苦苦总结出来的经验，都毫无保留地传授给他们，可他们的捕鱼技术竟然赶不上技术比我差的其他渔民的儿子！”

一位路人听了他的诉说后，问：“你一直手把手地教他们吗？”

“是的，为了让他们学会一流的捕鱼技术，我教得很仔细、很细心。”

“他们一直跟随着你吗？”

“是的，为了让他们少走弯路，我一直让他们跟着我学。”

路人说："这样说来，你的错误就很明显了，你只是传授给了他们技术，却没有传授给他们教训，对于才能来说，没有教训与没有经验一样，都不能使人成大器。"

是啊，渔夫的儿子从来都没有经受一点儿挫折的折磨，他们怎么会获得成长呢？

一个人应该能够通过自己的错误认清自己。所谓的成长，往往首先指的就是一个人能够通过自己的错误吸取教训，获得经验，从而在将来不再犯同样的错误。每个人都有缺点，所以，每个人都会苦恼地发现自己经常犯相同的错误，即所谓的"好了伤疤忘了痛"。不过，也不必因此过于烦恼，因为不是所有的错误都是致命的，甚至有些错误，犯了就犯了，也没什么大不了——比如，你总是忘记在睡觉之前把电脑关掉。

然而，有些错误却是不应该再犯的。例如，浪费时间。一旦你意识到你刚刚犯了一个不可饶恕的错误，为此懊恼却大可不必，因为懊恼、后悔从来都不能解决问题。真正有意义的时间投资是这个：拿出纸笔，记录你的错误——分析你犯错的原因，尝试着找出将来避免这个错误的方法。这里的关键在于，你一定要把刚刚这些思考记录下来，每隔一段时间重新温习并整理。如果你观察一下身边的人，你就会发现，竟然有很大一部分人，他们在他们的整个人生过程中，甚至连自省都没有学会。他们甚至不承认自己的错误，就算承认，其解决方案不过是给自己寻找无数的借口而已。

哲学启示

没有正确的积累，哪来的成就、有所作为，所以说，积累就像滚雪球，越滚越大，不滚就化。就让我们像草原狼一样持之以恒地积累经验，像雄鹰一样积累能量，一飞冲天，等待机会，扑向理想的猎物，享受成功带来的喜悦！

第四节　每一次坎坷，每一次经验

百糖尝尽方谈甜，百盐尝尽才懂咸。当我们笑谈生死时，我们是否真正懂得看破的意境，当我们妄言快乐时我们在生活中是否已然背起足够的痛苦。人生因充满坎坷的经验才变得多姿多彩。也许我们都不欢迎磨难的到来，但当他与你不期而遇时，请不要掉头或转向。磨难是一个魔鬼，一旦他看上你，就会对你穷追猛打，不舍不弃。选择躲避甚至逃跑的人，只会被他欺负得更加悲惨。

有一天，一位少年求佛者，自觉已看破红尘、放下一切，便历经千辛万苦找到了一个隐于深山之中的寺院，求见方丈想要出家。他觉得只有深山之中的寺院才能真正洗去城市繁华和浮躁。见了方丈之后，方丈问少年：做和尚要独守孤灯，终身不娶，你能做到吗？少年斩钉截铁地说：能。方丈又问：做和尚要每日三餐粗茶淡饭，粗衣薄挂夏热冬寒，你能忍受得了吗？ 少年又斩钉截铁地说：能。方丈又问：做和尚要无欲无求、无怨无恨，不问恩情，不记仇恨，无论任何时候都要心如明镜不染尘埃，你能做到吗？少年还是斩钉截铁地说：能。方丈又问了少年一些关于佛法方面的东西，少年都能一一作答。但最后方丈还是把少年送走了，在把极度失望的少年临送下山的时候方丈送给少年一句话：未曾拿起莫谈放下，当你真正拿起时，你再回来告我你还能不能放得下。

对于少年来说，精彩的人生才刚刚开始，他所经历过的，只是人生的一个短暂的片段，由此就总结自己对待人生的态度，甚至妄谈生死，开破红尘，未免太过偏激。没有经过生活又怎会理解生活的艰辛，没有经过真正的痛苦又怎会懂得选择快乐的角度。

凡成大事者，必须经得起磨难的历练，经得起失败的打击，成功需要风风雨雨的洗礼，一个有追求、有抱负的人，总是视挫折为动力，有一句话说得好：“能受天磨真铁汉，不遭人嫉是庸才。”所以说，挫折对于天才是一块成功的跳板，对强者是一笔宝贵的财富。而对于弱者，就是使之坚强的臂力器，磨难是一所包罗万象的大学。

哲学启示

曾有人说：成功的人生是痛苦与失败的交织，是磨难与顺利的交替。卓越的人生从卓越的目标开始，卓越目标的背后必然是充满荆棘和坎坷的路。经受了荆棘的刺痛和坎坷的摔打，追求成功的意志才会坚强起来，经验是人生不可多得的宝贵财富，拥有了这笔财富，就没有什么困难不能克服，没有什么曲折可以把人击倒。丰富的人生历练是走向成功的奠基石。

第五节　积累失败的经验，让失败成为财富

爱默生曾说：“每一种挫折或不利的突变，是带着同样或较大的有利的种子。”在失败的背后，往往隐藏着宝贵的经验与信念，事实上，失败是一笔不可缺少的财富。虽然，我们在遭遇挫折，面临失败时，都会产生一定程度的负面情绪，但是，如果自己长期深陷其中而不能自拔，失败就会成为你的代名词。美国著名心理学家贝弗利·波特认为，当一个人在工作中的失败感大于他所取得的成就感时，就很有可能对自己的工作失去热情，而当这种失败感以一定的频率固定出现时，他就很容易对自己的工作产生倦怠。面对失败，我们需要做的并不是自甘堕落，自暴自弃，而是不断积累失败的经验，让失败成为一笔财富。

日本著名实业家原安三朗曾说：“年轻时赚一百万元的经验，并不能成为将来赚十亿元的经验，但损失一百万元的经验，倒可以培养赚十亿元的经验，

逆境是锻炼人才最好的机会。”一个不能认识和接受失败的人，也无法看清楚成功的本质，从失败的教训中学到的东西，往往比成功中学到的还要深刻。成功，总是在经历多次失败之后才姗姗来迟，正确面对失败，才是走向成功的重要素质和能力。

和田一夫21岁那年，自己经营的位于静冈县热海家的蔬菜水果店被一场大火烧毁，和田一夫几乎失去了所有，但是，失败并没有让他放弃希望，他将烧成平地的100平方米土地拿去做抵押，借钱买了块300平方米的土地盖了一个超级市场，开创了日本八百伴。超级市场在和田一夫的经营下，发展得越来越好，这时，和田一夫想带着自己的超级市场进军亚洲，而新加坡成为了进入亚洲的起点。

1972年，和田一夫和日本野村证券公司第一次考察新加坡市场，然而，就在新加坡，他碰到了两件令自己苦恼的事情：由于新加坡租金太贵，完全超出了自己的预算之外；在新加坡期间，和田一夫无意中听到一位的士司机告诉他一段日本杀害新加坡的国仇家史。对此，和田一夫说：“对日本百货公司来说，20世纪70年代是一个必须面对历史的时代。”回到日本后，和田一夫告诉了董事们这两件事，结果董事们纷纷表示反对投资新加坡。但是，和田一夫明白“零售业成功的因素是要消费者口袋里装着钞票”，于是，在20世纪70年代初期，和田一夫在新加坡开辟了第一个亚洲市场。1976年，受世界石油危机的冲击，巴西八百伴被迫关门。通过这次教训，和田一夫领悟到：“不该死守一个地方，要大胆调动资金，分散资产。”紧接着，八百伴从东南亚“流通”到了我国台湾和香港地区，甚至内地。80年代末期至90年代初期，整个亚洲经济处于全盛时期，和田一夫的八百伴集团在16个国家拥有了400多间百货公司，八百伴集团坐上了世界零售业第一把交椅。

1997年，和田一夫在日本负责掌管日本八百伴公司的弟弟，因被指控欺骗日本财政部而被法庭判定有罪，当时也判定和田一夫结束所有海外企业，回日本受审。当时，日本媒体称和田一夫将资金调动到中国，拖累了日本八百伴。

顿时，一夜之间，和田一夫变成了一个连累八百伴股东和员工的罪人。这时，和田一夫作出了决定，宣布“自我破产”，交出所有财物，向企业界告别，搬到一个租来的房子里。

如今，和田一夫成立了“和田一夫企业咨询公司”，他的日常工作就是用电脑给许多企业家回答问题，为企业团体作演讲。同时，他以探讨自己的失败撰写了《从零开始的经营学》，这本书成为了日本经典著作之一。对此，和田一夫这样说：“失败是我的财富，我想将这个企业咨询网络像当年八百伴一样伸展到亚洲，甚至全世界。”

杰出的音乐家贝多芬在与外界声音隔绝之后，坚持音乐创作并获得了巨大的成功；只受过三年正规教育，被老师认定是一个智力迟钝的学生——爱迪生，在经过不懈的努力之后，成为了最伟大的发明家之一。哈佛告诉我们：失败并不可怕，只要你在失败中不断地积累经验，终究能将失败变成财富。其实，遭受失败并不可怕，关键是用积极的心态来面对。只要我们能改变心态，把每一次的失败都当作考验自己的机会，把它当作超越自己的一次机遇，那么，我们就不会沉浸在痛苦里，甚至感谢失败让我们看清了真相，获得了经验。失败会让人变得成熟，它是人生的一笔宝贵财富。

哲学启示

莎士比亚曾说：“逆境使人奋进，苦尽才能甘来。”在人生道路上，成功没有巅峰，追求没有止境，短暂的荣誉往往会束缚住人们前进的手脚，一时的辉煌往往会消减人们的斗志。而失败，让人痛心更催人奋进，既让人难堪更让人坚定，让人们在放弃时能鼓足勇气，想逃避时拾起自尊。失败是成功的前奏，失败是一笔财富，失败能够使人不断地反省自己，在逆境中奋进，在低谷中抓住机遇，不断冒险与尝试，最后采摘成功的果实。

第六节 经验是真理掌握在少数人手里

经验告诉我们的是：真理往往是掌握在少数人的手中，对此，每个人都应该具备一定的怀疑精神，而不能人云亦云。古人说：“疑似之迹，不可不察。”“于无疑处有疑，方是进矣。”对一些问题，我们要善于质疑，要敢于挑战权威。不能敢挑战权威只会随声附和的人，不仅会失去成功的机会和别人的赏识，更遗憾的是，他们会失去那种让自己的思想自由迸发，最后被别人认可的快乐。

小泽征尔的名字如今已经如雷贯耳，他是20世纪最杰出的音乐家之一，很早以前，小泽征尔在中国演出时，他无意中听到了瞎子阿炳的《二泉映月》，他哭了，紧接着忽然当场跪下！他感慨地说：“这样的音乐应该跪着听！”于是，许许多多的中国人深深地记住了这个日本人的名字。同时，让他被整个世界认识和记住的，还有他充满挑战性的自信心。

在小泽征尔成为世界著名的交响乐指挥家后不久，在一次世界优秀指挥家大赛的决赛中，评委会随即抽取一份乐谱给他，可想而知，这份乐谱的难度非一般人能够指挥的。他按照评委的要求指挥演奏，但刚刚开始不久，他就敏锐地发现了不和谐的声音。起初以为是乐队演奏出了错误，就停下来重新演奏，但还是不对。他大声地对台下的评委说：“我觉得是乐谱有问题。”这时，在场的作曲家和评委会的权威人士坚持说乐谱绝对没有问题，是他错了。面对一大批音乐大师和权威人士，他思考再三，最后斩钉截铁地大声说：“不！一定是乐谱错了！”话音刚落，评委席上的评委们立即站起来，报以热烈的掌声，祝贺他大赛夺冠。

原来，这是评委们精心设计的“圈套”，以此来检验指挥家在发现乐谱错误并遭到权威人士“否定”的情况下，能否坚持自己的正确主张。前两位参加决赛的指挥家虽然也发现错误，但终因没有信心坚持自己的观点，随声附和权威评委们的意见而被淘汰。小泽征尔却因充满自信摘取了世界指挥家大赛的桂冠。

哲学启示

怀疑精神的培养，不仅是学生个人思想和学识增进的必需，也是国家和民族能够不断反思过去、质疑现在、求新求变、充满活力的必需。因为真理往往掌握在少数人的手中。哲人说，我爱我师，我更爱真理。敢于提出自己的质疑，发出自己的声音，在充满自由的思维状态下思考问题，不畏首畏尾，不为传统权威束缚，才能有所创新。

第10堂课
听罗尔斯讲哲学

20世纪70年代，美国著名的哲学家、伦理家约翰·罗尔斯的《正义论》出版，此书从公平正义入手，全面系统而深刻地论证了自由与公平、个人与国家、机会与结果等广泛的社会问题，提出“我的目标是要确立一种正义论，以作为一种可行的选择对象，来替换那些长期支配着我们的哲学传统的理论”。

第一节　罗尔斯：用正义替换传统哲学理论

罗尔斯，美国政治学家、伦理学家、普林斯顿大学哲学博士、哈佛大学教授，写过《正义论》《政治自由主义》《作为公平的正义：正义新论》《万民法》等名著，是20世纪英语世界最著名的政治哲学家之一。罗尔斯不仅是20世纪70年代西方自然法学派的主要代表之一，同时也是20世纪最伟大的哲学家之一，他培养的许多学生，诸如纳格尔、科恩等都成为了道德和政治哲学的重要人物。

人物生平

罗尔斯于1921年2月21日出生于巴尔的摩一个富裕的知识分子家庭，父亲是一位自学成才的杰出律师和宪法专家，母亲曾任妇女选民联盟巴尔的摩分部的主席，母亲争取妇女权利的工作引起了罗尔斯后来对于妇女平等权利的关注。

尽管罗尔斯的童年衣食无忧，但他遭遇了两次悲剧，在连续的两年中两个弟弟因疾病而相继去世，这悲伤的记忆深深地刺痛了罗尔斯的心灵，他感到命运的冷酷无情，使他对弱势群体有了一种特别的关切，他开始把目光投向周围的黑人，并和一个黑人孩子成为了朋友。在多年以后，罗尔斯在《正义论》中写道，由于社会制度决定了人们不同的社会地位和不同的生活前景，这是一种特别深刻的不平等，需要正义原则来进行调节。

“二战”爆发时，罗尔斯进入了普林斯顿大学，选择了自己喜爱的哲学。1943年1月，聪敏而勤奋的罗尔斯以最优异的成绩提前一学期从哲学系毕业，

一个月后他接受军训并成为太平洋战场的一名步兵，先后在新几内亚、菲律宾和日本服役，其间有一次遭到日军伏击，不过幸免于难。而对于美国向广岛投放原子弹的行为，罗尔斯表示了深深的谴责：为什么世间会有邪恶？人类是否可被救赎？建设一个正义的秩序良好的社会是否可能？战争引发了他对人类正义问题的思考，他试图寻找人为的灾难背后的深刻原因和解决之道，其一生的工作就旨在发现正义对我们的要求，而且显示我们人类有能力去实现它。

1949—1950学年罗尔斯在普林斯顿的一个研讨班上,研习了美国历史上几乎所有有关正义的重要观点,并试图把每一种观点融入一种系统的正义观念之中。1950年到1952年,罗尔斯担任了哲学系的讲师。在普林斯顿,他遇到了很多良师益友。得益于他们,罗尔斯摆脱了对形而上学争议的纠缠,投入建构性的哲学任务之中。1951年的《用于伦理学的一种决定性的程序的纲要》是处理罗尔斯成熟理论中心问题的早期尝试：什么样的决定程序有助于我们公正解决有争议的问题。此后他便一直致力于《正义论》的研究和写作。

1952年至1953年，他以高级访问学者身份在牛津基督教会学院游学，在牛津所从事的有关法律和政治哲学的实质性工作对他启发巨大，特别是受到哈特和伯林的影响,奠定了他以后的学术目标：寻找一种将自由和平等在一个政治正义的概念中统一起来的方法。

在他写作《正义论》的年代,美国正处于一片混乱之中，外有越南战争，内有黑人运动、学生抗议运动和女权运动。罗尔斯将产生种种社会危机的症结归于财富的严重分配不均，把正义问题的解决放在社会制度的合理设计之上，希望构建一个秩序良好的社会以使人们获得一种有价值的美好生活。

1962年他来到哈佛大学执教，1969—1970学年罗尔斯带着200页的《正义论》第三稿来到斯坦福大学以便专心完成他的巨著。1970年9月,罗尔斯又回到哈佛，由于同时承担着行政和教学任务，他只能利用晚上的时间对手稿进行最后的润色。1971年年底,这部凝结着近20年心血的划时代巨著一经出版，就震惊了世界，罗尔斯被公认为政治哲学的领军人物。《正义论》引起了对道德和政治哲学中实质性问题的重新关注，实现了政治哲学向正义的转向。

主要思想

1.正义论

罗尔斯的《正义论》以及后续的《政治的自由主义》《公平的正义再陈述》都属于20世纪思想界最有影响力的作品，其中理论贡献最大、最具有原创性的当属《正义论》。对此，罗尔斯提出了公平的正义的理论，公平正义在这些著作中被诠释为在一个宪法民主制社会中人们关于一个健全的、持久的社会合作体系的条件的共同观念，因而是一种内含于关于一个健全持久的社会合作体系的观念中的正义观。总体来说，罗尔斯基于公平的正义观念是在自由主义框架内阐发的一种正义理论。但同时，它也将社会主义的实质平等观念的某些要素纳入了公平的正义的理论。在这个理论中，核心的概念是平等的自由。

罗尔斯的正义学说，是以洛克、卢梭和康德的社会契约论为基础，论证西方民主社会的道德价值，反对传统的功利主义，认为正义是社会制度的主要美德，就像真理对思想体系一样；非正义的法律和制度，无论怎样有效，也应加以改造和清除。他还认为正义与社会合作密切联系，并指出应当区别对制度来说的正义原则和对个人来说的正义原则。

2.原则

在罗尔斯看来，对制度来说的正义原则有二：每个人都有权拥有与他人的自由并存的同样的自由，包括公民的各种政治权利、财产权利；对社会和经济的不平等应作如下安排，即人们能合理地指望这种不平等对每个人有利，而且地位与官职对每个人开放。

对个人来说的正义原则，首先也是公平的原则，即如果制度是正义的，个人自愿接受并能从中获得利益，在这种情况下，个人就应当遵守这种制度。罗尔斯将法治称为“形式正义”或“作为正规性的正义”，也就是对公共规则的正规的和公正的执行。

罗尔斯认为，法律正是对理性的人所发出的公共规则的强制命令，目的在于调节人们的行为，提供社会合作的结构。而自由则是制度所规定的各种权利和义务的总和，所以法治和自由是相互联系的，不能将法律看作为争夺权益而制定的产物，而应将它看作试图实现正义原则而规定的最好的方针，具有道德的功能。20世纪70年代初，他的这种学说在美国和其他西方国家法学界引起了强烈反响，被认为在美国处于政治动荡的时刻，为自由主义的政治、法律思想提供了复兴的希望。

第二节　罗尔斯的正义论

在罗尔斯看来，正义的核心就是平等。公平，指社会权利、利益的公平分配，这说明正义的要义就是公平，这种公平又联系于我们所说的“公平游戏、公平竞争、公平交易”中的公平。实际上，罗尔斯把人们选择正义原则的活动看成一种“总值非零”的合作游戏，而个人就是这种游戏中的游戏者，旨在达到一种全体一致的协议。罗尔斯认为，两个正义原则就是这样一种协议，就是这一游戏的结果。罗尔斯认为自己已经寻找到了一种合理的联系个人与共同目标的方式，而且显示出一种强烈的说服力。

罗尔斯的正义理念集中体现在他提出的正义原则上，其对于正义原则的一般表述是：“所有的社会价值——自由与机会、收入和财富以及自尊的基础都应平等地分配，除非任何价值的不平等分配对每一个人都是有利的。”可以说，罗尔斯是现代被公认的最具影响力的政治哲学家和伦理学家，特别是他提出的关于社会制度建设的两个正义原则一直以来都被人们密切关注和讨论着。

1.无知之幕

罗尔斯在《正义论》中写道：“正义是社会制度的首要价值，正像真理是思想体系的首要价值一样。一种理论，无论它多么精致和简洁，只要它不真实，就必须加以拒绝或修正；同样，某些法律和制度，不管它们如何有效率，只要它不正义，就必须加以改造或废除。”那么，什么样的社会制度才是公平正义的社会制度呢？或者说这种公平的社会制度我们应该如何去建立呢？它有没有一个规则可以去遵守呢？

“无知之幕”，简单地说，就是一块厚厚的幕布，它在人们参与某些决定时遮掩了人们关于自己的以及社会的任何特殊的事实，让参与决策的人们处在一个“无知”的状态。换言之，这块幕布过滤掉了所有可能影响公平的功利性信息——个人的经济和社会政治状况，社会上的各种阶级等。但是，“无知”并不是说立约者对任何事物都无知，人们不知道的只是关于自己的任何功利性的特殊利益和偏见，不知道任何关于自己的信息，诸如喜欢什么，不喜欢什么，不过人们对于作为人应该具有的知识，如人类社会的一般事实，政治事务和社会经济原则，以及基本社会组织的人类心理原则是知道的。因此，当人们处于“无知之幕”的状态下时，人们就失去了争论的基础，不会让所作出的决定来迁就自己的利益，因为人们根本就不知道自己处于一个什么样的状态，人们为了自己的利益可以得到公正的待遇就不得不尽量让所有人的利益得到公正的待遇。

罗尔斯解释，原始状态是指人们处于“无知之幕”之后的无知，无偏见状态，而处在原始状态中的人们没有任何有关他们属于什么时代的信息。罗尔斯知道一些关于人类的基本知识，有一定的反思能力，关心自己的利益，不过却不知道自己将成为什么样的人，会有什么样的遭遇。因此，为了保证自己的利益势必要考虑到所有的情况，考虑到每个人的利益，因为他们自己将成为这其中的任何一个人，在这个基础上，人们所做的确立的制度也会尽量地对每一个人公平。

2.两个原则

第一个原则：又称为自由的平等原则，也就是每个人对于所有人所拥有的

最广泛平等的基本自由体系相容于类似自由体系都应有一种平等的权利。

第二个原则：社会的与经济的不平等应该这样安排，使它们在与正义的储存一致的情况下，适合最少受惠者的最大利益。

这两个正义原则是罗尔斯正义理论的核心，它体现了罗尔斯所构建的正义社会的基本制度应该遵循的原则。第一个原则——公平正义原则处理的是有关公民的社会经济利益问题；第二个原则——差别原则和机会的公平平等原则处理的是有关公民的社会经济利益问题。自由平等原则要优先于第二原则，也就是要在充分保证了公民的政治权利的自由之后，才能够来保证公民平等的问题。

哲学启示

不过，罗尔斯的两个正义原则和“无知之幕”、原始状态的提出都是建立在人性自私的基础之上的。在“无知之幕”和原始状态下，人们是理性的，无知仅仅是在利益结构和自己地位的对应性上，他们依然是功利的，就算是在原始状态下，他们所作出的所谓的公平的决策也都是建立在尽量维护自己的利益的条件之下。

第三节　曼德拉正义的光辉岁月

“钟声响起归家的讯号，在他生命里，仿佛带点唏嘘，黑色肌肤给他的意义，是一生奉献，肤色斗争中，年月把拥有变作失去，疲倦的双眼带着期望，今天只有残留的躯壳，迎接光辉岁月，风雨中抱紧自由，一生经过彷徨的挣扎，自信可改变未来，问谁又能做到，可否不分肤色的界线……”当耳边想起这首歌，我们就会想起为正义奉献一生的南非总统——曼德拉。1990年8月3日到6日，黄家驹从巴布亚新几内亚之行回来后，创作了《光辉岁月》这首歌，以这首歌向黑人领袖曼德拉致敬，歌颂他伟大而辉煌的一生，充分表达了自己对种族歧视的厌恶与憎恨。曼德拉就像是正义的化身，在这40年来，他获得了超过一百项奖项，其中最显著的是1993年的诺贝尔和平奖，其被选为最伟大的南非人。

曼德拉是家族中唯一上过学的成员，当他9岁的时候，父亲死于肺结核。因为父亲的地位，他被指定为王朝的继承者。曼德拉的童年是在学习中度过的，这为他后来终生的理想打下了基础。

1944年，曼德拉参加了主张非暴力的南非非洲人国民大会。1948年，曼德拉开始积极投身政治，并在1952年的非国大反抗运动和1955年的人民议会中起到了领导作用。1952年年底，曼德拉成功地组织并领导了“蔑视不公正法令运动”，赢得了全体黑人的尊敬。

1958年9月2日，亨德里克·弗伦施·维沃尔德出任南非首相，其于执政期间出台了“班图斯坦法”，此举将1000余万非洲黑人仅仅限制在12.5%的南非国土中，并且同时在国内实行强化通行证制度，此举激化了南非黑人与白人的冲突，最终导致了沙佩维尔惨案的发生。

1960年3月21日，南非军警在沙佩维尔向正在进行示威游行的5000名抗议示威者射击，惨案共导致了69人死亡，180人受伤，曼德拉也因此被捕入狱，但是最后通过在法庭辩论上为自己辩护，而无罪释放。

1961年，他领导罢工运动，抗议和抵制白人种族主义者成立的“南非共和国”；此后转入地下武装斗争。曼德拉创建了非国大军事组织：“民族之矛”并任总司令。他曾秘密赴国外访问，并出席在亚的斯亚贝巴召开的反非自由运动大会，呼吁对南非实行经济制裁。

1962年8月，在美国中情局的帮助之下，曼德拉被南非种族隔离政权逮捕

入狱，当时政府以“煽动”罪和“非法越境”罪判处曼德拉5年监禁，自此，曼德拉开始了他长达27年的“监狱生涯”。

1962年10月15日，曼德拉被关押到比勒陀利亚地方监狱。在那里，曼德拉为了争取自身利益而遭到单独关押，关押时间一日长达23小时，每天只有上午和下午各半个小时的活动时间。在单独关押室中没有自然光线，没有任何书写物品，一切与外部隔绝。最终，曼德拉放弃了自己的一些权利，他希望能够与他人交流。

1964年6月，南非政府以“企图以暴力推翻政府”罪判处正在服刑的曼德拉终生监禁，当年他被转移到罗本岛上。罗本岛是20世纪60年代中期到1991年那段时间内南非最大的秘密监狱，岛上曾关押过大批黑人政治犯。曼德拉在罗本岛的狱室只有4.5平方米，在这里他受到了非人的待遇。罗本岛上的囚犯被狱卒们逼迫到岛上的采石场做苦工。在岛上，曼德拉希望监狱方面同意他在监狱的院子里开辟出一块菜园，监狱方面多次拒绝，但最终还是同意了曼德拉的要求。

1982年，曼德拉离开了罗本岛，他被转移到波尔斯摩尔监狱。自此，曼德拉结束了自己在罗本岛长达18年的囚禁。他在这里也开辟了一片菜园，并且种了将近900株植物。

南非在实行种族隔离后期那段时间内，受到了国际社会的严厉制裁，这一切最终导致南非于1990年解除隔离，实现民族和解。

1990年2月10日，南非总统德克勒克宣布无条件释放曼德拉，1990年2月11日，在监狱中度过了27年的曼德拉终于重获自由。出狱当日，他前往了索韦托足球场，向12万人发表了他著名的“出狱演说”。1990年3月，他被非国大全国执委任命为副主席、代行主席职务。

1994年4月，非国大在南非首次不分种族的大选中获胜。5月9日，在南非首次的多种族大选结果揭晓后，曼德拉成为南非历史上首位黑人总统。

曼德拉是南非第一位黑人总统，他同南非种族隔离制度进行了几十年不屈不挠的斗争，赢得了全世界人民的支持和喝彩。因此，有人说，曼德拉已经成为一个时代的象征。曼德拉的反抗精神、对正义和理想的追求在童年时期就已初露端倪。曼德拉出生在一个小村庄，9岁那年父亲就去世了。从小曼德拉就经常目睹当地大酋长在解决部落争端过程中被白人政府的法律所约束，他逐渐萌发了寻求正义和平等的理想。年纪更大一些后，他多次领导同学抗议学校的白人法规，甚至因领导学生运动而被除名。在一次次的“斗争”中，曼德拉逐渐立下志愿：要为南非的每一个黑人寻求真正的公正。

哲学启示

对于南非人而言，曼德拉就是正义，原来正义是为大多数人的利益着想的。为了推翻南非白人种族主义统治，曼德拉进行了长达50年艰苦卓绝的斗争，铁窗面壁28年。最终，从阶下囚一跃成为南非第一任黑人总统，为新南非开创了一个民主统一的局面。纳尔逊·曼德拉是20世纪90年代非洲乃至世界政坛上一颗最耀眼的和平主义者。他领导的非国大在结束南非种族主义的斗争中发挥了非常重要的作用。最终当选为南非历史上第一位黑人总统，享有崇高的声誉，被誉为“全球总统”。

第四节　接受不公，这个世界没有绝对的公平

比尔·盖茨说：“社会是不公平的，我们要试着接受它。”尽管罗尔斯主张追求公平与正义，不过，凡事都没有绝对。而在这个世界上没有绝对的公平，如果真的绝对公平了，反而会是另外一种不公平。一个人从呱呱坠地出生，就有很多的不公平，有可能是出生背景不同、家庭关系不同、受教育程

度不同，这些对我们而言都是一种不公平。面对这样的情况，如果我们处处较真，抱怨上天对我们的不公平，那只会让自己陷入一个痛苦的怪圈。更有甚者，最让我们感到心里不平衡的，是从前跟我们在一个水平线上的人，今天突然之间变得不一样了，一起工作的他却升职加薪了，一起做生意他却发财了。别人做事情总是处处顺利，而自己则是处处碰壁。每天我们为了生存，不得不努力地挣扎着，以争取属于自己的那片天地。但在很多时候，我们努力了，却没有得到期望的结果。这时不要怨天尤人，我们需要平静地面对这个世界，因为在这个世界上没有绝对的公平，我们只求心理平衡。

虽然，社会提倡伸张正义、主持公道。而那些政治家们在每一篇竞选演讲中也会慷慨陈词："让每一个人都得到平等与公平的待遇。"但是，日复一日、年复一年，一个世纪过去了，我们也无法真正地消除世界上那些不公平的现象。实际上，从人类有史以来，这些现象就从来没有消失过，贫困、战争、瘟疫、犯罪、卖淫、吸毒和谋杀等各种社会弊病一代代延续着，某些地区还会愈演愈烈。我们应该明白，这些不公平现象的存在是必然的，当我们无法改变这一切的时候，我们可以努力改变自己，不让自己陷入一种惰性，并用自己的智慧去努力争取。

有这样两个渔人，一起出去捕鱼。他们来到河边，两人捕了很多的鱼。在分鱼的时候，两人发生了争执，都说自己分少了，对方分多了。没有办法，他们决定在河边挖一个水坑，暂时把鱼放在里面，回家去拿秤来重新分配。可是等他们回来的时候，水坑里的鱼却早已经从里面跳出来，游进了河里。他们感到十分懊恼，互相埋怨对方。

在这时，他们听见了野鸭的叫声，决定去捕野鸭。正当他们接近野鸭准备射击的时候，其中一个人说："先别忙，咱们先说好野鸭怎么分配，免得又让野鸭跑了。"于是，两人为分配的事情又争吵了起来，他们争吵的声音惊动了野鸭，野鸭马上就飞走了，可两人仍在那里争吵不休。

在生活中，我们经常也会遇到这样的事情，本来彼此之间合作得很好。但双方都在计较公平分配，结果，已经到手的利益成为了竹篮打水一场空，谁也没拿到好处。经常会有这样一些人，当事情还没办成的时候，就为了计较彼此之间的公平而在分配上争吵，而争吵的结果就是所办的事情不了了之。其实，在许多小事情上，绝不能拘泥绝对的公平，因为绝对的公平是不存在的。重要的是，我们要善于从长远利益出发，所谓小不忍则乱大谋，切忌处处较真，斤斤计较。

一个人活着，他就注定了有机遇、有坎坷、有欢乐、有痛苦，即便我们付出了所有的精力和心血，也不会换来公平的待遇。在生活中，有的东西既然别人得到了，我们就不要再去争，这样只会徒劳无益；假如自己得到了，那就好好珍惜，别人也不会轻易就能剥夺你的所有。在这个世界上，从来都是一分耕耘，一分收获，有所失才会有所获得，只有对生活、对工作有付出，才有可能得到期望的回报。在生活中，有的人比较幸运，他可以利用身边一切可以利用的资源，很快地过上令人羡慕的生活，而像自己这样一无所有的人，需要认清生活中存在的不公平，把自己的劣势变成自己努力奋斗的动力，发挥自己的长处，寻找机会，坚持自己想干的事情，这样才可以扭转我们所认为的不公平。

哲学启示

在生活与工作中，经常可以听到有人这样发泄：“这简直太不公平了！”当我们感到某件事不公平的时候，必然会把自己同另外一个人或一群人进行比较，我们会想：他比我得到的多，这就很不公平。如果你越是这样较真，那你就越是觉得自己是最不公平的。

凡事只要我们无悔地付出，至于结果怎么样，不要太在意，我们只求自己心灵的平衡。付出过，努力过，拼搏过，那就无怨无悔。对于生活中的许多事情，不要太去计较不公平的待遇，而只求得内心的安慰就可以了，这样我们才无愧于心。

第五节　扭转上天的不公，缔造命运的辉煌

从罗尔斯的正义论，我们可以得到这样的启示：即使我们的生活是不公平的，但我们一样可以扭转这种态势，缔造属于自己人生的辉煌。在生活中，所谓的强者是什么？真正的强者不是凭借着各种资源努力向上爬的人，而是缔造自己命运辉煌的人，他们虽然遭遇了生活的不公平待遇，但依然可以冲破重重阻碍，最终采摘成功的果实。从我们来到这个世界开始，上天就给予了我们不同的礼物，有的人太幸运，他得到的是一个完美无缺的洋娃娃，而有的人则运气不怎么好，他所得到的是一个修补过的洋娃娃。对于前者而言，他前面走的路会相对平坦一些，而对于后者而言，他的每一步都需要付出很多才能达到自己的目标。对此，不管我们是属于前者，还是后者，只要我们相信自己，即便自己所拥有的只不过是一个修补过的洋娃娃，也一样能缔造出命运的辉煌。

杰克·韦尔奇出生在一个典型的美国中产阶级家庭，父亲在铁路公司工作，每天早出晚归，因此，培养孩子的任务就落在了母亲的身上。与其他母亲不太一样，她对韦尔奇的关心更注重在提升他的能力和意志上。母亲是一位十分权威的人，她总是让韦尔奇觉得自己什么都能干，教会韦尔奇独立学习。每当韦尔奇的行为有所不妥，母亲总是以正面而有建设性的意见唤醒他，促使韦尔奇重新振作，母亲虽然话不是很多，但总令韦尔奇心服口服。

母亲一直保持着这样的理念：坦率的沟通、面对现实、主宰自己的命运。她将这三门功课教给了韦尔奇，使韦尔奇终生受益。母亲告诉韦尔奇：“要掌握自己的命运就必须树立相信自己能缔造出命运的辉煌。”韦尔奇到了成年以后还是略带口吃，但是母亲安慰韦尔奇：“这算不了什么缺陷，只不过思维比开口快了一些。”正是母亲给予的这份自信，让口吃不再成为阻碍韦尔奇发展的绊脚石，而且成为了韦尔奇骄傲的标志。美国全国广播公司新闻部总裁迈克尔对韦尔奇十分钦佩，甚至开玩笑说："他真有力量，真有效率，我恨不得自己也口吃。"

韦尔奇的中学成绩应该可以进美国最好的大学，但是，由于种种原因，他最后只进了麻州大学。刚开始，韦尔奇感到十分沮丧，但进入大学以后，他的沮丧变成了幸运。他后来回忆这段经历，这样说道："如果当时我选择了麻省理工大学，那我就会被昔日的伙伴们打压，永远没有出头的一天，然而，这所较小的州立大学，让我获得了许多自信，我非常相信一个人所经历的一切，都会成为成功的基石，包括母亲的支持，运动，上学，取得学位，虽然我天生口吃，但我相信我一样可以缔造出自己辉煌的命运。"韦尔奇的大学班主任威廉这样评价他："是他的双眼，他总是表现得很自信，他痛恨失败，即使在足球比赛中也一样。"1981年，韦尔奇成为了历史上最年轻的CEO，他是通用电气公司董事长。而自信成为了通用电气的核心价值观之一，韦尔奇这样说："我相信命运的辉煌可以靠自己来创造。"

戴高乐将军曾说："眼睛所看到的地方，就是你会到达的地方，唯有伟大的人才能成就伟大的事，他们之所以伟大，就是因为他们决心要做出伟大的事。"生活中，像韦尔奇一样有口吃毛病的人很多，但像他一样成功的人却很少，为什么呢？因为大多数的口吃者都在为上天的不公平而抱怨，他们浑然忘记了，即便自己是一位口吃者，但命运的辉煌完全是可以靠自己创造的，除了口吃，自己与其他人并无区别。

我们的命运都掌握在自己手中，如果我们想让命运绽放出如烟花般灿烂的辉煌，那完全在于我们自己的努力，而不在于上天的恩赐。假如我们较真，那就较真自己是否努力过，是否拼搏过，只有真正地努力、拼搏之后，我们才能缔造出自己命运的辉煌。

哲学启示

或许，在命运的一开始，上天发给我们的并不是一手好牌。但是，如果我们能保持良好的心态，相信自己即便是一手烂牌，也可以玩得漂亮，这在牌桌上叫牌品，在生活中叫作信念。与其花时间去计较上天给予的不公平待遇，不如花心思玩好自己手中的一副烂牌。

第六节　学会尊重，每个人都是平等的

席勒说：“知道他自己尊严的人，他就完全不能尊重别人的尊严。”自尊是每个人必须学会的第一个原则，从小，我们就应该学会“站着”，而不是“趴着”去仰望那些大人物，这样所建立的自信心与健全的人格会为我们的一生打下坚实的基础。一个人的心灵世界，是要靠自尊来支撑的，尊严可以带给人自信，也可以改变一个人的命运。而这就是所谓的尊重法则，在哈佛大学里，每个人都是平等的，没有谁能够享受某种特权，因为哈佛人认为，每个人生下来就是平等的，他们都有同样的生存权利。

纽约商人看到一个衣衫褴褛的铅笔推销员，出于内心的怜悯，纽约商人塞给那人一元钱，但是，过了一会儿，纽约商人意识到自己的行为伤害了对方的自尊。于是，纽约商人返回来，在铅笔推销员那里取出几支铅笔，并解释道：“不好意思，我忘记取笔了。”然后，他又说道：“你跟我说都是商人，你有东西就要卖给别人。”几个月过去了，纽约商人再次遇到了那位卖笔人，这

时，那卖笔人已经成为推销商，他感谢了纽约商人："你重新给了我自尊，告诉了我，我是个商人。"

我们应该记住：在日常交际中，尊重永远是社交的第一要素，在任何时候，面对任何人，我们都要学会尊重。

世界著名的文学家萧伯纳一次到苏联访问，在街头遇见一位聪明伶俐的小姑娘，就和她一起玩耍。离别时对小姑娘说："回去告诉你妈妈，今天和你玩的是世界著名的文学家萧伯纳。"不料那位小姑娘竟学着萧伯纳的语气说："你回去告诉你妈妈，今天和你玩的是苏联小姑娘卡嘉。"

这件事给萧伯纳很大的震动，他感慨地说："一个人无论他有多大的成就，他在人格上和任何人都是平等的。"

马克思曾说："我们每个人都是平等的，你只有用爱来交换爱，用信任来交换信任。"在生活中，人与人之间的尊重是相互的，人们需要相互尊重，在交往中，每个人都是富有尊严的独立存在的个体，受到别人的尊重是我们的基本权利。同时，我们也要尊重他人的尊严和基本权利，否则，交往就会产生严重的障碍，失去平等、诚信、友善交往的氛围。

哲学启示

弗洛姆说："尊重生命、尊重他人也尊重自己的生命，是生命进程中的伴随物，也是心理健康的一个条件。"只有真正学会尊重他人、尊重身边的每一个人，我们才能得到他人的尊重，最终我们才能与他人建立融洽和谐的人际关系。尊重，如同一把火炬，在心灵与心灵之间传递着信任与爱；尊重，又如同一把金钥匙，能打开所有上锁的灵魂。

第11堂课
听胡塞尔讲哲学

20世纪上半叶的西方哲学呈现了现象学、分析哲学、实用主义三足鼎立的格局，而主流则是现象学。现象学主要是胡塞尔开创的，由海德格尔、席勒、萨特、梅洛等人发扬光大的。现象学产生以后慢慢流向法国、美国等国家，最后形成浩浩荡荡的“现象学运动”。

第一节　胡塞尔：现象学派的开创者

胡塞尔，德国哲学家，20世纪现象学学派创始人。1859年4月8日，他出生在奥匈帝国摩拉维亚的普洛斯尼兹的一个犹太家庭，胡塞尔的哲学经历了几个阶段的演变，他最初的兴趣是逻辑学和数学，后来发展了早期的现象学，这种现象学主要关注的是知识论，再后来深入为哲学和科学奠定普遍基础的现象学概念，最后才接触现象学的研究。

从1920年到1923年，海德格尔作为助手与胡塞尔共同为《不列颠百科全书》撰写了现象学的条目，海德格尔还整理了一些胡塞尔早期的讲演稿准备发表，甚至海德格尔在1923年离开弗赖堡，成了马堡大学的教授后，仍继续同胡塞尔保持着密切的联系。在海德格尔的主要著作《存在与时间》中，海德格尔批判了胡塞尔的方法和他独树一帜的自我观，到1928年秋天，海德格尔接替了胡塞尔在弗赖堡大学的教席时，他们的关系开始冷淡，最后走向终结。

与之类似，虽然萨特在弗赖堡大学研究现象学时，胡塞尔的著作对他很有影响，但萨特最终还是逐渐相信海德格尔对胡塞尔观点的改造在哲学上的更有意义。然而，1934年，萨特从德国一回到巴黎，便要梅洛·庞蒂注意胡塞尔的著作《现象学的观念》，并敦促他仔细研究。梅洛·庞蒂对胡塞尔现象学中的几个颇具特色的因素有着深刻的印象，这激发了他进一步研究胡塞尔的著作的兴趣，他特别受到胡塞尔的《欧洲科学的危机》一书的影响。胡塞尔对海德格尔、梅洛·庞蒂和萨特这些现象学和存在主义的主要代表人物的巨大影响，即使他们否定胡塞尔许多关键性的思想，但他们所完成的著作仍然打上了现象学

的印记。

其主要作品有《算术哲学》《逻辑研究》《作为严格科学的哲学》《纯粹现象学和现象学哲学的概念》《形式的和先验的逻辑》《笛卡儿沉思》《欧洲科学的危机与先验现象学》《第一哲学》等。实际上，他遗留的手稿比这些著作的分量都大很多，胡塞尔死后，其妻子把他的全部手稿转移到比利时的卢文大学保存，在战后成立了“胡塞尔档案馆”，对其用速记法写下的手稿加以整理编辑，出版《胡塞尔文集》，不过这项工作到现在还未完成。

人物生平

1859年，胡塞尔出生于普罗斯尼兹的莫拉维亚省，其父母都是犹太人，在本省受过早期教育之后，他进入了莱比锡大学，在那里，从1876年至1878年学习了物理学、天文学和数学，还听了哲学课。1881年，他进入维也纳大学，在1883年获得了哲学博士学位，当时博士论文讨论的是“微积分的变分理论”，1884年至1886年，他听了布伦塔诺的课，这些课特别是其中关于休谟、密尔的课和对伦理学、心理学及逻辑学中的问题的研究对其哲学的发展有着十分重大的影响。之后，由布伦塔诺建议，他去了哈勒大学。

1886年，胡塞尔成为了卡尔·斯通普夫的助手，斯通普夫是一位心理学家，在其指导下，胡塞尔撰写了自己的第一部著作《算术哲学》，1900年发表《逻辑研究》，也就是在这一年，他应邀到哥廷根大学任教，在那里的16年里，他写了一系列的著作，发展了现象学概念。

1938年，胡塞尔经受几个月的病痛折磨后，因胸膜炎死于布莱斯高的弗莱堡，终年79岁。

主要思想

胡塞尔哲学思想的发展分为三个时期：前现象学时期、现象学前期和现象学后期。前两个时期主要是批评19世纪各种经验论的心理主义，发展布伦塔诺的意识意向性学说，建立了从个人特殊经验向经验的本质结构还原的“描述现象学”，对此，他提出了一套描述现象学方法，也就是通过直接、细微的内省分析，以澄清含混的经验，最后获得各种不同的具体经验间的不变部分，也就是“现象”或“现象本质”。胡塞尔倡导的早期现象学运动，主张在各人文科内运用现象描述或本质还原法，从中获取较为直接的知识。

胡塞尔的思想可以分为四个阶段：

第一阶段：对数学和逻辑基础的研究。胡塞尔是数学博士，1853年跟随布伦塔诺学哲学，受到经验主义的影响。1891年，胡塞尔发表《算术哲学：心理和逻辑研究》，探讨数学、逻辑与心理学的关系，弗雷格对之严加批判，觉得胡塞尔的观点受流行的心理主义思潮影响。胡塞尔自己也觉得这其中有不妥的地方，就开始重新研究逻辑基础的问题。

第二阶段：创立现象学，以《逻辑研究》为标志，第一卷是对心理主义的批判，第二卷建立了“描述心理学方法”，实际上是现象学方法。

第三阶段：把现象学发展为先验唯心论，《哲学作为严格的科学》已经包含了方法论向本体论的过渡，《关于纯粹现象学和现象学哲学的观念》《形式的与先验的逻辑》《笛卡儿的沉思》等书提出“现象学还原”和“先验自我”对世界的构造。

第四阶段：向生活世界的转变，在《欧洲科学的危机与先验现象学》一书中，对自己的唯理智主义倾向作了自我批评，把现象归结为“生活世界”，而不是自我的创造物。

胡塞尔试图凭借描述现象学的悬置原则将所有有关客观与主观事物实在性的问题都存而不论，并把所有存在判断“加上括号”排除于考虑之外。在他看来，这一哲学立场既可以避免当时自然科学中的经验论的“自然主义”，同时还可以避免当时德国“精神科学”中的历史相对主义，从而在哲学研究中奠定具有普遍确定性的认识基础。胡塞尔现象学的研究对象侧重于意识本身，特别是意向性活动或意向关系，意向关系既包括意向作用，还包括意向对象。

在胡塞尔看来，意向对象是凝结于意向关系体内的特定方面。胡塞尔主要研究对象在意识中的显现方式，也就是对象的“透视性形变”，显现时的清晰度，以及意向关系体的统一作用。后期现象学，胡塞尔将它演变为更彻底的主观先验唯心主义，目标是让现象学还原深化为“纯粹意识”或“纯自我”，便于让知识的“客观性”或确定性建立在纯主观性的基础上，还原之后，所有经验性内容都将被排除，只留下“纯粹意识”或“先验意识”，包括所谓先验自我、意向作用和意向对象。在胡塞尔看来，先验自我是意识和意向结构的最深核心，同时是推动心理活动和引发知识结构的根源。

在后期现象学中，胡塞尔关注的是先验意识的构成作用及主体在其特殊视界内经验到的“生活世界”，他指出，从个人生活世界向人类共同世界的过渡，是通过所谓“主体间关系体”来完成的。尽管胡塞尔在现象学中的先验唯心主义与彻底主观主义的立场、观点让他在现象学学派内部不断受到批评，不过他提出的一些分析方法在西方哲学与人文科学中一直具有很大的影响。

第二节　现象学与真相

胡塞尔的现象学，实际上就是透过现象探真相，透过现象看本质。传统哲学认为知识是客观经验在人的心灵刻画留下的印记，知识是主体的理性特有的能力，所以这些哲学理论对外在世界存在与否争论不休。而胡塞尔的现象学则抛开了客观世界是否存在的问题，而从在人的意识领域中显现的现象开始，从自我的感知体验开始，重新确立知识论的基础。

对于现象学的研究对象，传统的哲学家认为知识的重要来源是客观世界的感性材料，不过感性材料受制于感觉的变幻，所以为了得到必然的、绝对的知识就要超越客观世界，在纯粹的精神世界里寻求知识的可靠的根基。胡塞尔采用了对客观自然事物“悬置”的态度，简单地说，客观的自然世界被胡塞尔用括号括起来，也就是客观世界是否存在的问题被搁置起来，不过这不是否认客观世界而只是说不去问它，对它“存疑”。通过排除了客观世界之后剩下来的就是“绝对意识”，对它的研究是“现象学”，简单地说，现象学就是关于纯粹意识现象的科学。

意识的意向性

胡塞尔从笛卡儿的“我思”开始了意识现象的研究，“自我”被胡塞尔作为绝对的前提，现象学意义上的“我思”是指纯粹的先验的自我，也就是排除所有有关外在事物存在的经验设定，在内在的意识现象的范围内把握自我。现象学所说的“现象”指的是意识现象，意识处于流动的过程中，一个接着一个的现象不断地显现出来，形成体验流。体验就是意识活动及其相关的意识内容，只要我们注视着这个体验流，就能清楚地把握这个思着的“我”，纵然在意识中我的感知、记忆、想象、怀疑会发生错误，不过进行这些感知、记忆、想象、怀疑着的“我”却是绝对的、不言自明的。

胡塞尔现象学的最基本的方法是对意识进行意向性分析，也就是意识活动中反思意识本身。在他看来，所有的意识行为都可以追溯到“感知”，不过胡塞尔的“感知”不同于平常的概念，而是主动的构造着对象。胡塞尔用立义这个词表示意识的这项功能，立义就是一个赋予含义或给予意义的意识活动，通过立义，一堆死的材料被激活，成为面对意识的一个对象、一个客体。

胡塞尔努力地为科学寻求一个坚实的哲学根基，在他看来，科学研究的是意识的对象或外在客体，而哲学研究的对象是意识行为或意识活动本身。1913年出版的《逻辑研究》第二版和同时出版的《纯粹现象学和现象学哲学的观念》第一卷时，他开始将意识的对象纳入现象学的分析中。在他看来，意识总是关于某物的意识，它总是指向某物。所以，胡塞尔的现象学的内容不但包括

了意识活动，而且也包括作为意识活动之结果的意识的对象。意识的对象是由意识活动，而且也包括作为意识活动之结果的意识的对象，意识的对象是由意识活动构造的，原先心理和物理的二元，现在被先验的一元取代，也就是主体的先验的构造能力与被构造的对象综合为“意向构造能力和成就”。

自我意识与他人

胡塞尔说：“当我这个沉思着的自我通过现象学的悬隔把自己还原唯我的绝对先验的自我时，我是否会成为一个独存的我？而当我以现象学的名义进行一种前后一贯的自我解释时，我是否依然是这个独存的我？因而，一门宣称要解决客观存在问题而又要作为哲学表现出来的现象学，是否已经烙上了先验的唯我论的痕迹？”在胡塞尔的世界中就是纯粹的自我意识怎么样在自身的意识经验中构造出他人，从而解决了认识的客观性问题。

胡塞尔说：“在我的先验还原了的纯粹的意识生活领域之内，我所经验到的世界连同他人在内，按照经验意义，可以说，并不是我个人综合的产物，而只是一个外在于我的世界，一个交互主体性的世界，是为每个人在此存在着的世界，是每个人都能理解其客观对象的世界。然而，每个人都有他自己的经验，有他自己的现象及其统一体，有他自己的世界现象，同时，这个被经验到的自身也是相对于一切经验的主体及其现象世界而言的。”胡塞尔通过意识的意向性分析，解决了意识活动和意识对象的问题，也就是客体是主体构造的结果。

胡塞尔说：“正如他人的躯体存在于我的感知领域中一样，我的身体也存在于他人感知领域中，而且一般地说，他人立即会把我经验为他所有的他人，就像我把他的经验为我所有的他人。”他人与他物是不同的意识对象，即他物是没有精神、没有灵魂的，而他人与我一样也是一个和心物统一体，在我经验着他人的时候，他人也同样经验着我本人，这就是他人问题的特殊性。

哲学启示

胡塞尔说："我所获得的病不单纯是在身体上与我对峙的、通过联想的结对而又回溯到我心理物理的此在的他人。"他人不但是一个意识构造的对象，他人超越了其本身的意义，而具有更广阔的人类共同体的含义。胡塞尔现象学对自我意识的分析，获得一个自我和他人都存在于其中的人类共同体。

第三节　内在感知识"真"人

人们在给交往对象留下的印象中，55%来自相貌、表情、视线等视觉信息，38%来自声线、语速、语调等听觉信息。也就是说，第一印象在社交中的重要性占93%，而谈话内容只占7%。足以见得第一印象，也许多少人的成功就在于他的某一次第一印象，从而得到了他人的信任和支持。其实，第一印象识人有时候很准确。

虽然，在通常情况下，第一印象所占的比例及重要性是小的，我们必须通过长时间的对人的思维、言谈及行为的观察，才能对人进行识别。但是，有时候，我们在第一次见到对方时，就会从潜意识里涌出对他人的一些看法。其实，在这时，你应该保留这些看法，在经过深入的了解之后，你会发现，原来你第一次得出的结论往往能够得到一部分的印证。

有一个心理学实验，是给两组人看同一个人的照片。在看照片之前，对第一组人说：这是一个罪犯。再对第二组人说：这是个著名的学者。然后，让两

组人分别描述照片之人的特征。

结果出来了。第一组人说：怎么看也不是个好人，你看他深陷下去的眼睛里，藏着的肯定是险恶，高昂的头是在死不悔改呢。而第二组人说：这人一看就有学问，深陷的眼睛里全是智慧，高昂的头是对科学坚定的信仰。

这个实验告诉人们，在交往和工作中，第一次见面给人留下的印象，是多么重要，并关系到以后对这个人的评价。

从心理学角度上讲，第一印象有积极的意义。比如，参加应聘的人就要包装一下自己，注意言谈举止，争取给招聘的人留下好的第一印象。到了一个新的单位或是岗位，首先做的就是给对方留下一个极为深刻的第一印象。男女参加交友活动，更是要极力表现自己的优点和长处，这些都是为了营造一个良好的第一印象。

在社会认知中，个体获得对方第一印象的认知线索主要是相貌、表情、姿态、身材、仪表、服装等外部的信息。但这些首次获得的信息往往成为以后认知与评价的重要根据。比如，在人们的日常社会交往中，如果第一次与人交往接触就留下了深刻的印象，则在彼此分开后的很长一段时间里仍然会保留在脑海中；当第二次再相遇交往时，则会不由自主地按脑海中原来第一次形成的好的评价的视角来认知并评价对方。

这里就有个首因效应的概念，是指个体在社会认知过程中，通过“第一印象”最先输入的信息对客体以后的认知产生的影响作用。首因效应也会使个体在第一次交往所获取对方少量的信息后，就动用个体以往的知识经验来对这少量的信息进行加工处理，从而分析、综合、比较、推测客体的特点，形成总体评价。引起首因效应产生的关键原因，是信息输入的先后顺序。

社会心理学家鲁申斯作过如下研究：

他用文字来描述一个取名为吉姆的人。第一段把他描述成一个开朗、外向喜欢交际的人。第二段却把他描述成一个害羞、内向不喜交际的人。然后，鲁申斯将描述交给四个小组的人阅读。第一组按第一段到第二段的顺序阅读，第二组按第二段到第一段的顺序阅读，第三组只读第一段，第四组只读第二段。结果，鲁申斯发现各小组的人对吉姆的评价都最是先读的是那一段的描述：第一组有78%的人认为吉姆比较开朗，第二组只有18%的人这么认为，第三组有95%的人也持同样的观点，第四组则仅有3%的人对此观点没有异议。很明显，这里存在一个“先入为主”的现象。

实验心理学研究表明，外界信息输入大脑时的顺序，在决定认知效果的作用上是不容忽视的。最先输入的信息作用最大，最后输入的信息也起较大作用。因此，有时候，我们在通过第一印象识人有一定程度上的准确性。

人们对他人的认识是逐渐形成的。刚开始是观察到他人的表面印象，对他人有一个简单的认识，然后对获得的表面印象进行研究、探索，最终认识到他人的真实性情及性格特征。在日常生活和工作中，人们不可避免地要接触一些陌生人，通过直接接触和交往对他们产生认识。就一般情况而言，这个认识是这样的过程：如与一个陌生人接触，首先得到的是关于他的身材容貌、穿戴打扮、举止神态、说话声调等印象的认识，这种初步的对其外部特征了解的认识，就是我们所说的感性认识，感性认识是认识的初级阶段。感性认识包括相互联系、循序渐进的三种形式：感觉、知觉和表象。

在与这位陌生人接触一段时间后，了解到他的生活、工作和学习等方面的情况，各种印象越积越多，经过头脑思考，对这个人的生活态度、性格特点、思想品质、知识才能、为人处世等方面产生一些看法，这种进一步的了解和认识，我们称为理性认识。

哲学启示

感觉是指人们对他人的最初印象，是主体的感官对内外环境适应刺激物的反映形式。它所反映的是他人表面的个别属性，是由感官、脑的相应部位和介于其间的传导神经组成的分析器系统协同活动的产物。感觉因分析器不同，可以将其分为视觉、听觉、嗅觉、味觉、机体觉等多种不同种类。比如，你第一次与小李见面，看见他个子高大，浓眉大眼，身体结实，穿戴朴素，这就是通过眼睛看到的对小李的外表形象的具体印象，这就是我们所说的感觉。

知觉是指人们对客观事物表面现象或外部联系的综合反映，它为主体提供客观对象的整体映像。比如，你进一步和小李接触，看到他的身材容貌、穿戴打扮、举止神态；和他握手，感到他的手刚劲有力；和他谈话，听到他说话慢条斯理。这些感觉综合起来，在你的脑子里就有了小李这个人的整体形象。知觉并不是感觉的简单总和，它是主体依据以往的经验和知识对感觉所提供的各种特征和外部联系分析和综合的产物。

表象是指曾经作用于感官事物的外部形象在人的意识中的保存、再现或重组。表象不是知觉形象的简单重复，它再现的不是客观事物的全部联系和特性，而仅仅是那些最有代表性的、对人的实践活动起最重要作用的特征。比如，你通过对小李的外表印象，以及对他大概的了解，你就可以在心里再现小李的一些鲜明的特征。而这些具有代表性的特征，就是你对小李的第一印象。

第四节　真相往往是难以接受的

名侦探柯南经常说的一句话是：“真相永远只有一个。”在许多看似模糊的事情中，往往隐藏着一个我们无法预料的真相。于是，许多人为了寻找真相而筋疲力尽，每个人都有天生的好奇心，总想知道事情的最后真相是什么。然而，真相总是令人唏嘘的，或令人感动的。有的真相是看似残忍的表面却隐藏着一颗善良的心，有的真相是看似美好的一件事里却有着肮脏的交易。或许，我们不知道真相到底会给我们带来什么样的感觉，是害怕？感动？惊讶？尽管我们无法预料到真相是什么，但阻止不了我们寻找真相的决心。

有一个人离家去寻找真相。他散尽田产家财、抛弃妻儿房舍，跑遍天涯海角，只为寻找真相。经过多年的寻寻觅觅，他来到印度，在那里听到许多关于某座深山的传说。大家告诉他：真相就在那山顶上，爬到上头便能找到。

经过好几个月，他终于找到传说中的那座山。他爬了好几天，终于来到一个山洞前。他朝洞穴呼唤，过了一会儿，洞内传出回应，是一个老妇的声音：“你要找谁？”

“我要找真相。”

“啊，你找到啦，我就是。”他走进山洞，就在洞穴最深处，瞧见一个奇丑无比的玩意儿蜷在火堆旁。那怪物两眼突出，一大一小，脸上满是肉瘤。她嘴里爆出横七竖八的獠牙，拖着一头纠结的长发。

“你……你……就是真相？”老妇点点头。虽然被她的外貌吓得魂飞魄散，他还是强忍着没有落荒而逃，明白了她果真是如假包换的真相。

他在山洞里住了好多年，聆听她的教诲。最后，他学成准备下山。他询问真相，自己该如何报答她的开导之恩。“我只要求你做一件事，”她说，“回返凡间以后，向别人提起我的时候，你得告诉大家：我长得既年轻又漂亮！”

或许，真相就真如这个故事中所说的这样丑陋，但是我们在没找到真相之

前，总是会有一种强烈的好奇心，到底真相会是什么样呢？而真相需要掩盖自己，它不希望大家找到原来真相是如此难以接受，如此丑陋令人难以直视。它希望在世人眼里，真相都是美丽的，永远那么吸引人，这样人们才会永远踏在寻找真相的路上。

哲学启示

真相永远是吸引人的，不过它又往往是让人难以接受的。在寻找真相的路上，我们懂得何时止步，不是一定要知道真相才罢手，有时候最后的真相反而是残忍的，这时我们会后悔自己当初寻找真相的决心。所以，对于一些事情，没有必要执着地追求真相，生活得糊涂一点儿，反而会多一些知足的快乐。

第五节　声音背后的真相

如何听出一个人的“弦外之音”？对此，曾国藩说：“辨声之法，必辨喜怒哀乐。”一个人的七情六欲，喜怒哀乐都可以从声音中听出来。所谓“话由心生”，心境不同，发出的“声”也会有很大的不同。在人际交往中，我们时常会遭遇这样尴尬的场面：对方明明是一张笑脸，却转眼变成了黑脸。究其缘由，就在于我们没能适时听出对方的“弦外之音”。有时候，语言的交流相当于一场没有硝烟的战争，彼此都是心照不宣，但为了保持一种良好的风度，却又不敢直接表露出来。于是，那些看似平静的言辞之中，往往隐藏着刺儿。如果你稍有不慎，就会被对方的“弦外之音”所伤害，使自己处于一个被动的境地。所以，与人交往，我们要留意对方的声音，学会听懂对方的“弦外之音”。

《南史·范晔传》：“吾于音乐，听功不及自挥，但所精非雅声为可恨，然至于一绝处，亦复何异邪。其中体趣，言之不可尽。弦外之意，虚响之音，不知所从而来。”通常情况下，那些隐藏在话语里的“弦外之音”是不会轻易地被发现的，它只是在话里间接地透露出来，而不是清晰地表达出来，它有可能隐藏在语调里，有可能藏在音色里。这就需要我们在与对方进行语言交流时，仔细揣摩出话语里的“弦外之音”，才能清楚对方想表达的真实意图是什么。

孔子去齐国途中，听到一阵十分悲哀的哭声，于是对弟子说：“这个哭声虽然很悲伤，但不是悼念死人的哀声。”随后，孔子下了车，问起他的名字，他说他叫丘吾子。孔子又问：“这里不是悲哀的地方，你为什么哭得这么悲伤呢？”丘吾子长叹一声，回答说：“我一生有三大过错，现在年老了才深深觉悟到，但追悔莫及，因此痛苦。”

孔子不明就里，便一再追问，丘吾子才说：“我年少时爱好学习，周游天下，等回来时我的父母都死了，作为儿子竟不能为父母养老送终，这是第一过失；我做齐国臣子多年，齐君现在奢侈骄横，我多次劝谏都不被采纳，这是第二过失；我生平交友无数，不料到后来都绝交了，这是我第三大过失。树欲静而风不止，子欲养而亲不待。去而不回的，是时间；不能见到的，是父母。我是个大失败者，还有什么脸面活在这个世上？”说完，丘吾子便投水而死。

一个人到了因悲伤而自杀的地步，我们可以想象他所处的情境是如何悲惨。而孔子正是从其“唉声叹气”的声气中识别出丘吾子的哭声不是为了悼念死者，而是另有其他原因，这里不难发现孔子的识人之能。

当吕不韦命令人编撰好了《吕氏春秋》，他召集了包括李斯在内的很多人举行了一次盛大的聚会。在一片笑容之海中，吕不韦面带笑容，慷慨言道：“东方六国，兵强不如我秦，法治不如我秦，民富不如我秦，而素以文化轻视我秦，讥笑我秦为弃礼义而上首功之国。本相自执政以来，无日不深引为恨。

今《吕氏春秋》编成，驰传诸侯，广布天下，看东方六国还有何话说。”字字掷地有声，百官齐声喝彩。

之后，吕不韦召士人出来答谢，吕不韦也坦然承认，这些士人是《吕氏春秋》的真正作者。李斯发现那些士人精神饱满，神态倨傲，浑不以满殿的高官贵爵为意。在他们身上，似乎有着直挺的脊梁，血性的张狂。当时的《吕氏春秋》中记载：“当理不避其难，临患忘利，遗生行义，视死如归。”“国君不得而友，天子不得而臣。大者定天下，其次定一国。”“义不臣乎天子，不友乎诸侯，得意则不惭为人君，不得意则不肯为人臣。”

李斯看着那些强悍的将士，聪明的他猜出了吕不韦的弦外之音：“哪怕有一天我吕不韦失去了天下，但是只要有这些英勇的将士，谁也别想轻视我。如果你想和我作对，还是好好考虑再作打算吧”。于是，李斯当即陷入了沉默，不再言语。在这里，吕不韦虽然是笑容满面，而声音也很正常，但从那平稳的语调中，却透露出一种胁迫的力量。

当女记者对丘吉尔说：“如果我是您的妻子，我会在您的咖啡里下毒药的。”丘吉尔温柔地看着她说：“如果我是你的丈夫，我就会毫不犹豫地把它喝下去！”在这里，丘吉尔的声音里一点儿也没表现出生气的情绪，反而是温柔地告诉对方自己心中所想。

哲学启示

有时候，在与他人的语言交流中，如果我们在言语上触碰了对方的伤痛，这时，对方还是以平静而温柔的声音回答我们，我们就应该留意了，对方话里是否藏有“利剑”。当然，并不是指所有温柔、平静的声音里都藏有弦外之音，话中是否还有别的意思，这需要我们根据语言交流的进程来猜测。

第12堂课 听克尔凯郭尔讲哲学

克尔凯郭尔是存在主义哲学的先驱，在1849年出版的《致死的病症》中，他全面系统地探讨了人的生存状态——绝望，力求诊断人生存的病因，寻求疗救的方法。

第一节　克尔凯郭尔：存在主义哲学的先驱

克尔凯郭尔，丹麦宗教哲学心理学家、诗人，现代存在主义哲学的创始人，后现代主义的先驱，同时也是现代人本心理学的先驱。克尔凯郭尔以真名及多个不同笔名出版其作品，以表达其反教条、反权威及多重观点的思想。主要作品有《非此则彼》《两个启发性谈话》《恐惧与战栗》《重复》《哲学性片段》《生命的阶段》《非科学的结语》《不同精神的启发性谈话》《爱之工》《致死的病症》《基督教的训练》等。

人物生平

1830年，克尔凯郭尔进入哥本哈根大学学习神学，一心想当牧师，其毕业论文为“苏格拉底特有的讽刺概念”，毕业后尽管考取了神学学位，不过因不认同丹麦路德教会的教义而从未担任过神职。在大学期间，他阅读了大量的哲学和文学著作，对戏剧和音乐产生了很大的兴趣，不过他总是带着恐惧、战栗和忧郁的情绪。在经历了恋爱、订婚与解除婚约后，他认为在献身上帝与婚姻之间只能选择其中一个，所以他后来的生活更加孤僻，心态更加反常，甚至近乎疯狂。

1.婚姻与上帝

1837年，克尔凯郭尔认识了15岁的雷吉娜，他们慢慢地谈及婚嫁，1840年订婚，在订婚以后，克尔凯郭尔认为自己应该把内心的感受告诉这位未来的太太，好让以后可以互相分担忧患、痛苦，但是当他把自己内心的所有忧郁，特

别是自己有两个原罪，以后会下地狱的感受告诉雷吉娜的时候，当时只有17岁的她，不可能接受这样古怪、颓废的思想，对他所说的只能一笑置之。克尔凯郭尔觉得自己不能把内心的痛苦分担给这位纯洁的少女，所以决定解除婚姻。

解除婚约后，克尔凯郭尔感到很痛苦，在其日记和著作中，他和雷吉娜的关系一直都是他自我折磨式思虑的主题之一。他没办法以感性的方式解除内心的苦闷，同时也没办法以感性的方法来实现自己的存在，所以他认为排除心中苦闷的出路应该是属于思想的层次，而当时丹麦人崇拜德国的思想与文化，于是他决定留学德国。德国观念论的课程都属于十分高尚的理想，把一切都往真善美的身上推去，把人性、具体人生的所有苦闷和痛苦都存而不论，这与克尔凯郭尔的理念不一样，于是他决定放弃传统哲学的探索，改而探求现实世界的人生哲学，最后他领悟出影响世人的存在主义。

2.1846年的《海盗报》事件

《海盗报》是青年诗人哥尔德施米特创办的一家周刊，它是站在自由主义立场上用嘲笑和讽刺的方法抨击专制保守和落后的社会现象。哥尔德施米特在《海盗报》上发表了一篇赞扬克尔凯郭尔的文章，不过却引起他的极度不满。于是他公开在报上发表文章尖锐地批评和揭露《海盗报》，最后引发了这个报刊的全面反击。在1846年这一年里，《海盗报》连篇累牍地发表攻击克尔凯郭尔的文字，对他的为人竭尽揶揄讥讽，甚至对他的生理缺陷、服饰、家产、生活习惯等大做文章，并配以漫画。这深深地伤害了克尔凯郭尔的自尊心，甚至他走在街上都会成为孩子们嘲弄的对象，他没有获得人们的同情，反而感到人们因他受嘲弄而幸灾乐祸。他不愿意与人交往，性格更孤僻了。

克尔凯郭尔一生没有谋求什么职业，都是靠继承的巨额财产生活。他在自己创办的期刊上公开反抗丹麦的国家教会，当他带着《快报》杂志最后一期去复印时晕倒在街头，随后被送到医院，他拒绝了官方教会牧师提供的圣餐，最后怀着强烈的基督信仰去世，年仅42岁。

哲学思想

克尔凯郭尔的思想对20世纪欧洲和北美的基督教、非基督教和美学存在主义者有过十分重要的影响，成为现代存在主义思潮的渊源。克尔凯郭尔被认为是使欧洲发展发生方向性转折的重要人物之一，他所实现的转折的主要内容就是以孤独、非理性的个人存在取代客观物质和理性意识的存在来当作全部哲学的出发点，以个人的非理性的情感，尤其是厌烦、忧郁、绝望等悲观情绪代替对外部世界和人的理智认识的研究，尤其是代替黑格尔主义对纯思维、理性和逻辑的研究来作为其哲学的主要内容。

克尔凯郭尔曾说：“寻找一个对我而言是真理的真理，寻找一个我愿意为它而活、为它而死的理念。”作为一个支持拥护存在主义的思想家，他试图将所有与个体自身的情况相联系，而不是从中提取本质，借此来理解生活。在著作《非此即彼》中，他集中论述了自由与奴役之间的关系，这一论题几乎可以在他所有的著述中找到。他坚持认为责任与宿命论在人类中互相缠绕，由此预示了深蕴于心理学中的去个性化和意志危机等课题。他认为，当自我在包括许多非意志的或自我创造的因素时，自我仍然不是一架机器，他反对怀疑论，反对宿命论的超然旁观，把道德和伦理责任作为普遍目标，把由此促进的世俗判断和绝望戏剧化。

1.存在主义

克尔凯郭尔提出的存在主义，强调哲学家应该探讨现实中的人生问题。他反对德国观念专门讲理想的东西，而以为人生最主要的是要很具体地把握住个人的存在，他因对自己“孤独”与“例外”的感受，而创造出对自己关心的哲学——存在主义。他的哲学，可以说是利用最简单的、感性的、普通的、实际的、具体的方法来实现自己的存在，消除自己内心的苦闷与荒谬。

克尔凯郭尔明确地把自己的哲学与传统的哲学对立起来，尤其是把对以黑格尔为代表的理性主义的批判当作自己哲学的根本方向。在他看来，黑格尔哲学的根本错误在于把逻辑必然性当作实在的统一性的最高原则以及理性和实在

的统一性的保证，并由此而陷入了“客观主义”。世界无非是客观精神的必然显露，所有具体的、特殊的存在是这个普遍存在的实例，是这个整体中的某一阶段中的某一成分。如此，人其实失去了自己的自主性和独立性，失去了作出决定和进行选择的可能性，失去了自己的个性和自由，从而也使自己忘却了对发生的事件的责任，取消了个人从伦理上对待自己和世界的可能性。

克尔凯郭尔的存在主义有两方面的意义：一是存在先于本质的理念，其意义是指人的生存是被动的、命定的，但是人可以利用自己命定的这种存在，去创造自己的本质。因此人之所贵，并非由于他有一个命定的存在、他的历史背景、家世，也并不是由于他出生的地位，而是在于人有选择改造自己的本质的自由，以及他怎样选择做自己想要做的人，选择自己想要做的事情的自由。

二是他将存在分为三级：感性存在，感性的存在通常是追求自己的快乐，追求轻薄的人生，追求自己自私的一面，是从维持生命到享乐方面的存在；理性存在，是一种较为严肃、尽责的人生，以理性的方法、哲学的方法，解决自己的问题，使自己对别人尽到伦理责任，合乎社会道德的存在；宗教性存在，是一种祈祷和爱的生活，是对神的自觉和崇敬，从而使精神有所寄托的存在。

2.信心

克尔凯郭尔自认是反文化基督教的先知，他极其厌恶黑格尔的思想，认为黑格尔把圣经和先知的正宗基督教扭曲为文化性的基督教。这种文化基督教在他看来根本不是正宗的基督教。在他晚期的著作《讨伐基督教国度》中谈论到，这种每个人都是“基督教”的社会，真正的基督教显然已经消失了。

克尔凯郭尔的信心跳跃是谈到当人面临抉择的时候会引发焦虑，而这种决定是一种跳跃的动作，它无法用逻辑方法来推演。祈克里认为人的堕落也是一种非理性的跳跃。然而另有一种跳跃，就是信仰的跳跃，同样不能从处境中推演出来。当人面临致死的疾病或是无法克服的焦虑时，信仰能帮助人克服。

在克尔凯郭尔的理论中，信仰跳跃有三个阶段，但是这些阶段不是时间上的那种阶段，而是包含美学的、伦理的和宗教的，这三阶段彼此间相互联系，无法清楚分开，如在最后的宗教阶段里，仍不免存在伦理思想和美感。尤其是他认为伦理宗教是具有主观性的，是源于他独特的审美观，而美感却不能用逻辑来推理。而上帝是所有行为与思想的终极前提，因此更无法用推理与逻辑证明上帝的存在。

3.神的道路

克尔凯郭尔主张“主观的真理”，为新正统神学奠定了哲学基础，重新寻找神话语的神学，将信心置于崇高的地位，只把理性当作理解神话语的工具。就是因为神话语中的基本真理具有吊诡性，使逻辑学的非矛盾律在基督教神学也不管用，因为神的意念高过人的意念，神的道路超过人的道路。

克尔凯郭尔在这一点上开启了新正统神学的先声，所以辩证神学家以他为盟友。克尔凯郭尔对于真理的定义，特别是关乎神与人类存在的真理，是指“一个客观不明物，人透过内心最深的热情去攫取，并且将它紧抱不放。”但是，“当主观、内在是真理，客观定义的真理就成为吊诡。”道成肉身就是一个“绝对的吊诡”，所以只能凭着信心披露与理解。

第二节　克尔凯郭尔论“绝望”

绝望是克尔凯郭尔对个体的人的生存状态的表达，绝望问题的提出在哲学史上是一个很重要的事件，它表明了思想家开始关注人的现实生存，对此，他的哲学被称为生存哲学。克尔凯郭尔提出绝望问题有两大背景：生存哲学背景和基督教思想背景，因为对个人的现实生存的关注，克尔凯郭尔探讨个体的人的生存状态，这是克尔凯郭尔哲学的出发点。此外，克尔凯郭尔是一个新教教徒，绝望问题的论述是他试图从基督教角度解决人生问题的一个尝试。

绝望与生存

“存在”是西方哲学“最高的和最初的范畴”，“存在”范畴的内涵的每一次变化，都会引起哲学基本问题的变化。哲学的发展一直在抽象地思辨什么是存在，存在与存在者的关系，克尔凯郭尔扭转了对存在的抽象关注，将目光投向人的现实生存。克尔凯郭尔是重新提出存在意义问题的先驱，他对“此在”意义的追问，与其说是关于此在意义问题的先驱，还不如说是这样一个问题：是什么把意义赋予了那本身并无意义的存在?

克尔凯郭尔对个体生存空间的开拓，建立在对黑格尔思辨哲学的批判基础之上，在19世纪的丹麦的思想家中，黑格尔哲学思想弥漫，克尔凯郭尔早年著作《论反讽概念》就存在黑格尔哲学思想的影子。

克尔凯郭尔完全不是在思辨这种意义上理解现实、生活与哲学的关系的，其导师曾经回忆说：“克尔凯郭尔仍在黑格尔时期的时候，有一次他在旧广场遇到我，他问我哲学与现实性之间的关系。这一点令我震惊，因为我的哲学的全部主旨即在探究生活和现实性之间的关系。”克尔凯郭尔曾说：“对于西伯恩来说，哲学就是对现实性，也就是对存在的理性诸要素的探究。”这表明克尔凯郭尔已经对哲学与现实之间的关系产生了与思辨哲学不同的理解。

克尔凯郭尔不去关注绝对理性的运动，不去作形而上的沉思，他开始着魔于亚伯拉罕握着刀走向“唯一亲爱的儿子”以撒，每个人都有自己的“以撒”，绝对理性看来微不足道的小事在他看来却是世界性历史事件。他提出著名的“主观真理”，客观真理不依赖于主体，对主体存在漠不关心，生存中要解决的不是客观真理是什么，而是它是如何与主体发生关系的。即便与个体有关的东西不能被科学证明是真实的，但假如主体认可，那么它相比于客观的东西对主体来说更重要。

1843年，克尔凯郭尔出版《非此即彼》，直接指出以黑格尔为代表的思辨哲学的效用范围，反思了哲学与现实生活的关系。哲学面向过去的已经终结的历史，它表明了散乱的因素怎样汇聚为一个更高的统一体。哲学进行的是思想的沉思，不过个体不是生存在过去，也不是生存在思想中，个体处于行动中，要面对非此即彼的抉择，面向的是未来。

绝望与个体

克尔凯郭尔在自己的著作中用四个词来表达个人或个体，最低的含义是指样本式的个人，处于不与观念直接关联的最容易的生活方式，称为众人或他人生存样式的一种翻版。他说：“公众人不是指社会意义上的个人的集合，乃是指人的这样一种生存方式，即生存于其中的人有意无意地依赖于某种来源于众人的势力，这种势力影响或者替代了本应由个体承担的责任。公众什么都不是，在公众和诸如此类的事物里，个体都是无所有，根本没有什么个体，数字是基本要素，是自然发生说的原则，除了公众之外，个体就是无所有，在公众里面，他在任何深刻的意义上什么都不是。”克尔凯郭尔的目的是试图在生存论的层面上把个体存在的根基与自己或一个更高的存在者关联起来，而不是与他人关联起来。

不过，成为个体的人需要付出努力才行，没有人想要自讨苦吃，于是克尔凯郭尔承担起“唤醒群体关注他们自身的腐败”的任务，他所采用的方式就是“迫使他们来殴打我”，“因为如果他们开始殴打我，那么他们可能就会有所注意，假如他们杀掉我，那么他们肯定有所助益，而我就稳操胜券了”。

绝望论与基督教

克尔凯郭尔论述绝望有其基督教背景，他出生在一个虔诚的基督教家庭，他自己也是一个虔诚的新教教徒。不过他对基督教的理解与思辨神学与当时的教会不同，对怎么样才能成为一个真正的基督教徒有自己的独到见解。在克尔凯郭尔看来，没有信仰的人都是处于绝望状态的，在《致死的病症》一书中，没有集中详细地解释为什么没有信仰的状态就是绝望的状态，不过在1843年和1844年所作的布道词中，他直接陈述了自己的信仰，根据《圣经》对人的堕落的解释生发出自己对人的堕落的理解，《圣经》在解释人的堕落时说，人是

因为吃了知识之树的果子才堕落的。克尔凯郭尔说："知识在走进世界的同时也生长愁烦，如匮乏的痛苦和占有的患得患失的快乐，分离的恐惧与艰难，思虑的焦虑与不安，抉择的烦忧与决心，法律的判决与罪罚，沉沦的可能性与恐惧，死亡的痛苦与期待。"

克尔凯郭尔对人类的堕落的理解一方面与《圣经》的解释有关，另一方面与他对人生的体认有关。舍斯托夫在《旷野呼告》中说："克尔凯郭尔在自身和他人身上发现了无数莫名其妙、不可思议的恐惧及对虚无的恐惧，他赋予恐惧虚无的意义不是他本人的、主观的特征，只是借助了他所生存的环境，他才极为清楚、直观地发现另外这个恐惧及产生它的虚无。或许这样说：潜在的，并以无形的形式存在于人们心灵的东西对于他是现实的，非常现实，他因此断言说，哲学的起源不是惊奇而是绝望。"

哲学启示

所有没有信仰的人都是身处绝望的人，人的堕落已经决定了他会绝望，所以只有信仰才能拯救人逃离绝望，在克尔凯郭尔看来，恐惧越深，人就越伟大，同样可以说，绝望越深，人也越伟大。绝望越深，人的精神就越有可能强壮，而且有可能最终逃出绝望的悬崖。

第三节　《致死的病症》——绝望

绝望是自我中的一种病症，克尔凯郭尔称之为"致死的病症"，这种病症与肉体的痛苦无关，它是精神中的一种疾病。根本的绝望可以得到两种形式，也就是不想要是自己、想要抹杀掉自己和绝望地想要自己。克尔凯郭尔对绝望作了这样的解释：“在那绝望完全地根除了的时候，我们也就是那描述自我之状态的形式阐述：在使自己与自己发生关系之中，并且在想要是在自己之中，那自我透明地依据于那个设定了它的力量。”

在《致死的病症》中，克尔凯郭尔这样写道：

那么，绝望是如何而来的呢？绝望是由人生的综合以自己为关系之中心而来，更是因为那使人成为一种关系体的上帝，让这种关系的发展，好像是脱离了上帝之手一般；那就是说，绝望之生，是源于人以自己为人生关系的中心。并且正在这里，正因这关系是灵性，是自我，于是那自我必对所生的一切绝望负责，不断地负责，不管那绝望者本人如何巧妙地欺哄自己和别人说：他的绝望是由于一种不幸的灾祸之来临，正如前面所述的那头昏者常误会头昏的原因一样；因为绝望与头昏，虽在本质上是互相殊异，却有其共同之处，即因头昏之扰及心情，正相当于绝望之扰及灵性，所以，这两者可以类比。

这样，那因关系失调而生的绝望一经开始，是否自然而然地继续着呢？不，它并非当然继续下去；倘若关系失调仍然继续存在，它并不是由于那原来的关系失调而继续存在，却是由于以自己为关系的中心而来。这就是说，每逢有关系失调时，一有关系失调之事的存在，我们就当回到关系的本身。请注意，这与惹上病症不同；一个人或许由于不谨慎，生了病痛，一有了病，那病症就成了一个“现实”，而其缘起就慢慢地成为过去的事。那么，我们不应该残酷不仁地不断向病者宣告：“你在此刻病正发作”；那好像是将病症的现实和其可能混在一起。病者实在是招惹了这病，但他只招惹一次；而病之继续只是因为他曾一次惹病，所以这病以后如何继续下去，我们不能都归咎于他。病者是曾招惹了病，但却不能说，他现时正在惹着病。

但关于绝望却不是如此：人每次所有的绝望，都是出于现在的可能，不能指为是由过去的可能而来的，人之每次陷于绝望，乃是他现在招惹的，绝望

总是现在的事，不能说是由于以前发生的过去之事而来；人每次所有的现实绝望，乃是绝望者站在现下的立场，他已往一切的经验皆不过是现在的可能，他必须对此负起责任。这是因为绝望是一种灵性上的表现，它是与人内在的永恒性有关的。人无法解除他心中的永恒成分，不，永远也无法解除它，人想要把永恒排除，那是绝不可能的；人每逢没有把持永恒，就是正在把它排除，但永恒却马上回来，这样，人就在每刻的绝望中招惹着绝望。绝望不是关系失调的结果，而是以自己为关系之中心的结果。人不能解除对自己的关系，正如他不能取消他自己一样，那关系与人本身乃是一件事，因为人的自我即是那对自我的关系。

人是灵魂和肉体的综合，由精神承担，那现世的和那永恒的综合是这一综合的表达。仅仅是通过现世的东西和仅仅通过永恒，人永远也到达不了自己，永远也不会使自己变得伟大起来。克尔凯郭尔提出了“瞬间”的概念，瞬间，是时间和永恒接触的那一刻，瞬间概念的引入，永恒就摆脱了被抽象理解的命运，只有借助于瞬间这个范畴，我们才能赋予永恒意义，瞬间是永恒从个体身上的缺席到进入具体的个体存在在时间上的标志。

哲学启示

在克尔凯郭尔看来，人是综合，不过综合还不是自我，自我是关系，是使自己与自己发生关系的关系，自我首先是内在的。人成为自我，还需要一个设定了它力量，这个力量是克尔凯郭尔在《致死的病症》中根据语言环境的不同以不同的名称出现：精神、永恒、上帝。上帝就是精神，也就是永恒的力量。人生最大的敌人就是自己，所以不能通过自己来拯救自己，就好像不能自己拔起自己的头发离开地球。

第四节　悲观是绝望的开始

有两个人，一个叫乐观，一个叫悲观，两人一起洗手。刚开始的时候，端来了一盆清水，两个人都洗了手，洗过之后水还是干净的，悲观说：“水还是这么干净，怎么手上的脏物都洗不掉啊？”乐观却说：“水还是这么干净，原来我的手一点都不脏啊！”几天过去了，两个人又一起洗手，洗完了发现盆里的清水变脏了，悲观说：“水变得这么脏啊，我的手怎么这么脏？”乐观却说：“水变得这么脏啊，瞧，我把手上的脏东西全部洗掉了！”同样的结果，不同的心态，那么就会有不同的感受。

有两位年轻人到同一家公司求职，经理把第一位求职者叫到办公室，问道：“你觉得你原来的公司怎样？”求职者脸色满是阴郁，漫不经心地回答说：“唉，那里糟透了，同事们尔虞我诈，钩心斗角，我们部门的经理十分蛮横，总是欺压我们，整个公司都显得死气沉沉，生活在那里，我感到十分压抑，所以，我想换个理想的地方。”经理微笑着说：“我们这里恐怕不是你理想的乐土。”于是，那位满面愁容的年轻人走了出去。

第二个求职者被问了同样一个问题，他却笑着回答：“我们那里挺好的，同事们待人很热情，互相帮助，经理也平易近人，关心我们，整个公司气氛十分融洽，我在那里生活得十分愉快。如果不是想发挥我的特长，我还真不想离开那里。”经理笑吟吟地说：“恭喜你，你被录取了。”

我们的生活状态在很大程度上取决于我们对生活的态度，取决于我们看待问题的方式。每个人的人生都是从一张白纸开始的，以后所发生的事情都会渐渐在白纸上绘满轮廓，包括我们的经历，我们的遭遇，我们的挫折。乐观者会从中发现潜在的希望，描绘出亮丽的色彩；反之，悲观者总是在生活中寻找缺陷和漏洞，所看到的都是黯淡。

马克·吐温说：“世界上最奇怪的事情是，小小的烦恼，只要一开头，就

会渐渐地变成比原来厉害无数倍的烦恼。”对于那些习惯于活在抑郁、悲观里的人，一点小小的烦恼恰似一颗毒瘤，每天它都在不停地生长着，最终，毒瘤化脓，而他自己则被抑郁吞噬了。悲观、抑郁被称为“心灵流感”，在现代社会，它成为了一种普遍的情绪，但是，并没有引起人们足够的重视，有人或许认为一点抑郁或悲观算不了什么，离真正的抑郁症还远着呢！但是，长时间的抑郁或悲观，会让我们感到失望，心智丧失，就好像长期生活在阴影里而无力自拔，给我们的生活带来严重的影响。因此，为了使生活变得丰富多彩，我们应该远离悲观抑郁，积极调整自己的心态，走出抑郁、绝望的阴霾，重见灿烂的阳光。

小时候的里根非常乐观，然而，他的弟弟却是个典型的悲观主义者。有一天，爸爸妈妈希望改变悲观的弟弟，于是，他们做了一些事情：送给里根一间堆满马粪的屋子，送给悲观的弟弟一间放满漂亮玩具的屋子。过了一会儿，爸爸妈妈走进了悲观的弟弟的屋子，发现弟弟正坐在角落里哭泣，而大多数的玩具几乎没有动过，爸爸妈妈询问原因，悲观的弟弟哭着说了原因，原来，弟弟不小心弄坏了其中一个小玩具，害怕爸爸妈妈会骂自己，所以，他哭了起来。

爸爸妈妈牵着悲观的弟弟的手，来到了里根的屋子，打开门，发现里根正兴奋地用一把铲子挖着马粪。里根看到爸爸妈妈来了，高兴地叫道：“爸爸，这里有这么多马粪，附近一定会有一匹漂亮的小马，我要把这些马粪清理干净，一会儿小马就来了。”

长大后的里根做过报童、好莱坞演员、州长，最后成为了美国总统，他是第一位演员出身的美国总统。在这样一个成长过程中，正是里根乐观积极的性格造就了他最后的成功，他得到了美国人民的喜爱和拥护。乐观成为了里根成功路上的助推器，相反，悲观、抑郁则成为了前进道路上的障碍。那些一味抱怨的悲观者，他所看到的总是事情的灰暗面，即使到了春天的花园里，他所看到的也只有折断了的残枝，墙角的垃圾；而内心充满希望的乐观者看到的却是姹紫嫣红的鲜花，飞舞的蝴蝶，自然而然地，在他的眼里到处都是春天。

哲学启示

林肯在患抑郁症期间说了一段感人肺腑的话："现在我成了世界上最可怜的人，如果我个人的感觉能平均分配到世界上每个家庭中，那么，这个世界将不再会有一张笑脸，我不知道自己能否好起来，我现在这样真是很无奈，对我来说，或者死去，或者好起来，别无他路。"幸运的是，林肯终于战胜了抑郁症，成为了美国著名的总统。对每个人来说，悲观、抑郁就是飘浮在天空中的乌云，它遮住了生活的阳光。因此，为了让我们的生活重见阳光，远离悲观、抑郁，积极乐观向上地活着。

第五节　焦虑恐惧——绝望

有个人可以称为焦虑和恐惧的典型人物，据说，他已经囤积了数吨粮食，以防天灾。有人好奇地问："如果是发生旱灾，水比粮食更重要。"他却微笑着说："没事，家里已经挖了好几口井了。"旁人大惊，后来，听说他不囤积粮食了，可是，理由却是十分牵强的，他这样告诉所有人："我听见许多人都在说，如果发生天灾了，大家就会来抢我的粮食，我想告诉大家的是，现在我已经不囤积粮食了。"看到这里，每个人都会忍不住微笑，这个人的焦虑心理和恐惧心理简直达到了极致。虽然我们常说"防患于未然"，但对未来过分地焦虑与恐惧，则成为了一种心理负担，这样导致的结果就是，以后的每一天我们都将在绝望中度过。

现代人越来越焦虑，在内心里隐藏着一种恐惧，既担心自己的生存状况，

又惧怕生老病死。长久以往，原本健康的身体被焦虑、恐惧折磨得奄奄一息。哈佛医学院的教授们认为：心理不健康是导致身体不健康的主要因素。比如，有的人身体感到不舒服的生活，就老是怀疑自己生病了，整天陷入恐慌之中。其实，在很多时候，这些只是小病或者根本就没有疾病，而是源于内心的焦虑和恐惧。当然，心病还得心药医，不要猜疑自己的健康，保持健康的心理，心病自然就会消除了，让那些焦虑和恐惧在阳光下消失吧！

康尼·麦克是美国棒球名将，他曾遭受焦虑的困扰，后来，康尼摆脱了焦虑症，停止了没有理由的恐惧，这使他变得既长寿又健康。康尼这样回忆道：“刚开始打棒球的时候，根本没有钱可挣，而且，常常被空罐子或马具绊倒，等到球赛结束了，我们就用空帽子向观众收点小费，以供奉母亲，养育幼小的弟弟妹妹，那点钱是绝对不够的，有的球队就只能靠草莓充饥。我有足够的理由焦虑，我是唯一连续7年陪末座的棒球队经理，也是8年里唯一一个输过800场棒球赛的经理。以前一连串的挫败令我感到焦虑以致不吃不喝，但是后来，我决定不再焦虑了，如果不是当时就停止忧虑，我早就躺在棺材里了。”

在受焦虑困扰的日子里，康尼发现焦虑对自己毫无益处，只会危害自己的事业，而且，还会危害自己的健康。后来，他逐渐发现了克服焦虑和恐惧的方法：忙着为未来赢球作策划，没有时间去焦虑和恐惧已经输了的球局；绝不在球赛结束后24小时内批评球员的错误。原来，康尼以前总是叫球员来训话，后来，他逐渐发现，如果已经输了球，责备和争论都没有意义了，只会增加他自己的焦虑和恐惧。于是，康尼决定输球之后，绝不马上去看球员，要到第二天才跟大家讨论失败的原因，这样到了第二天，康尼已经很平静了，这样看来那些失误好像没有那么严重，他可以冷静地讨论。这样过了一段时间，他发现内心的焦虑和恐惧已经慢慢消减了。康尼甚至认为，自己长寿的秘诀就是“停止焦虑和恐惧”。

焦虑和恐惧给我们生活所造成的影响是不容忽视的，焦虑对我们毫无益处，只会危害自己的生活和事业，而且，还会危害自己的健康。与其花费大量的精力和心思去焦虑和恐惧，不如好好经营自己的生活，把精力和心思转移到生活上来，这样，自然而然就摆脱了焦虑和恐惧，从而获得一种轻松而美好的生活。

吉姆是一位年轻的汽车销售经理，他的前途充满了无限希望。但是，吉姆的情绪却非常绝望，意志消沉，他觉得自己要死了。甚至，他开始为自己挑选墓地，为自己的葬礼做好了一切准备工作。其实，吉姆的身体只是出了一点小问题，有时候会呼吸急促，心跳很快，喉咙梗塞，医生规劝："你只需要坦然处理生活，退出自己热爱的汽车销售行业就行了。"

吉姆在家里休息了一阵子，但是，他还是满是焦虑和恐惧，于是，他的呼吸变得更加急促，心也跳得更快，喉咙依然梗塞。这时，医生劝他到外面去透透气，吉姆照做了，但依然无法阻止内心的焦虑和恐惧。一周过去了，吉姆回到家里，他感觉死神快降临了。朋友告诉吉姆："赶快打消你的猜疑！如果你到明尼苏达州罗切斯特市的梅欧兄弟诊所，你就可以彻底地弄清病情而不会失去什么，赶快，立即行动。"吉姆听从了朋友的建议，他来到了罗切斯特，实际上，吉姆担心自己会在路途中突然死亡。

在梅欧诊所，医生给吉姆做了全面检查，医生告诉吉姆："你的症结是吸进了过多的氧气。"吉姆先是一愣，然后大笑了起来："那真是太愚蠢了，我怎样对付这种情况呢？"医生说："当你感觉呼吸困难、心跳加速的时候，你可以向一个袋子呼气，或者暂时屏住气息。"医生递给吉姆一个纸袋，吉姆照办了，结果，他发现自己的心跳和呼吸都变得很正常，喉咙也不再梗塞了。当他离开诊所的时候，他已经变得容光焕发，原来这一切的症结都是因为内心的焦虑和恐惧。

长期的焦虑和恐惧会让我们相信某个想象中的事情变成现实，然而，就是在这样的消极心理中，那些预感中会发生的事情发生了，到最后，我们的焦虑和恐惧越来越严重，甚至整个人处于绝望之中，而身体真的出现了疾病。心理不健康，诸如焦虑或恐惧，导致我们的身体不健康。所以，远离焦虑与恐惧，

保持身心健康。

哲学启示

焦虑和恐惧是现代社会普遍存在的心理疾病，它源于工作压力、人际关系、经济问题、孤独以及交通阻塞。每天我们都饱受生活压力的困扰，可能或多或少都有焦虑恐惧的经历，然而，可能许多人都没有意识到，长期的焦虑会引起抑郁症，这是一种病态的心理，不仅会给我们的健康带来损害，而且，还会感染到身边的人。所以，以积极乐观的心态面对生活，远离焦虑与恐惧，其实就是远离绝望。

第六节　有信念就不会绝望

当生活没有了信念，人生就没有目标，即使每天活在这个世界上，也不过是没有灵魂的躯壳。心中有了信念，生活就有了希望，就不会感到绝望。一个人不怕卑微，不怕艰苦，就怕失去了生活的希望。坚定一个信念，点亮希望之光，照亮前方的路，我们就会从卑微、苦难中站起来，拥抱明天，拥抱阳光。人只要心怀梦想，不顾一切，竭尽全力地活着，生活就会有我们想要的幸福。也许，在现实生活中，我们都是微不足道的小人物，甚至生活已经到了山穷水尽的时候，但是，想想心中的信念，永不放弃，用信念点亮希望的光，朝着前方的路勇敢前进，有一天我们会发现成功几乎是触手可及。

在这个世界上，信念是任何人都可以免费获得的，那些大凡有成就的人，最初都是从坚守一个小小的信念开始的。只要心中有了信念，生活就有了希望，人生之旅就有了正确的方向，我们离成功就不远了。信念是人性中最坚强的东西，缺少了它们，我们就失去了生活的全部希望，我们很难经得起任何打击。从一个小小的信念开始，一旦拥有了信念，我们就有了继续奋斗的动力，就有了继续生活的希望，我们就会产生无穷的力量。我们想拥有一个什么样的人生，取决于我们持有一个怎样的信念，对于我们来说，最重要的就是心怀信念，努力向前行。

一个小男孩在大街上玩耍，不小心被迎面而来的汽车撞到了。由于及时送往了医院，小男孩保住了性命，但却失去了双手。那时，小男孩才5岁，他并没有发觉自己与他人有什么不同，但是，到了读书的年龄，他发现自己无法像其他孩子一样用手翻书、穿鞋，而且，他也因此被学校拒之门外。

当小男孩看着其他孩子兴高采烈地去上学的时候，他总是伤心地问妈妈：“妈妈，我没有手，我不能上学，怎么办呢？”妈妈心里不是滋味，但她总是怜爱地摸着男孩的头安慰他：“孩子，不要紧的，只要你坚持锻炼，你的手还会再长出来的。”听了妈妈的话，小男孩笑了。于是，他每天坚持练习，学会用脚吃饭、写字，他心里充满了生活的希望，因为他坚信只要自己努力练习，手还会再长出来。

然而，几年过去了，小男孩虽然每天刻苦练习，但是，他的手还是没有长出来。他不解地问妈妈：“妈妈，我的手怎么还没有长出来呀？是不是我练得不够刻苦？”妈妈认真地看着小男孩的眼睛，说道：“傻孩子，你看着别人用手能做的事情，你什么都会做啊。”小男孩自信地说：“是的，我的脚都会做，比其他孩子的手做得还要好呢。”妈妈欣慰地点点头：“那你说你的手长出来了没有？记着，孩子，每个人都有一双有力的手，而这双手就在你的心里，只要你愿意，它就能帮助你战胜一切困难和不幸。小男孩终于明白了，那经过了千锤百炼的手永远不会断，它长在人的心里。

这就是信念，也是生活的全部希望，有了信念，就不会感到绝望。当你对

一种事物产生了一种强烈的欲望的时候，就会在心里产生一种信念，而正是这种信念，让你的心充满了生活的希望。信念，点亮了心中的希望之火，让我们明白了人生的意义与方向，一个没有信念的人，就好像没有灯塔的航船，注定要沉没于汪洋。

在2011年，我们记住了这样几个人：西单女孩、旭日阳刚。在他们的身上，我们看不到绝望与沮丧，有的是那颗充满希望的心。即使屡屡遭遇生活的挫败、辛酸，但是，他们一直怀着必胜的信念，追逐着梦想，心中的信念点亮了追梦的旅程，他们看到了前方的灯塔，沿着希望一路走来，虽然有过无奈与沮丧，但在成功的那一刻，一切都已经逝去，有的只是鲜花与掌声。

哲学启示

生活中，很多时候我们没有办法预见明天会发生什么，所以我们就不能坚持不懈地走下去，因为前方的路不明，我们的目标不清楚，以致茫然失措。但是，有了信念就有希望，当信念的灯塔照亮了前方的路，我们就找到了那条路，找到了目标，这样我们才有可能获得成功。无论是做什么事情，只要心中有了必胜的信念，那心中就有了清晰的目标，然后选择自己坚持的方式，一定会完成自己的成功之旅。也许，我们可能永远在路上不停地向前走，但只要不放弃心中的信念，我们就有了生活的希望。有信念就有希望，坚持不懈，成功就在前方。

第13堂课
听斯宾诺莎讲哲学

斯宾诺莎认为，哲学的宗旨是引导人们寻求幸福，在主张自我保存是幸福基础的前提下，把理性主义贯穿于其幸福学说中，力图提倡一种“放弃迷乱人心的财富、荣誉、感官快乐”，追求自然永恒的必然知识，从而达到心灵与自然的融合的理性主义幸福学说。

第一节　斯宾诺莎：用理想哲学寻找幸福

巴鲁赫·斯宾诺莎是西方近代哲学史上重要的理性主义者，与笛卡儿和莱布尼茨齐名。 斯宾诺莎出生于阿姆斯特丹的一个从西班牙逃往荷兰的犹太家庭。年轻时进入培养拉比的宗教学校，研究哲学和科学，他的思想通过通信方式传播到欧洲各地，赢得了人们的尊重。其主要著作有《笛卡儿哲学原理》《神学政治论》《伦理学》《知性改进论》等。斯宾诺莎的肖像作为标志印在旧系列的1000荷兰盾钞票上，那是荷兰2002年引入欧元前的法定货币。

斯宾诺莎出生于荷兰，就读犹太神学校，学习希伯来文、犹太法典以及中世纪的犹太哲学等。幼时的斯宾诺莎接受了拉丁语的训练，因此他有机会接触到了笛卡儿等人的著作。后来，他以磨镜片为生，磨镜片这项工作伤害了他的健康，他在工作的时候吸入了大量的硒尘，这与他的死因——肺痨有直接的关系。此后，他一直过着隐居的生活，同时进行哲学思考，直到45岁时去世。

形而上学

斯宾诺莎的形而上学是巴门尼德所创始的那样类型的体系，实体只有一个——“神即自然”，任何有限事物不独立自存。在这之前，笛卡儿认为有神、精神、物质三个实体，当然，他认为只有神才是真正意义上的实体，因为所谓实体，他觉得是能够自己存在而其存在并不需要别的事物的一类事物。斯宾诺莎不同意这样的看法，他认为思维和广延全是神，也就是自然或实体的属性。神还具有无限个其他属性，因为神必定处处无限。在斯宾诺莎看来，个别

灵魂和单块物质都是形容词性的东西，这些并非实在，不过是“神在”的一些相。有限事物由其他物理上或者逻辑上的境界限定，简言之，由它并非某种东西限定，规定即否定，完全肯定性的“存在者”只能有一个，它必定绝对无限。

斯宾诺莎认为一切事物都受着一种绝对的逻辑必然性支配，在精神领域中既没有所谓自由意志，在物质世界也没有什么偶然可言。凡是发生的现实都是神的不可思议的本性的显现，因此各种事物按照逻辑而言是不可能与现实状况不一样的。对此，有人提出疑问：万事皆由神定，因而全是善的，那么对于杀人与盗窃而言也叫善吗？斯宾诺莎回答说：在这两个事件中肯定有地方是善的，只有否定性的地方恶，不过，只有从有限的眼光来看，才存在所谓的否定。

哲学思想

斯宾诺莎是一个一元论者或者泛神论者，在他看来，宇宙间只有一种实体，也就是作为整体的宇宙本身，而上帝和宇宙就是一回事。斯宾诺莎的这个结论是基于一组定义和公理，通过逻辑推理得来的。斯宾诺莎所认为的上帝不单单包括了物质世界，还包括了精神世界。在他看来，人的智慧是上帝智慧的组成部分，上帝是每件事的“内在因”，上帝通过自然法则来主宰世界，因此物质世界中发生的每一件事都有其必然性，世界上只有上帝是拥有完全自由的，尽管人可以试图去除外在的束缚，却永远没办法获得自由意志。假如我们能够将事情看作必然的，那么我们就越容易与上帝合为一体。

伦理学

斯宾诺莎认为，我们所遭遇的一切事情只要是我们自身产生的，就是善的；只要是从外界来的事，对我们而言就是恶的。他说：“因为一切事情凡其致因是人的，必然是善的，所以除非通过外界原因，否则恶讲不能降临于人。”因此，显而易见，宇宙整体遭受不到任何恶事，因为它不受外界原因的作用。我们是万有自然的一部分，因此我们遵从自然法理，假如我们对于这点有清晰判然的理解，我们的本性中由离职限定的部分，换言之，我们自身当中较良好的部分，必定会接受事情，而且努力去接受。斯宾诺莎不像斯葛多派反对所有的感情，他只是反对炽情，也就是在我们自己显示的外在力量之下处于被动状态的那些感情。

情感说

斯宾诺莎说：“炽情扰乱了我们的心，蒙蔽住我们对于整体的理智见解。”据他所说，“各个事物只要它是自在的，都努力保持自己的存在。”因此起了爱、憎和纷争。按照他的说法，“自我保全”是各种炽情的根本动机，但是我们自身当中的实在，肯定性的东西，乃是把我们与整体统合起来的东西，并不是保全外表分离状态的东西，我们一体会到这一点，自我保全就改变性质。

第二节　斯宾诺莎的幸福观

斯宾诺莎哲学的根本出发点在于求得人生的幸福，其目的便在于获得最高的幸福。所谓最高的幸福就是一经发现和获得之后，我们便可以连续地永远享受无上的快乐。世俗的幸福是财富、荣誉和感官快乐，这些不仅不能使人获得长久的快乐，相反还会陷溺人心的罪恶。斯宾诺莎认为，真正的幸福和世俗的幸福争相反对，势不两立，两者必居其一。他知道世俗的幸福难以摆脱，说：“世界上因为富有资财而遭受祸害以致丧生，或许因为追逐获利而不能自拔，置身虎口，甚至于身殉其愚的人，例子是很多的。世界上忍受最难堪的痛苦以图追逐浮名而保全声誉的人，例子也并不少，至于过分放纵肉欲而自速死亡的人更是不可胜数。“为了避免这样的不幸，斯宾诺莎主张追寻常驻不变的善，最高的善。

斯宾诺莎所说的真正的幸福、最高的善是精神幸福，他对精神幸福不遗余力的追求和对物质利益的鄙视，使得斯宾诺莎的幸福成为精神幸福的代名词。

在斯宾诺莎看来，哲学的任务在于认识自然，探求人生的幸福和自由以及人的认识能力。

论神

在论神一篇中，斯宾诺莎指出了什么是最高的幸福与圆满、真正的自由，以及善与恶。神愿望一切事物幸福与圆满，而神是最为圆满的永恒存在，神所创造的任何事物都是因为其观念的圆满性而分享有神自身的圆满属性，所以万物属于神的一部分，而具有达到神的幸福与圆满的能力。

虽然，斯宾诺莎论神这篇文章里主要是论证神的存在，不过为接下来的人及其人的幸福作了概括性的总结。在他的哲学体系中，人只有把自己融合于神，遵循自然的规律，人其实是神、是自然的一部分，只有认识神，进而与神合二为一，我们才能达到最大的圆满，产生永恒无上的快乐，最终获得真正的幸福。

知识与幸福

知识是心灵中的一切激情的近因，在斯宾诺莎看来，人之所以存在激情的重要原因在于人有知识，人可以认识世间万物，从认识产生意图占有的欲望，而欲望便结下了种种激情的善与恶的果实。作为思想存在物的善与恶是完全可以为我们所认识的，这样便可以在被动的情感或激情中发现哪些是好的，哪些是坏的，接受仿佛是属于我们的本质的犹如爱、欲望以及一切属于爱的激情，屏弃那些不好的激情。

斯宾诺莎认为，假如迷恋变灭无常的东西，就必然会按照被爱对象所发生的变化产生出恨、痛苦等，而醉心于荣誉、资财和逸乐这些根本没有任何实在的事物的人，那将会是多么可怜啊！只有运用真信仰或理性去爱永远不变的神，则他们就不可能陷入激情这种泥潭中，唯有神是我们一切善的第一因，是我们一切恶的解救者。斯宾诺莎的幸福并不指来世的基督教的幸福，他关注今生，注重培养人的理性，而知识就是通达幸福的桥梁。

情感与幸福

斯宾诺莎认为，情感和理性是人的心灵的两个基本要素，情感主要在于痛苦、快乐和欲望。每个人都是按照自己的情感来判断或估量善恶，如善指快乐，恶指痛苦。不过，情感是动物也具有的，假如完全受情感支配，那就是甘心受命运摆布，失去了自主权，而处于受奴役的状态。在斯宾诺莎看来，如果一个人为情感所支配，其行为便没有自主之权而受命运的宰割，不可能得到真正的幸福。幸福的人，一定能控制自己的情感，成为情感的主人，如果要想成为情感的主人，必须对情感进行探讨，力求对情感加以真正的了解。而人们能否克服情感，能否成为情感的主人，取决于人们对情感认识的正确程度。

人的情感是存在必然的，人类的情感存在本身没有什么不好，关键在于人们是否正确认识把握了它，把它控制在一定的限度之内，而不是消灭它。在斯宾诺莎看来，人之所以要达到幸福，并不是出于人的自由意志，而是受必然性支配的。因为真正的自由，也就是在于神的圆满性、神的观念所必然从事创造万物的圆满性自身。人作为他所依赖的同时亦是控制着他的那个自然整体的一部分，就其自身而言，是不可能为其自身的快乐和幸福有所作为的。人是自然的一个部分，必须遵循自然的规律，也就获得了自己的幸福。

哲学启示

斯宾诺莎认为，理智从认识的能力和神的爱中所得到的仅仅是一种短暂的安宁，而追求这种安宁依然是我们的天职，一旦我们享受了它，我们就不愿意拿它同尘世上的任何东西交换。当我们追求感官享受、肉体快乐以及尘世里的种种事物时，我们从中得到的并不是我们的幸福，而只是我们的毁灭。因此，我们要听从我们的理智的指导，追求万善之中的至善即神，并和它结合，这种结合才是我们的最高拯救和福祉。

第三节　金钱不代表幸福

生活中，许多人认为幸福与金钱有关，钱越多，就越幸福，其实这样的想法是错误的，虽然充裕的物质生活在一定程度上让你感受到了欢愉，但实际上那种快感只是一种欲望的满足感，真正的幸福是不需要任何附加品的，它就是来自心里最真实的感觉。如果说，拥有了金钱就意味着收获了幸福，那就大错特错了。幸福很简单，或许对某些人而言，有一份自己喜欢的工作就是幸福的，有一个爱自己的人就是幸福的，有健康的身体是幸福的，有一顿不错的晚餐是幸福的，有几个知心朋友就是幸福的。而这些真切的幸福，都与金钱没有直接联系。而更让人疑惑的是，有的人越来越富有，却说自己一点也不幸福，因此，“金钱与幸福画等号”，这本身就是一个悖论。

前几年，美国做了一项调查，发现真正的幸福来自“精神上的满足”。美国纽约罗切斯特大学的研究人员在《个性研究》杂志上报告说，他们对147名大学毕业生进行了跟踪调查，对这些大学生的人生目标和幸福指数进行评估，时间为一年。结果通过研究发现，那些被调查中许多名利双收的人非但不感到幸福，反而觉得生活没有意义，而真正感到幸福的人是那些实现了“自我价值”的人。通过大量事实证明，真正的幸福感来源于“精神上的满足”，而并不是金钱上的富足。有些人在获得大量的金钱之后往往会身不由己，甚至会产生失落感，他们的内心是孤独，甚至是痛苦的。

她是一位牧师，命运非常奇特，在12岁的时候，就受呼吁去服侍老年人。她一生中充满了大起大落，光明与黑暗、欢乐与忧愁、平安与艰难交织在一起。她在生活中经历了所有这一切。同时，她一生过着丰富的属灵生活。她顺服地恪守与神所立的契约。在祂的里面，她遵从了真爱、怜悯和忠心的原则，这些给了一个女人幸福。刘莺孙就是这样的一个女人和牧师，她牧养教会，懂得这样的一个真实：她知道什么是能够改变的，怎样去接受不可改变的。

她在《幸福的女人》的序言里这样写道：今天，在回顾我七十五年的生活之际，我邀请读者们一起来到真快乐的源泉，是这源泉使我成了世界上最幸福的女人……祂从未使我的一生中有过饥饿、赤身露体、无家可归；当我孤独、受到伤害、哭泣的时候，祂总是把我抱在怀里……如果说，在生命结束以前我还有一个愿望，那就是，我愿意邀请你来到这幸福的同一条河流上，你自己单独地与祂相遇。我祷告，祈求你能登上美丽的爱船，是祂在很久以前就为你准备好的。我祷告，祈求你将与祂同行，从今日直到永远。

刘莺孙的幸福其实很简单，她懂得了这样一个真实：知道什么是能够改变的，怎样去接受不可改变的。这两句话很简单，却揭示了幸福的本质，幸福本身只是一种心态，一种平和的心态，而根本不在于金钱的多少。有时候，你获得的金钱越多，但所收获的幸福却越少。

她和男友大学谈了四年的恋爱，却在临近毕业之际分手了。她提出了分手，理由就是“我不想和你回到那个小镇上去，我喜欢都市的繁荣，我是属于这里的”，男友在心痛之余还是尊重了她的决定。

大学毕业后，她与一位中年商人认识了，并很快结婚了。商人已经年近40了，离过两次婚，他贪图她的青春与美丽，而她只想过奢华的生活，她觉得这样的交易很公平。她终于过上了她想要的生活，从衣服到化妆品她用的没有一样不是名牌，一双鞋一件衣服常常成千上万元，挥霍金钱成了她的快乐源泉。她的丈夫常常早出晚归，有时甚至彻夜不回，他的解释永远都是忙。有一天，她在商场看见丈夫与一位年轻女子相当亲热，她很生气，晚上回到家，她质问丈夫却被一把推开并恹恹地说：“你安心做你的太太就行了，别的事最好少管。你当初同我结婚还不是看上我的钱，想过富足的生活！”说完他摔门而去，许多天都没有回来。

原来，她在丈夫眼里不过是个寄生虫而已，回忆起过往种种，只有苦笑。

也许，有的人会把金钱看作一种幸福，这样的金钱观是极其错误的。一个人即便是富可敌国，但他的精神世界是空虚的，或者是不自由的，那么他就绝对不会幸福，甚至会感到很痛苦。

那些将金钱与幸福画等号的人，很容易为金钱的多少而较真，尤其是他们的现实与梦想差距悬殊的时候。他们觉得自己就是最不幸福的人，而直接的理由就是没钱。钱的多少能影响到心底最真实的感觉吗？所以，请珍惜眼前的生活，不要再为金钱的多少而较真了。

哲学启示

斯宾诺莎鄙视物质上给人们带来的幸福感，而致力于追求精神上的满足感。生活中，有的人觉得幸福就是自己有了许多钱，因此，他们花很大的力气去达到这样的状态。但在现实生活中，可以在财富和地位上都达到显赫状态者毕竟是金字塔的顶尖，能实现这样愿望的人少之又少。于是，许多人瞬间觉得自己是不幸福的，心理学家认为，一个人幸福与否，在很大程度上取决于评判的标准，有些不将金钱与幸福画等号的人，即便他们不富裕，但他们觉得自己就是幸福的。

第四节　幸福是什么

幸福是什么呢？有人说是财富与地位，有人说是美满的家庭，有人说是健康与长寿，有人说是美貌与事业，有人说是吃得好、穿得好。虽然每个人都在追寻幸福，并且在大多数人的观念里，幸福被赋予了不同的定义。但仔细琢磨这些字眼，在幸福所有的定义里，人们似乎总是在追求着某种表面的东西，而忽视了其内心所需。对此，斯宾诺莎认为，这种所谓的幸福定义是错误的，因为幸福并不是某种固定的实体，而是一种精神与物质的统一，更多地表现在精神体验上。

A先生今年40岁，拥有一家公司，家里有一位美丽贤惠的妻子和一对可爱的儿女。身边的一些朋友都羡慕他，他也曾满足过，但渐渐地他越来越感觉不到幸福的滋味了。每天，他都在想要是多挣一些钱，让自己和家人的后半生没有后顾之忧就好了；如果碰上了经济危机，生意不好做怎么办？自己和家人的生活失去了保障该怎么办？

为什么生活越来越富裕，收入越来越高，人们却感觉不到幸福呢？因为人们常常被幸福的假象所蒙蔽。我们所处的社会环境和文化背景是这样的：假如孩子成绩全优，家长就会给奖励；如果员工工作出色，老板就会发奖金。人们习惯性地去关注下一个目标，而常常忽略了眼前的事情，最后导致终生的盲目追求。其实，我们生活的过程就是一个营造幸福的过程。幸福是什么呢？就是真实、快乐地活在当下，它看起来更像是一种生命的精神状态。而在实际生活中，许多人离成功越来越近，却越来越迷茫，忍不住问自己“难道这就是我穷其一生所追求的吗？”于是，越来越多的人生活在幸福的假象里，他们模糊了幸福的真相。

假如把全球人口维持人类的各种比例压缩成只有100人的部落，可以看到这个部落的人员构成为：57个亚洲人、21个欧洲人、14个美洲人、8个非洲人；52个男人、48个女人；30个白种人、70个非白种人；30个基督徒、70个非基督徒；89个异性恋者、11个同性恋者；6个人将拥有全部财富的59%；80个人的居家生活不甚理想，70个文盲，50个人营养不良，1个人即将死亡，1个人即将生产，1个人拥有大专学历，1个人拥有电脑。

因此，最终得出这样的结论：如果您今天早上醒来时还算健康，恭喜您，因为有一百万人将活不过一星期；如果您不曾经历过战争的危险、被监禁的寂寞、被凌虐的痛苦，或是饥寒交迫，恭喜您，您比五亿人还好命；如果您可以参加宗教活动而不必担心被骚扰、逮捕、凌虐或死亡，恭喜您，您比三十亿人还自由；如果您的冰箱里还有食物、有衣服穿、还有地方住，恭喜您，您比全世界75%的人还富有；如果您在银行里有存款，钱包里有钞票、还有一些零钱，恭喜您，您是全世界前8%的有钱人；如果您的双亲都还健在而且没有离

婚，恭喜您，您算是幸运儿；您可以读这篇文章，那是双重幸运：有人想到您这个朋友，而有二十亿人根本不识字！

幸福的源泉，在于懂得知足和对生命的感恩。珍惜当下的生活，这是最可贵的；知足于当下的生活，这是最幸福的。当我们珍惜了生命，生命就会变得更长久；当我们珍惜了家人与朋友，我们便能在其中获得快乐与幸福。在这个物欲横流的时代，你拥有多少金钱并不能说明你有多幸福，你拥有多高的社会地位与权势并不能证明你比他人更幸福。然而，只要你能够珍惜每一天，怀着一颗感恩的心，那每一天都是幸福的。那么，你珍惜了今天吗？感恩了吗？

吉姆是一名律师，在纽约一家知名的大公司上班，很快将成为公司的股东之一。坐在自己的高级公寓里，可以把中央公园的美景一览无余。吉姆非常努力地工作着，一周的上班时间至少达到了60小时。每天早上，他都挣扎着起床，拖着疲惫的身体来到办公室，参加会议，会见客户，这些烦琐的工作占据了他的每一天。有人问他："在一个理想世界里还想做什么？"吉姆回答："我最想去一家画廊工作。"那人继续问道："难道你现在找不到画廊的工作吗？""不是的，但如果在画廊工作，收入将会少很多，生活水平也会下降，我虽然对律师很反感，但没有其他选择。"

因为他总是将幸福生活定义为：高收入、较高的生活水平。甚至，他觉得放弃自己最梦想的职业而选择了这份工作是出于"没有选择"。现在我们应该明白吉姆为什么感觉不到幸福了，他总是被一个不喜欢的工作所捆绑，所以，每天他都感觉不到快乐与幸福。在美国，有一半以上的人对自己的工作并不满意。但是，本·沙哈尔认为，这些人之所以感到不开心，并不是因为他们别无选择，而是他们将物质与财富误认为就是"幸福"。

我们常常忘记了活在当下，忘记了放慢脚步，忘记了应该留一些时间给自己，以倾听内心的声音。幸福，就是对此时此刻的自己多一些积极的肯定，接受现在的自己，不要忽略现在所拥有的。同时，简化自己的生活，不要试图去追求更多，与其把希望寄托于未来，不如尽情享受每一件事情的过程。人生就是一个体验的过程，只有在体验中不断得到成长，我们的心灵才能获得真正的自由，从而提高幸福指数。用心领会，你会发现幸福就在身边。

哲学启示

叔本华曾说过：“我们很少想到自己拥有什么，却总是想着自己还缺少什么！不要感慨你失去或是尚未得到的事物，你应该珍惜你已经拥有的一切。”我们总是陷入这样一个误区，自己只要实现了某些目标，诸如财富、地位，那么我们就会幸福，其实，这只是一种幸福的假象。当你实现了目标之后，你会获得暂时的幸福感，但是，这样的幸福却难以持久。

第五节　你习惯幸福了吗

你每天幸福吗？面对这样一个既简单而又复杂的问题，我们常常不知道该如何回答。为此，史铁生曾这样写道：“生病的经验是一步步懂得满足，发烧了，才知道不发烧的日子多么清爽。咳嗽了，才体会到不咳嗽的嗓子多么安详；刚坐上轮椅时，我老想，不能直立行走岂不把人的特点搞丢了？便觉得天昏地暗，等又生出褥疮，一连数日只能歪七扭八地躺着，才看见端坐的日子其实多么晴朗。后来又患尿毒症，经常昏昏然不能思想，就更加怀念往日时光。终于醒悟：其实每时每刻我们都是幸运的，任何灾难面前都可能再加上一个‘更’字。”

史铁生从心底深处说出了这样的话，也许，我们可以理解为他一定是吃尽了“疾病”的苦头，所以，才把幸福底线定得这么低。事实上，幸福底线本就如此低，为什么我们并没有养成每天“幸福”的习惯？那是因为我们总是认为

生活给予的不够多，不自觉提高了幸福的底线，但是，当我们意识到什么是真正的幸福的时候，生命留给我们享受幸福的时间已经少得不能再少了。

在辅导班里，有一位60岁的教授，他谈吐幽默风趣，专业知识精深。但是，给学生印象最深的却是他每一次进教室都精神饱满，面带笑容，而且，每次都会带上一束花放在教室的花瓶里，虽然，每一次带来的花都不一样，但都一样鲜艳美丽。学生不禁产生这样的疑问：教授为什么总是感到如此幸福，难道生活就没有什么不顺心的事情吗？

课程结束之后，一位学生向教授表示了自己的感激之情，同时，提出了一直存在心中的疑问。头发花白的教授笑了笑，说："其实，我只是把幸福的感觉当成了一种习惯，前些天，老伴在一次车祸中走了，孩子又在外地工作，我一个人在家里很孤单，本来我已经退休了，但我还想继续执教，教师这份职业让我感到快乐。在工作之余，我最喜欢养花，在我家的院子里一年四季都有花香，我把这些花送给了朋友、邻居以及喜欢这些花的陌生人。我每次带来的花都是自己种的，能给别人带去快乐，我自己也感到很幸福。"闻着那花香，学生感到幸福正抚摸着自己的脸颊。

亚伯拉罕·林肯曾经说过："人们如果下定决心要拥有幸福，他就会等到幸福。"其实，幸福只是一种感觉，我们每个人都有拥有幸福的权利。在日常生活中，我们常常会感到悲伤、烦闷，总是认为幸福是一种奢侈品，难以把握。那么，我们就让幸福成为自己的一种习惯吧！生活中的习惯就是一种积累，而我们有养成幸福习惯的力量，因为我们完全可以自己选择幸福。习惯于幸福的人会在每天对自己说："今天的天气真好，一切都会顺利的。"而不幸的人会说："今天一切又不会顺利。"有时候，幸福对于我们来说只是一种选择，谁也不能决定你的幸福，只有你自己。

心理学家本·沙哈尔认为："只要你追随自己的天赋和内心，你就会发现，生命的轨迹原已存在，正期待你的光临，你所经历的，正是你应拥有的生活，当你能够感觉到自己正行走在命运的轨道上，你会发现，周围的人，开始源源不断地带给你新的机会。在追求有意义而又快乐的目标时，我们不再是消磨光阴，而是在让时间闪闪发光。”所以，我们应该让幸福成为自己的习惯，降低幸福的底线，你就会发现，幸福几乎触手可及。

无意中浏览到杨澜的日记，发现一个奇怪的事情：每天她都会写下5件让自己感到幸福的事情，比如天气晴朗温暖，让我一睁开眼就有好心情；与几位朋友共进晚餐……在后面，杨澜写了这样一句话：“我们从小就学习各种能力，但似乎忽视了一种最重要的能力——感受幸福的能力。”看到这句话，你似乎发现自己已经失去了感受幸福的能力。其实，幸福隐藏在琐碎的事情之中，就如同点点粉末洒在日常事物之中，当我们的眼光太过于高远，就看不见那些随处飞扬的尘埃。如果我们每天都在细数着自己身边的幸福，那么，幸福的指数就会一直上升，最终成为一种习惯，伴随我们左右。

哲学启示

斯宾诺莎认为，幸福是快乐与意义的结合。让幸福成为自己的一种习惯，我们不需要太多的寻寻觅觅，不需要太多的权衡，只需要我们放下那些太过于高远的想法，给自己的幸福画一条最浅的底线，你就会发现，生活中的快乐越来越多，幸福越来越多，感到每一天都是富足而充实的。

第六节　幸福是一种需要的满足

有的人感到很不解，为什么自己总是体会不到幸福的滋味呢？那么，我们在为这个问题而纠结的同时，你是否意识到自己已经理解了幸福。因为，只有你理

解了幸福的真谛，才能够体会到幸福的滋味。幸福并不是去获得更多的金钱与财富，而是得到最适合自己的东西。当我们在选择幸福之前，我们应该清楚自己内心真正需要的是什么，那个能带给自己快乐的东西才能让你获得真正的幸福感。斯宾诺莎说：“幸福不仅仅是对某种需要的满足，而且是对某种需要的理解。”

幸福感就是心理欲望得到满足的状态，一种持续时间较长的对生活感到满足，以及感到生活里隐藏着许多乐趣所自然而然地希望持续久远的愉快心情。所以，有人说幸福就是一种感受，是一种获得某种东西的过程，是一种心理需求得到满足之后的一种感受。但是，真正的幸福却是对内心需求的一种理解。因为，只有理解了需求才能更好地理解幸福，最终我们就能体会幸福的滋味。

有一天，精明的猎狗在森林里寻找主人打下来的猎物，在偶然间看到了一袋黄金。它跑上前去嗅一嗅，懊丧地说：“哎，我还以为找到了主人打下来的猎物呢！不过，我相信主人肯定会非常喜欢，说不定他一高兴就每天赏赐我几根骨头呢！”猎狗这样想着，叼起那个口袋跑到主人身边。“你真是太伟大了！我要用其中的一块黄金给你配一身最好的行头！”主人抚摸着猎狗说。猎狗却谢绝了主人的这一赏赐，反而恳求道：“不，如果您不介意的话，我想每顿享用几根骨头。”主人爽快地答应了，猎狗从此每天都可以吃到骨头。

黄金行头对于猎狗来说，没有任何的实质性意义，所以，它选择最适合自己的东西。试想，对于一只猎狗来说，每天都可以吃到骨头，那该是多么幸福啊。许多人觉得幸福难以理解，总是胡乱猜测幸福的定义，导致最后他们错误地理解了幸福。其实，当你能够理解自己内心真正的需求时，那么你就理解了幸福，这原本就是一件很简单的事情。

你怎么看待自己未来的工作与金钱、幸福的关系。仔细考虑以下3个关键的问题，先来问问自己：第一，什么带给你人生的意义？第二，什么带给你快乐？第三，你的优势是什么？并且要注意顺序，然后看一下答案，找出其中的交集点，最后那个工作就是最能使你感到幸福的工作了。有的人之所以会感觉不到幸福，主要是因为他们首先看重的是物质与财富，之后才选择了快乐和意义，他们并没有理解幸福的真谛，也不清楚自己内心最需要的东西。

有一天，天使遇见了一位诗人，这位诗人年轻、英俊，有才华而且很富有，他拥有美丽而温柔的妻子，但是，他却过得不快活。天使问他："你不快乐吗？我能帮你吗？"诗人对天使说："我什么都有，只是缺少一样东西，你能够给我吗？"天使回答说："可以，你要什么我都可以给你。"诗人抬头望向天空，说道："我要的是幸福。"天使想了想，说："我明白了。"然后，就把诗人所拥有的东西全部拿走了。于是，诗人失去了他的才华、容貌、财产，甚至他的妻子。

一个月后，天使回到了诗人身边，看见诗人饿得半死，正衣衫褴褛地躺在地上挣扎，天使把诗人的一切东西还给他，然后就离去了。半个月后，天使再去看那位诗人，这次，诗人搂着妻子，向天使道谢，因为他得到幸福了。

在自己最需要时得到了满足，这就是幸福的滋味。于是，幸福不仅仅是对某种需要的满足，而且是对某种需要的理解。人是一种欲望和需求不断膨胀的动物，但正是由于不断增长的欲望，才使得他不断地成长。我们的需要获得满足的过程，也就是获得幸福的过程。理解了内心的某种需要，而且这种发自内心的需要获得了满足，随之而来的幸福感是无法用语言来表达的。

哲学启示

斯宾诺莎认为，"金钱和幸福，都是生存的必需品，并非互相排斥。"在日常生活中，金钱的问题总是困扰着我们，影响着生活的心情和质量。于是，越来越多的人将自己的喜怒哀乐交给了金钱，或者归咎于工作，其所获得的幸福感也受到了影响。人们并没有随着社会财富的增加而变得更加幸福，在许多国家里，收入与幸福的相关性是被忽略的，只有在一些贫穷的国家，收入才是幸福适宜的标准。事实证明，我们所需要的并不是所谓的外在标志，如社会地位、金钱等，而且，我们没有深究自己内心最需要的是什么。

第14堂课 听伊壁鸠鲁讲哲学

什么是快乐？如何获得快乐？古希腊哲学家伊壁鸠鲁给出了答案，他说：“哲学论证如果不能帮助治疗人的疾苦就是空洞无益的，假如哲学不能解决当下的生活，帮助指导现实中的问题，那么纯思辨就只能沦为少数人的精致的消遣或游戏。”

第一节　伊壁鸠鲁：通过辩证和讨论产生幸福

伊壁鸠鲁， 古希腊哲学家、无神论者，伊壁鸠鲁学派的创始人，他的学说的主要宗旨就是要达到不受干扰的宁静状态。伊壁鸠鲁成功地发展了阿瑞斯提普斯的享乐主义，并将之与德谟克利特的原子论结合起来。

伊壁鸠鲁出生于萨摩斯，曾在雅典接受了2年军事训练，14岁开始学习哲学，曾就学于柏拉图学派的潘菲劳和德谟克利特学派的脑西芬尼等人，并熟悉亚里士多德和阿那克萨戈拉等早期哲学家的哲学。伊壁鸠鲁继承、修正和发展了德谟克利特的哲学，建立起一个思想上统一的完整体系。公元前306年到雅典，在他自己买的一所花园里办学，因此伊壁鸠鲁学派也称花园学派。据说，伊壁鸠鲁的著作多达300多卷 ，其中重要的有《论自然》《准则学》《论生活》和《论目的》等 。现存的只有三封信和题为《格言集》和《学说要点》的残篇。

伊壁鸠鲁认为，哲学是通过论辩和讨论的方式产生幸福生活的一种活动；正如不能治疗身体疾病的医药是无用的技艺，不能解除灵魂痛苦的哲学是无用的空话。为了能够幸福地生活，必须学习伦理学；为了摆脱错误的认识和不必要的忧虑与恐惧，必须学习物理学。

伊壁鸠鲁认为，最大的善来自快乐，没有快乐，就不可能有善。快乐包括肉体上的快乐，也包括精神上的快乐。伊壁鸠鲁区分了积极的快乐和消极的快乐，并认为消极的快乐拥有优先的地位，它是“一种厌足状态中的麻醉般的狂喜”。同时，伊壁鸠鲁强调，在我们考量一个行动是否有趣时，我们必须同时

考虑它所带来的副作用。在追求短暂快乐的同时，也必须考虑是否可能获得更大、更持久、更强烈的快乐。他还强调，肉体的快乐大部分是强加于我们的，而精神的快乐则可以被我们所支配，因此交朋友、欣赏艺术等也是一种乐趣。自我的欲望必须节制，平和的心境可以帮助我们忍受痛苦。

哲学思想

在伊壁鸠鲁看来，哲学的任务是研究自然的本性，破除宗教迷信，分清痛苦和欲望的界限，从而获得幸福生活。他认为感觉是判断真理的标准，感觉是直接的，无所谓错误，错误只发生在对感觉的判断中。伊壁鸠鲁按照感觉经验，肯定物体的存在，进一步发展了德谟克利特的原子论学说，修正了德谟克利特关于原子体积和形状有无限多差别的观点，增加了与原子的运动有关的重量这一特性。在他看来，物体的颜色等可以感觉到的性质是客观的，人的感觉是可靠的，概念来源于感觉。

伊壁鸠鲁的伦理学说认为快乐是生活的目的，是天生的最高的善。但是，应当区分不同的快乐。解除对神灵和死亡的恐惧，节制欲望，远离政事，审慎地计量和取舍快乐与痛苦的事物，达到身体健康和心灵的平静，这是生活的目的。伊壁鸠鲁还认为人是以个人快乐为准则的生物。国家建立在相互约定的基础上，正义是人们互不侵害的契约，有利于人相互关系的便是正义的，否则是不正义的。 他有一句名言常常为人所引用：“让我们吃喝，因为明天我们就会死亡。”他劝诫人们及时享乐。

社会快乐

在伊壁鸠鲁看来，最可靠的社会快乐就是友谊。伊壁鸠鲁是像边沁一样的一个人，他也认为在一切时代里所有的人都只追求着自己的快乐，有时候追求得很明智，有时候则追求得很不智；但是他也像边沁一样，常常会被自己温良而多情的天性引得做出一些可赞美的行为来，而根据他自己的理论他本是不应该如此的。他显然非常喜欢他的朋友，不管他从他们那里所得到的是什么；但是他却极力要说服自己相信，他是自私得正像他的哲学所认为的一切人一样。

据西赛罗说，他认为“友谊与快乐是分不开的，因为这种缘故所以就必须培养友谊，因为没有友谊我们就不能安然无惧地生活，也不能快乐地生活”。然而他又有时多少忘记了自己的理论：他说“一切友谊的本身都是值得愿望的”，又补充说“尽管这是从需要帮助而出发的”。他提到他花园里的团体时说“我们神圣的团体”；他写过一本《论圣洁》的书；他具有一个宗教改革者的一切热情。他对人类的苦难，一定具有一种强烈的悲悯感情以及一种不可动摇的信心：只要人们能接受他的哲学，人们的苦难就会大大减轻。这是一种病弱者的哲学，是用以适应一个几乎已经不可能再有冒险的幸福的世界的。

哲学观点

伊壁鸠鲁主要的是想要获得恬静，他认为快乐就是善，并且他以鲜明的一贯性坚持这种观点一直到底。他说：“快乐就是有福的生活的开端与归宿”。第欧根尼·拉尔修引用过他在《生命的目的》一书中所说的话：“如果抽掉了嗜好的快乐，抽掉了爱情的快乐以及听觉与视觉的快乐，我就不知道我还怎么能够想象善”。又说：“一切善的根源都是口腹的快乐；哪怕是智慧与文化也必须推源于此”。他告诉我们说，心灵的快乐就是对肉体快乐的观赏。心灵的快乐之唯一高出于肉体快乐的地方，就是我们可以学会观赏快乐而不观赏痛苦；因此比起身体的快乐来，我们就更能够控制心灵的快乐。“德行”除非是指“追求快乐时的审慎权衡”，否则它便是一个空洞的名词。

伦理思想

古希腊最完整的快乐主义的道德理论，是伊壁鸠鲁哲学的最重要的组成部分。思想源于德谟克利特的幸福论和居勒尼学派的快乐主义伦理思想，主要探求个人心灵安宁和人生目的。

伊壁鸠鲁虽然把快乐与幸福相等同，但却坚决反对把快乐与享乐相等同。伊壁鸠鲁区分了三种不同的快乐：第一种是自然的和必需的，如食欲。第二种是自然的但却不是必需的，如性欲。第三种则既不是自然的又不是必需的，如虚荣心。伊壁鸠鲁在比较了各种快乐的得失后，认为静态快乐高于动态快乐。

伊壁鸠鲁认为，人类行为的目的就是从痛苦和恐惧中解放出来，求得快乐。快乐是幸福生活的目的和开始，是善的唯一标准。一切导致快乐的就是善，导致痛苦的就是恶。美德只有同快乐联系起来才有价值。伊壁鸠鲁的伦理思想与居勒尼学派不同，他并不把快乐仅仅归于感性的肉体快乐，而是把它区分为自然的和非自然的，认为前者是适度的、健康的，后者是过度的、令人厌恶的。感性快乐是基础，但精神的快乐高于感性的快乐。这种快乐就是“肉体的无痛苦和灵魂的无纷扰”，也即“不动心”的至善状态。

伊壁鸠鲁认为，死亡同神一样不足惧，因为死亡只是人的感觉的丧失，当人活着时，死亡还没有到来；当死亡到来时，人已经不存在。因此，死亡与人生不相干，人应当通过哲学认识自然和人生，从对神和死亡的恐惧中解放出来，用理性规划自己的生活。在他看来，贤者对待生死应该泰然处之，不但快乐地活着，而且活得光明正大，这就需要明智、知足，克己节制、修习磨炼和广泛交友，这才是理想的生活方式。伊壁鸠鲁的伦理思想后来被卢克莱修继承和发展，成为后世自然主义和功利主义伦理思想的重要理论渊源。

第二节　伊壁鸠鲁的快乐主义

什么是快乐？亚里士多德认为德行才能带来快乐，对此，伊壁鸠鲁也给出了自己的答案：“快乐是一种宁静、平常、自然而然的状态，自在的，也就是快乐。”他说：“我们说快乐是幸福生活的开端和目的，因为我们认为快乐是首要的好，以及天生的好，我们的一切追求和规避都始于快乐，又回到快乐，因为我们凭借感受判断所有的好。”

如何获得快乐？快乐的首要条件是免除恐惧，而最使人恐惧的，莫过于死亡了。所以要活得快乐，首先要正确认识死亡，不要谈死色变，一提到死亡就吓得要命，而是用一种坦然的心态平静面对死亡。

以下是伊壁鸠鲁的回答：

如果不清楚地认识整个自然，一个人就不能在最关键的事情上消除恐惧，就会生活在神话造成的惧怕中。如果我们害怕天上和地上的事情，或一般来说无限宇宙中的任何事情，那么我们即使获得了免除他人威胁的安全感，又有何益？

要习惯相信死亡与我们无关，因为一切的好与坏都在感觉之中，而死亡是感觉的剥夺。因为当我们活着的时候，死亡还没有来临，当死亡来临的时候，我们已经不在了。所以死亡既与活着的人无关，又与死去的人无关；因为对于生者，死还不存在；至于死者，他们本身已经不存在了。

伊壁鸠鲁在临终书信中这样写道：“今天是我幸福的一天，同时也是我生命的最后一天。”他认为，人生的目的就是追求快乐，快乐就是人生最高的善。伊壁鸠鲁指出，快乐是幸福生活的开始和目的，因为我们认为幸福生活是我们天生的最高的善，我们的一切取舍都从快乐出发；我们的最终目的乃是得到快乐。

快乐主义的诞生

伊壁鸠鲁身处希腊沦亡于马其顿的乱世，社会动荡不安，人们过着颠沛流离的生活，长期的经济衰退和社会动乱，使得很多人失去了对以前那种自由城邦公共事业的热情，他们转向隐匿的内心生活，寻求安宁和幸福。而伊壁鸠鲁提出的“快乐是最高的善”，就是这一时期伦理思想的代表。

当时宗教、占星术、巫术等神秘主义的东西由统治者倡导而广为流传，人们相信神能干扰一切，保护道德，神与死都成为希腊人内心恐惧的根源。伊壁

鸠鲁意识到这一点，从认识论出发，认为感性知觉是判断善恶和选择行为的准绳，认为肉体的快乐和感官的快乐是一切的起源和基础，没有感性的快乐，就不会有其他的快乐和幸福。

什么是快乐主义

快乐是什么？伊壁鸠鲁说："我们所谓的快乐是指身体的无痛苦和灵魂的无侵扰。"从理性出发，他将人的欲望分为三类：第一类是自然的，也是必要的欲望。这是为了维持人的生命和健康所必需的物质条件，如穿衣吃饭，渴饮困睡，其目的在于消除体内的痛苦。他说："一切的善的根源都是口腹的快乐，哪怕是智慧与文化也必须根植于此"。第二类是自然而不必要的欲望，比如奢侈的宴饮、过度的物质享受，他一方面强调基本物质的需要，同时又反对过度纵欲。第三类是既非自然又非必要的欲望，比如贪财、贪权等，他认为这种欲望违背了人的天性。伊壁鸠鲁反对把钱财和奢侈生活看得比灵魂的"宁静"更重要，因为在他看来，痛苦来源于欲望的不能满足。欲壑难填便会产生道德上破坏性的动机，会因不能主宰自己的命运而产生痛苦。

哲学启示

伊壁鸠鲁主张将人的欲望减少到最低限度，也就是自然而必要的欲望。这样不仅消除了那些难以满足的、徒劳的非分欲望，避免了与他人的冲突，同时也更容易被满足，一旦满足了，也就能给人带来很大的快乐。伊壁鸠鲁认为，肉体的快乐尽管是必要的、合乎自然的，不过它是暂时的、不稳定的、浅薄的，只有精神的快乐才是持久的、稳定的、深刻的，因为它能回忆过去、预想将来，使人享受心灵的愉快和幸福，而这种愉快和幸福是肉体快乐所达不到的。

第三节　不为昨天和明天而烦忧

假如你生活在现在，你就不要为过去和未来烦忧。无论你在过去经历了多大的挫折，受了多大的磨难，但是那毕竟已经过去了，它已经成为了你记忆中的一部分，不应该影响到你今天的生活。所以不要让自己沉浸在过去的痛苦中，那样只会让你把今天也卷进痛苦的旋涡，那么你的人生从此就开始了万劫不复的深渊。而未来还是不可知的境地，就算你未雨绸缪也不要过分地为明天担忧，你的担忧会逐渐变成你的压力和负担，你既不会为明天的发生而准备了什么，也不会好好地把握今天，结果你把今天和明天都失去了。只有牢牢地把握现在，你才有可能获得未来的成功。因为现在既是对过去你所经受的一些挫折所作出的总结，也是为未来的成功作好准备的关键时期。所以，不要为过去和未来烦忧，保持一份愉快的心情，你就能在现在发挥出你所有的潜力，走向成功。

卡耐基觉得为过去和未来烦忧，只会给人带来消极影响。所以，当他意识到自己在为过去和未来担忧的时候，他就会在一小时之内，将自己的所有的忧虑全部抛掉，让自己重新变回一个对生活充满信心的乐观者。他会选择走进自己的书房，然后闭上眼睛，朝着放历史书籍的书架走去，随意抽出一本书。他依然闭着眼睛，并不去看自己手中的书籍，而是随便翻开某一页，他才把眼睛睁开，然后认真地在桌前阅读一小时。虽然人类历史就是一支悲凉的笔所写成的：杀戮、瘟疫、饥饿、贫穷，但是卡耐基想到自己现在的生活，过着比过去要好几十倍的生活，他就不再忧虑了，心也开始平静下来了。

泰德·班哲明诺曾经在第94步兵师担任士官，他主要的工作就是建立和维持一份在作战中死伤和失踪者的人名记录，并且帮助发掘那些在战争中被打死的、被草草掩埋的士兵，同时还收集那些战士的私人物品，并且将那些战士所遗留的物品准确地送到他的家人和朋友手中。

他整天因为自己的工作而筋疲力尽，他对自己处在战争的环境而担忧。他担

心自己不能撑到明天，担心自己不能活着回去抱一抱他唯一的儿子，他的孩子出生16个月了，但是从孩子出世他还从来没有见过。他整天劳累的工作，紧紧绷住的神经，都让他憔悴不堪。他的身体足足瘦下来34磅。虽然自己的身体如此瘦弱，但是他仍然疯狂地担心、忧虑，眼看着自己瘦得皮包骨头，却毫无办法。他自己不能想象，他怎么可以这样瘦弱不堪地回家面对家里的妻儿。因此，他像一个孩子一样，哭得浑身发抖。这样的日子持续了很久，他几乎丧失了正常人的生活能力，最后幸亏战争结束了，他被送到医院去治疗，才保住了自己的性命。

班哲明诺为自己的未来所担忧，因为在战争的环境中，所以他认定自己一定没有未来可言了。所以他开始担忧自己是否能够活着回家，担心自己是否能撑到明天，担心是否能见到还未曾见过的儿子。所以他整天在忧虑中惶惶度过，搞得自己身心疲惫，最后他只剩下了皮包骨头，自己也丧失了正常人的生活能力。如果不是战争结束，他可能会因为自己忧虑而失去自己的生命。

美国海军上将厄耐斯特·金恩说：“如果我们的一只船沉了，我不能把它捞上来，它要是再沉，我也没有办法。我的时间要花在解决现在的问题上，没有时间为昨天的问题而后悔不已。况且，要是我为这些无意义的事情烦恼的话，我也不会坚持很久的。”生活中没有必要去为过去和未来忧虑，把握好现在才是对过去最好的总结，对未来最好的准备。

哲学启示

伊壁鸠鲁提醒我们，不要因为过去的痛苦就一直难以忘怀，学会从过去的苦海中挣脱出来，把握好自己现在的生活，那才是对昨天痛苦的最好安慰。也不要想象未来的苦难：假如自己老去了怎么办？假如自己失去了工作怎么办？那些都是徒劳的，如果你不把握好现在，那么你就无法取得未来的成功。所以，不要为过去和未来烦忧，珍惜现在，把握属于自己的幸福人生。

第四节　卡耐基“只为今天”的快乐原则

一个人只要保持快乐的心情就会缔造属于自己的天堂，而心理学家通常认为：错误的情绪往往比你陷入失败的境地更加让人可怕。因为你的失败只是暂时的，而你错误的情绪会每天都跟随你，让你总是陷入失落的感情旋涡里，苦苦挣扎还是无济于事。生活中我们可能会遇到各种各样的困难和挫折，但是只要你随时保持一份愉悦的心情，就会让你战胜困难和挫折，并且取得成功。你不能控制事情发展的方向，但是你可以改变自己的心态；你不能左右天气的阴晴，但是可以改变你的心情。只要你能够保持乐观、积极向上的心态，就会让你在人生的旅途中无往不胜。许多心理疾病都是因为沉湎于过去，对未来期望过高而产生的，他们的心情往往是处于极度的抑郁状态。而良好的心态往往能够使自己的心情时刻愉悦，这对于一个人的身心健康是相当有益的。

一个人去寻找快乐并不是一件很困难的事情，重要在于自己的心态。如果你是一个悲观的人，那么令人兴奋和激动的事情，在你看来也只是仅此而已，因为你心底深处始终是处于一个悲伤的心情，所以根本无法快乐起来；但是如果你是一个乐观的人，再悲惨的结局，在你看来还是“没有想象中的那么糟糕”，因为总是抱着最好的心态，所以在你眼中，连不幸都可以转化为幸运。卡耐基认为人们的不快乐，是因为总是在忧虑过去，或是不切实际地展望未来，所以他们的心里总是忧愁的，是不快乐的。所以他根据快乐的原则，为自己和世人制订了一个快乐计划，计划的名字叫作“只为今天”。

只为今天，我要很快乐。正如林肯所说的“大部分的人只要下定决心都能很快乐”这句话是对的，那么快乐是来自内心的，而不是存在于外在。

只为今天，我要让自己适应一切，而不去试着调整一切来适应我的欲望。我要以这种态度接受我的家庭、我的事业和我的运气。

只为今天，我要爱护我的身体。我要多参加运动，善自照顾，善自珍惜；不损伤它、不忽视它；使它能成为我争取成功的好基础。

只为今天，我要加强我的思想。我要学一些有用的东西，我绝不做一个胡思乱想的人。我要看一些需要思考、需要集中精神才能看的书。

只为今天，我要用三件事来锻炼我的灵魂：我要为别人做一件好事，但不让人家知道；我还要做两件我并不想做的事，而这就像威廉·詹姆斯所建议的，是为了锻炼。

只为今天，我要做个讨人喜欢的人，外表要尽量修饰，衣着要尽量得体，说话低声，行动优雅，丝毫不在乎别人的毁誉。对任何事情都不挑毛病，也不干涉或教训别人。

只为今天，我要试着只考虑怎么度过今天，而不把我一生的问题都一次解决。因为，我虽然连续十二个钟点做一件事，但若要我一辈子都这样做下去的话，就会吓坏我。

只为今天，我要订下一个计划。我要写下每一个钟点该做些什么事情；也许我不会完全照着做，但还要订下这个计划；这样至少可以免除两种缺点——过分仓促和犹豫不决。

只为今天，我要为自己留下安静的半个钟点，轻松一番。在这半个钟点里，我想做什么就做什么，什么都不用管。

只为今天，我要心中毫无惧怕。尤其是我不要怕快乐，我要去欣赏美的一切，去爱，去相信我爱的那些人会爱我。

卡耐基的“只为今天”的快乐原则，可以使每天都是快乐的。因为昨天已经过去了，即将到来的也是今天，所以这样就会让你的每一天都是快乐的。女人学会时刻保持自己的心境开朗，那么快乐是很难舍弃你的。这是一个焦虑的时代，与其随波逐流，不如有意识地培养一些让自己快乐的习惯，随时帮助自己调整心情。

哲学启示

伊壁鸠鲁认为，快乐是一种生活态度，也是一种生活习惯，只有在生活中收获快乐的人，他才会感受到生活的真谛。如果你心里充满了忧郁，那么你就会一直犹豫，连你生活的每个角落都充满了忧虑。所以，给自己换一份心情，快乐的心情会让你重新来审视自己的生活，你会发现，原来美好的心情也是可以缔造天堂的。

第五节　活着痛苦，是因为追求了错误的东西

生活中，有的人之所以活得痛苦，那是因为他追求了错误的东西，错把别人的生活当作自己的幸福，错把金钱、权利当作自己的幸福。在伊壁鸠鲁看来，精神上的快乐远比物质上的快乐来得真实、永恒。而在一些人的眼里，总把物质定义为快乐，认为有了房子才有安全感，于是就为了别人所定义的“安全感”背上了十年、二十年的债务，节衣缩食，心不甘、情不愿地当起了房奴；在他们眼里，在高级餐厅里约会才是最浪漫的，于是就将这当成一种美好生活的向往，宁愿吃方便面也要勒紧裤带去潇洒一次；在他们眼里，没去过健身房就不够时尚前卫，于是我们就赶紧去健身房报名，学那些自己并不感兴趣的课程，只是为了达到别人所定义的“幸福生活”。但那些生活真的属于自己吗？为什么即便我们达到了这样的生活标准还是不快乐呢？究其原因，在于我们与自己较真，总是一味地追求那些不属于自己的错误的东西，就好像我们穿着不合尺寸的衣服，不是太大或太小，就是太难看。

一只来自城里的老鼠和一只来自乡下的老鼠是好朋友，有一天，乡下老鼠写信给城里的老鼠说："希望您能在丰收的季节到我的家里做客。"城里的老鼠接到信之后，高兴极了，便在约定的日子动身前往乡下。到了那里之后，乡下老鼠很热情，拿出了很多大麦和小麦，请城里的好朋友享用。看到这些平常的东西，城里的老鼠不以为然："你这样的生活太乏味了！还是到我家里去玩吧，我会拿很多美味佳肴好好招待你的。"听到这样的邀请，乡下老鼠动心了，就跟着城里老鼠进城去了。

到了城里，乡下老鼠大开眼界，城里有好多豪华、干净、冬暖夏凉的房子，看到这样的生活，它非常羡慕，想到自己在乡下从早到晚，都在农田上奔跑，看到的除了泥土还是泥土，冬天还要在那么寒冷的雪地上搜寻粮食，夏天更是热得难受，这样的生活跟城里老鼠的比起来，自己真是太不幸了。

到了家里，它们就爬到餐桌上享用各种美味可口的食物。突然，咣的一声，门开了。两只老鼠吓了一跳，飞也似的躲进墙角的洞里，连大气也不敢出。乡下老鼠看到这样的势头，想了一会儿，对城里老鼠说："老兄，你每天活得这样辛苦简直太可怜了，我想还是乡下平静的生活比较好。"说罢，乡下老鼠就离开城市回乡下去了。

从前，有个百万富翁，每天让他劳神费心的事情跟他拥有的财富一样多。所以，他每天都愁眉紧锁，难得有个笑脸。

百万富翁的隔壁，住着磨豆腐的小两口。曾有谚语说，人生三大苦，打铁撑船磨豆腐。但磨豆腐的这小两口却乐在其中，一天到晚歌声笑声逗乐声不断地传到百万富翁的家里。百万富翁的夫人问老公："我们有这么多钱，怎么还不如隔壁家磨豆腐的小两口快乐呢？"百万富翁说："这有什么，我让他们明天就笑不出来。"

到了晚上，百万富翁隔着墙扔了一锭金元宝过去。第二天，磨豆腐的小俩口果然鸦雀无声。原来这小两口正在合计呢！他们捡到了"天下掉下来的"金元宝后，觉得自己发财了，磨豆腐这种又苦又累的活儿以后是不能再做了。可是，做生意吧，赔了怎么办；不做生意吧，总有坐吃山空的一天。丈夫心里还想，生意要是做大了，是该讨房小的呢还是该休了现在这个黄脸婆；妻子则在琢磨，早知道能发财，当初就不该嫁给这臭磨豆腐的。寻思呀琢磨呀，之前快乐得很的小两口现在谁也没有心思说笑了，烦恼已经开始占据他们的心。更令小两口痛苦的是，为什么天上不能多掉几个金元宝呢，这样就能想买什么就买什么了啊！

人之所以痛苦，在于追求错误的东西；人之所以烦恼，在于对生活舍本逐末。诸如财富、地位、名利，这些让许多人欲罢不能的东西，实际上只是生活的装饰、生活的虚相而已，并不是生活本身。遗憾的是，许多人把生活的重点放错了，忘记了此生的目的，把心思都放在了追求错误的东西上，那么痛苦自然是无法避免的。

我们的生活是自己过，而不是给人看，别人生活的标准并不可能就真的适合自己。因为生活的幸福和快乐是属于自己内心的一种感觉，如果只是迎合别人的取向，这样难免会苦了自己。那些苦苦追求不属于自己生活的人，他们与自己的心灵对峙着，换言之，他们总是与自己较真，越是不属于自己的，越是需要去尝试，在羡慕嫉妒的过程中，他们浑然忘记了自己原本美好的生活，而是将别人的生活当成自己生活的标准。

哲学启示

我们总是向往着这样的生活：条件优秀的老公、可爱的孩子、宽大的房子、豪华的轿车、稳定的工作。在我们看来，似乎这样的生活才是最幸福快乐的，但这样的生活适合自己吗？较真，有时候就是自己的外在与内心互相对峙，明明这是心里不喜欢的，但却为了迎合别人的眼光，而刻意将自己的生活变得乱七八糟。所以，放下对别人生命羡慕嫉妒的眼光，放下内心的固执与较真，学会享受生活所带来的快乐与宁静。

第六节　活着，快乐最重要

活着，什么最重要？我们可以算一笔账：我们的一生，除去少不更事的少年时代，除去60岁以后的垂暮之年，人生只有短短40年的好光景，共计14600天。仅此不到15000天的时间里，有三分之一的时间处在与死亡无异的睡眠之中。在这10000天的生命中，你觉得什么才是最重要的？快乐，当然是快乐。

众所周知，巴菲特是投资天才，他可以说是世界上最富裕的美国人之一。不过，巴菲特自己却不这样认为，他认为自己还具备人生的另一种财富，那就是快乐。巴菲特说："活着，快乐最重要，没有必要痴迷于财富。"人生是短暂的，人活一辈子，快乐最重要，当我们拥有健康的体魄，在快乐的心境中做自己喜欢的事情，完全地实现自身的价值，那就是人生最快乐的事情。或许，人们会觉得金钱在生活中也占据着重要的位置，实际上，钱乃生不带来，死不带走之物，钱并不是万能的，它不能买来一切。因此，在生活中，我们需要更多地珍惜自己拥有的生活，感受点点滴滴的快乐，而不是痴迷于财富。

2006年6月，被誉为"股神"的著名投资家——富豪沃伦·巴菲特捐出了总价达370亿美元的资产投向慈善事业，这些财富约占其私人财富的85%。

对此，《纽约时报》的一位记者问他："您把部分财富都捐了出去，您会给您的孩子留下什么呢？"沃伦·巴菲特回答说："我已经把最珍贵的财富留给了我的子女啊。"在后面的回答中，巴菲特阐述了"活着，快乐是最重要的"的人生宗旨。

他的原话是这样的："孩子们小的时候，我并没有过多的要求，而是让他们做自己喜欢做的事情，玩泥巴侍弄花草，听音乐唱歌，看摄影作品，在田野里疯跑，都是孩子们生活的内容。我所做的就是尽量使孩子们快乐，并给他们提供尽可能多的事物，让他们有更多的选择余地。我也从来没有要求他们必须成为企业家，而是让他们选择他们自己喜欢的事情。后来，儿子霍华德成了摄影师，小儿子彼得成了音乐家，女儿苏西虽然是家庭主妇，但也绝非什么事情都不做的阔太太，他们在自己的岗位上做得很快乐。

儿子霍华德做生意失败后，开始我并不想帮他，因为自己栽倒了就要自己站起来，可是经不住妻子的再三劝导，我还是给儿子霍华德买了家农场，但霍华德必须按期缴纳很高的租金，否则农场立即收回。我问霍华德敢接受吗？霍华德接受了。几年后，霍华德的农场蒸蒸日上，并不断涉及不同行业。后来，霍华德发现经商并不能使自己变得快乐，在生意的高峰时期放弃了经商，一心做起了摄影，现在过得也不错。

我取得今天的成绩，很大程度上因为我勤于思考，总结了一些规律。所以，我经常告诫孩子们要有点思考的习惯，并在勤于思考中学会善于思考。几年前，霍华德在农场站住脚后，不断捕捉市场信息、思考总结，生意做得越来越好。在他的摄影事业中，勤于思考也让他受益匪浅。小儿子彼得也经常在寂静的时候思索创新，寻找灵感，创作了许多动人心弦的音乐作品，苏西也喜欢思索自己感兴趣的事。

活着，快乐最重要，亿万财富不会给人能力和成长，反而会消磨你的激情和斗志。从一定意义上说，金钱只是一串没有任何意义的数字，只有乐观、自信、勇敢、勤于思考的性格才能收获快乐而丰富的人生。因此，可以说，我已经把我最珍贵的财富都赠送给了我的孩子们了。”

对巴菲特这样的亿万富翁而言，人生最重要的并非财富，而是快乐。而对于我们这样一个普通人，何尝不是一样呢？人生在世，最重要的就是快乐，而不是别的什么。人生就是一条流淌着的河流，简单而快乐。然而，当我们在追逐一些东西的时候，如金钱、权利、名誉等，我们就会慢慢迷失自己，而忘记了人生最重要的东西是什么。

哲学启示

伊壁鸠鲁告诉我们，人活着最重要的就是快乐，那是因为一份好的心态对于做任何事情都是重要的。让快乐成为自己的一种习惯，我们不需要太多的寻寻觅觅，不需要太多的权衡，只需要我们放下那些太过于高远的想法，给自己的快乐画一条最浅的底线，你就会发现，生活中的快乐越来越多，感到每一天都是富足而充实的。有的人习惯于忙碌奔波，深陷名利而不能自拔，猛然回首，才发现真正的快乐恰恰就在出发的原点，而当年的他们却坚信快乐会在更远的地方。如果你已经埋头工作了许久，那么，请站起来，推开窗，深深地呼吸，放眼远望，微笑抑或呼喊，慢慢品尝这一刻，享受它，学会在最琐碎的事情里品尝快乐的滋味！

第七节　快乐要自给自足

如今是一个焦虑的年代，几乎所有的人都迫不及待地等待快乐的降临。但是，却有人说：“如果我们感到可怜，很可能会一直感到可怜。”在生活中，许多人总是感觉到自己不快乐，他们常常感叹：“我连快乐的影子都没发现。”对于快乐，他们一直守株待兔，总希望快乐能自己回到他们身边。然而，快乐并不是等待而来的，而是需要积极寻找的。不要特意停下脚步等待快乐，也不要随意转身寻找快乐，因为快乐就在不远处，无论你走多远，走的路多崎岖。或许，只是你不经意地抬头，你就会发现快乐正在前方向你招手，向你微笑。

美国畅销书籍《如何快乐》的作者，心理学博士凯伦·撒尔玛索恩女士说：“我们的生活有太多不确定的因素，你随时可能会被突如其来的变化扰乱心情。与其随波逐流，不如有意识地培养一些让你快乐的习惯，随时帮助自己调整心情。”简单地说，在更多的时候，快乐是一种生活态度，更是一种生活习惯。当然，快乐是自取的，因为快乐来源于我们内心。快乐就是做每一件自己喜欢的事情，如奔跑，那喘出的气和流出的汗水，那就是快乐的源头。只要你有一颗寻找快乐的心，你便无时无刻都是快乐的。

有一位英年早逝的富商在临终前，对自己的四个未成年的儿子说：“你们去给我捉几只蜻蜓来吧，我已经好多年没见过蜻蜓了。”不一会儿，大儿子就带了一只蜻蜓回来。富商问道：“怎么这么快就捉了一只？”大儿子回答说：“我用你给我的遥控赛车换的。”又过了一会儿，二儿子也回来了，他带回了两只蜻蜓，富商问道：“你怎么这么快就捉住了两只蜻蜓呢？”二儿子回答说：“我把你送给我的遥控赛车以三元钱的价格卖给了一个小朋友，我再用两元钱买了两只蜻蜓，我还剩下一元钱呢。”

过了不久，三儿子也回来了，他居然带回了十只蜻蜓，富商问道：“你怎么捉那么多的蜻蜓？”三儿子回答说：“我把你送给我的遥控赛车在广场上租给其他的小朋友玩，而租金是一只蜻蜓可以玩赛车一天，不一会儿我就收到了十个小朋友的蜻蜓。”

最后回来的是小儿子，只见他满头大汗，两手空空，衣服上也沾满了灰尘。富商问道：“孩子，你怎么搞成这样子？”小儿子回答说：“我捉了半天，也没捉到一只，就在地上玩赛车，我希望赛车能撞上一只蜻蜓，但是，没想到，运气却很差，没有撞到一只蜻蜓。”

富商笑了，满眼都是泪，他摸着小儿子的头，把他搂在了怀里。第二天，富商死了。孩子们在床头发现了一张小纸条，上面写着这样一句话：“孩子，我并不需要蜻蜓，我是希望你们今后积极寻找人生的快乐，正如你们捉蜻蜓的那种乐趣。”

著名作曲家刘炽曾说："做人，快乐是最要紧的，但快乐是需要自己去寻找的，我们不是缺少快乐而是缺少对快乐的发现和感受。"富商的四个儿子都在寻找快乐，但是，谁也没能体会到快乐的真正含义。他们误以为捉住蜻蜓就是快乐，殊不知，真正的快乐是需要用心感受的。

日本学者五木宽之曾说："为了让自己成为一个快乐的人，我决定每天寻找一件令自己快乐的事，哪怕它一闪即逝也没关系，把它记在我的记事本上……"

刚开始的时候，他每天很难找到一件让自己觉得快乐的事，后来，情况改善了。他说："例如，今天早上搭电车的时候，我幸运地坐在一个靠窗的位置，看着窗外飞逝而过的美丽风景，觉得相当开心！"

有时候，快乐就是如此简单，简单到我们忽略了它的存在。可以说，快乐是无处不在的，但是，快乐却不是守株待兔般就能得到的，而是需要你用心地寻找。

哲学启示

伊壁鸠鲁鼓励人们去寻找快乐，而不是等待快乐的到来。快乐，就是这样自给自足的。普希金说："假如生活欺骗了你，不要忧郁，也不要愤慨！不顺心时暂且克制自己，相信吧，快乐之日就会到来。"快乐到底离我们有多远？其实，快乐就隐藏在你我的生活的每一件小事中。善待自己的内心，你能使自己痛苦，同样也能使自己快乐，因为你才是生活的主宰者。

第15堂课
听德勒兹讲哲学

欲望是德勒兹哲学思想中的一个关键概念，欲望通常是指人超出正常需要的、贪婪的、过分的欲求，是理性的对立面，是需要克制和压抑的。不过，德勒兹的欲望概念则比较宽泛，不但指人，也指动物、物体、社会机构，在他看来，欲望不是一种精神存在，不是一般理性的匮乏，而是积极的、正面的现实性，是应该予以肯定的生命力。

第一节　德勒兹：对人欲望的研究

德勒兹，法国现代哲学家，于1925年1月18日出生在法国首都巴黎，1944年中学毕业后进入巴黎索邦大学哲学系就读，开始致力于哲学研究。德勒兹的哲学思想其中一个主要特色是对欲望的研究，并由此生发到对一切中心化和总体化的攻击。

德勒兹是法国影响巨大的后现代哲学家，是20世纪60年代以来法国复兴尼采运动中的关键人物，他正是通过激活尼采而引发了对差异哲学和欲望哲学的法兰西式的热情。现在德勒兹的影响已经到了人文科学的各个角落，他的《反俄狄普斯》和《千座高原》已经赢得了世界性的声誉。

德勒兹的哲学研究主要是欲望，他修正了通常的欲望概念。在拉康和弗洛伊德这里，欲望是由于欠缺而引起的一种主体心理状态，因此它是匮乏式的、收缩式的、否定式的。而德勒兹则将欲望看成生产式的、积极的、主动的、创造性的、非中心性的、非整体化的，欲望是和尼采的意志类似的一种创造性理论，它具有革命性、解放性和颠覆性，它应该被充分地施展出来。

德勒兹的政治学是一种欲望政治学，他并不排斥阶级政治。不过，要颠覆资本主义国家机器，阶级政治是不充分的，霸权式的法西斯主义不但存在于希特勒式的政权政治中，它还可以存在于资本主义的各个角落，存在于每一个人隐秘的心灵深处，个人身上的自我可能是培育法西斯主义的温床，因为一个固定化的、内敛的完整主体可能埋藏着法西斯主义的人格种子，因此，德勒兹主张反俄狄普斯，反自我，因为自我正是欲望的首要编码机器。

不过，德勒兹与这些后结构主义者不同的是，他从来都不是一个结构主义者，在结构主义如火如荼的年代，德勒兹已经是一个激进的后结构主义者了。他的后结构主义色彩直接来自尼采，而不是来自索绪尔，他似乎是少见的未受索绪尔影响的后结构主义思想家，这使得德勒兹显得孤立无援。没有受到结构语言学洗礼的德勒兹，确实一开始就有政治和历史抱负，从一开始就充满着尼采式的激进的责任意识和革命意识，在20世纪60年代的法国，德勒兹确实与众不同。

1995年11月4日，德勒兹因不堪肺病的折磨，在巴黎十七区寓所跳窗自杀，享年70岁。其主要著作有《电影Ⅰ：动作-影像》《电影Ⅱ：时间-影像》《什么是哲学》和《感觉的逻辑》等。

第二节　人是欲望的机器

在福柯的《规训与惩罚》《如何保卫社会》和《性经验史》中，许多人听到了一种绝望之音，不论福柯如何强调“权力”是一个中性词，我们依然会发现自己成了瓮中之鳖：从一个人出生开始，我们已经浸泡在语言之中，从社会机制到身体的毛细血管，符号无孔不入。同一个对象，是美食还是尸体？是父母还是男女？在生物性和文化性的较量之中，后者好像总是赢家，它过度地侵占我们，规训着我们那莫名其妙来到世界的肉体，而我们所建立的全部文明，都不过是为了这个借口。

德勒兹作为福柯的学生，他是名副其实的实验哲学家、尼采式的未来哲学家，博学多识的概念大师，在20世纪六七十年代风起云涌的西方思想界，他开辟了两条路：欲望哲学与差异哲学。

作为20世纪60年代以后法国“复兴尼采”运动的代表人物，德勒兹把尼采的权力意志修改成积极的欲望哲学，批判矛头直指弗洛伊德的匮乏、收缩、否定式的欲望概念和潜藏着法西斯种子的主体论模型。在德勒兹那里，欲望不再是需要羁押的怪物，而是疗救社会的灵药。奠定他哲学声誉的名作《反俄狄浦斯》和《千座高原》（又译《一千座平台》），像在森林里隐藏树叶一般，把“利比多”藏匿在对资本主义的综合批判里，用以打破现代生活“习以为常的破产和间或有之的希望”的沉闷链条。在学术生涯后期，德勒兹又将福柯的主体理论牵引到现象学的意群和他自己的术语海洋中，使老师的理论变得浪漫、感性，攻击性也更强。《批评与临床》听上去是那么地“福柯”，却恰好体现出师徒二人的差异。在《临床医学的诞生》中，福柯考察的是作为制度实体的临床医学如何被语言、知识和权力孕育生出，而德勒兹则在隐喻的意义上使用“床”一词，谈的是形而上的“写作行为”：作家是自己和世界的医生，而世界则是症状的总和。对他来说，艺术是一项将欲望撒播于世的健康事业：人们总有一天会知道，没有文学，只有医学。

欲望哲学的本体论

欲望哲学的本体论原理，在于对“时间与空间”的探讨，跟福柯一样，德勒兹也喜欢翻墙跨界：《电影Ⅰ：动作-影像》《电影Ⅱ：时间-影像》，解读画家培根的《感觉的逻辑》，不仅是重要的哲学著作，也是电影理论和艺术批评领域中当之无愧的精品。但是，假如说福柯对先锋艺术的研究方法是语言学的果实，德勒兹阐述的则是其种子：德勒兹的电影研究绕过了福柯纠结于其中的“语言的规定性”问题，直接阐述时间和运动本身。在他看来，第二次世界大战之所以是现代历史的转折点，是因为它标志着另一种时间体验的全新开端——时间不再从属于运动，而是构成了运动的前提。

如此划时代的转折直接体现在战后新浪潮电影的奇迹中：意识流与对角度叙事把时间“晶体化”为影像，一方面，流逝的时光以“过去”的形式保存了下

来，另一方面，时间作用于它自身，形成它自己的褶子，这是典型的超验哲学。

时间和运动标志着我们的“在”与“是”，而欲望和欲望行动的轨迹则需要进一步解答“能做”与“所做”。德勒兹最后搭建了《千座高原》，他所谓的“生成”与福柯的“越界”一样，为了不让思想本质化、僵化，从而成为鲍曼所说的“废弃的生命”，他不断地起锚而不考虑抛锚，每一座高原都是一条逃跑线，都是褶子的展开。

欲望的机器

如果欲望产生什么，那么其产品是现实。如果欲望是能产的，那么只有在现实世界才能产，并且只能生产现实性。欲望是一组被动的综合，它们操纵着局部性的客体、流量及躯体，行使着生产单位的职能。现实是终端产品，是欲望被动综合的结果，即无意识的自发生产。欲望不欠缺什么东西：它不缺少客体。毋宁说，它是欲望中所缺少的主体，或缺乏固定主体的一种欲望。除非有压抑，否则没有固定的主体。

欲望及其客体完全是同一种东西，是机器，是机器的机器。欲望是一种机器，而欲望的客体则是与之相关的另一架机器。因此，产品是某种从生产过程中去除或减掉的东西：在生产行为和产品之间，有某种东西变得分离开来，因而给漂泊流浪的主体提供了一处居所，欲望的客观存在本身就是现实之物。

第三节　放下欲望，赢得人生

人生就是一次奇怪的旅程，有的人跌跌撞撞，在人生中迷失了自己的方向；有的人怡然自乐，微笑面对生活，把握了人生的幸福。也许，有人会感到疑惑，怎么会出现这样迥然不同的局面。因为，在人生的旅途中，除了美丽的风景，还有很多的诱惑，而每个人内心都有一个魔鬼，那就是欲望。当那些诱惑出现在人们面前，就会激发起人们内心的欲望，为了满足内心的欲望，他们奋不顾身、倾尽一生，极力追求着，所以，他们会在人生的路上跌跌撞撞，找不到失去的自我，痛苦地煎熬着。

谁也不记得欲望是怎么来的，它似乎是人类与生俱来的。即便是一个刚刚诞生的小生命，随着时间的发展，欲望也会在他身上不断地演变和繁殖。有物质上的衣食住行，有精神上的尊重、认可、快乐、自信、幸福、自由，这些不同的欲望在不同时间、不同地点、不同人身上尽情表演着，构成了多彩纷呈的世界，点缀了千姿百态的人生。

大学毕业后，小柯考上了公务员，在一个小镇上做小科长。或许，是因为学生气太重，有棱有角，对任何事情都公事公办，严格按照上级所传达的文件处理一切事情。他这样的做法使自己处于一个孤立的境地，同一个办公室的小张怪里怪气地说："果然是文学院的人才，酸腐啊酸腐。"小柯感到不解，难道人民公仆不应该像自己这样吗？

到年底了，每个科室要上交一份人事报告，就是对各个科室的同志进行客观的评价，主要是以科长撰写，而且这样的评价会成为年度表彰大会的依据之一。小柯根据平时的观察情况写出来中肯的意见，其中对一名同事作了批评，因为他总是天天缺班，没有干过一件正经事。谁知道，这样的表述立即为小柯带来了灾难，原来那位同事是镇长的儿子，所以才这么放肆。小柯觉得自己说的很有道理，但是，上面却没有任何说法，最后找了个借口撤去了他的科长职务，他成了一个闲人。

小柯觉得太受打击了，为了恢复原职，他仔细观察周围同事的一言一行，逐渐感染到一些官僚风气。虽然，他心里觉得这好像违背了做人的原则，但是如果按自己现在的处境，会一辈子没有什么出息。于是，他开始融入这个圈子，认识了许多达官贵人，聪明的他还懂得投其所好，花钱送一些礼物，说几

句奉承话，没过多久，他就直接被任命为办公室主任。后来，他在官场里如鱼得水，镇长秘书、副镇长、镇长、市委书记，逐渐晋升，成了许多同事羡慕的对象。看着自己的位置，小柯很欣慰，但他并没有觉得知足，有了权力，他更想要金钱、美色，许多想依靠他这棵大树的不同行业的人纷纷送名车、递香烟、送美女，小柯的日子过得很逍遥。

但好景不长，纪委很快把他锁定为重点目标，在经过一段时间的调查之后，发现他受贿金额巨大，当即被革职并被带到了纪检委。

小柯从刚开始的青涩走到了阶下囚，这是一个难以琢磨的过程，更是一个令人反思的过程。欲望就像毒品，是会上瘾的，当你一次满足了之后，就会不断地想要更多的欲望，那根本就是一个无底洞。当然，每个人都有一定的欲望，这是正常的，可以促进我们不断地奋进，也是一种自我肯定。但是，如果你的欲望过于强烈，就不再是对自己存在的肯定，相反会进而否定或取消别人的存在。到那时候，人被欲望所控制着，成为了欲望的奴隶。学会放下欲望的人是自由的，因为没有了禁锢，也就没有了烦恼。也许，在你的心中也会有种种的欲望，或金钱、或权力，但是，如果你要想赢得自己的人生，掌控你的幸福，那么就要放得下那些欲望。

人类是欲望的产物，而生命则是欲望的延续，人不可能没有欲望，欲望也不会停止，它会伴随着人的一生。欲望的存在是无可厚非的，但是，人类是高级动物，可以控制自己的欲望，甚至放下自己的欲望，这也是可以做到的。一个人就像是一条欲望的溪流，它流淌的不是溪水，而是人的各种欲望。这时候，欲望如水，能载舟，也能覆舟，就看你如何去对待了。很多时候，我们抱怨生活太痛苦了，其实这就是内心的欲望无形之中为自己带上了枷锁，禁锢了自己的自由与生命。那么，当你感到沉重的时候，不妨放下内心的欲望，跨越生命，赢得自己的人生。

哲学启示

每个人都有这样或那样的各种欲望，有的人喜欢权力，有的人喜欢金钱，有的人喜欢幸福，有的人渴望快乐。在他们的生活中，缺少什么他们就渴望什么，而且这样的欲望是惊人的。因为欲望本身的特点就是难以满足，喜欢权力的人当上了一个小科长，这或许算是美事一桩，但他觉得自己晋升的空间还有很多，当了科长想当经理，当了经理想当总裁，就这样不断地循环下去，欲望越滚越大，扭曲了内心，他成为了欲望的奴隶。所以，如果你想赢得人生，就应该学会放下各种欲望，这样你才会轻松地面对人生，获得属于自己的幸福。

第四节　修剪对名利的欲望

人生之名利如猛兽，生不带来死也带不走，看透说不透才是真正的智者。佛家说：“打透生死关，生来也罢，死来也罢；参破名利场，得了也好，失了也好。”名利，说白了，不过是身外之物。一个人从呱呱坠地到成长的过程中，越是长大，他追逐名利的思想就越来越厉害。从古至今，人们无时无刻不在为名利而追逐，尔虞我诈，不惜血本，有的甚至以牺牲生命为代价。有的人为了一时既得的利益，竟然违背自己的良心，这种对名利的追逐其实就是一种人生的痛苦与悲哀。

佛家说，假如真的能看透生与死，那也就看透了人们的生死虚妄。一个人，得名利时，如果十分欣喜，那就是一种生，也是一种死；一个人，失去名

利时，如果痛苦万分，同样既是一种生，也是一种死。追逐和争夺名利的人，他们永远会在名利的旋涡中痛苦着、挣扎着。

陶渊明是东晋后期的大诗人、文学家，他的曾祖父陶侃是赫赫有名的东晋大司马、开国功臣；祖父陶茂、父亲陶逸都做过太守。但到了东晋末期，朝政日益腐败，官场黑暗。

陶渊明生性淡泊，在家境贫困、入不敷出的情况下仍然坚持读书作诗。他关心百姓疾苦，怀着“大济苍生”的愿望，出任江州祭酒。由于看不惯官场上的那一套恶劣作风，不久就辞职回家了，随后州里又来召他做主簿，他也辞谢了。后来，他断断续续做官，由于淡泊功名，为官清正，不愿与腐败官场同流合污，而过着时隐时仕的生活。

最后一次做官那一年，已过“不惑之年”的陶渊明在朋友的劝说下，再次出任彭泽县令。到任八十一天，碰到浔阳郡派遣督邮来检查公务，浔阳郡的督邮刘云，以凶狠贪婪远近闻名，每年两次以巡视为名向辖县索要贿赂，每次都是满载而归，否则栽赃陷害。县吏说：“当束带迎之。”就是应当穿戴整齐、备好礼品、恭恭敬敬地去迎接督邮。陶渊明叹道：“我岂能为五斗米向乡里小儿折腰？”意思是我怎能为了县令的五斗薪俸，就低声下气去向这些小人贿赂献殷勤。说完，挂冠而去，辞职归乡。此后，他一面读书为文，一面躬耕陇亩。

正所谓“一语天然万古新，豪华落尽见真淳”，陶渊明“不为五斗米折腰”的气节，更是不断鼓励着后代人要以天下苍生为重，以节义贞操为重，不趋炎附势，保持善良纯真的本性，不为世上任何名利浮华所改变。

于连出生在小城维立叶尔郊区的一个锯木厂家庭，从小身体瘦弱，在家中被看成“不会挣钱”的不中用的人，经常遭到父兄的打骂和奚落。卑贱的出生使他常常受到社会的歧视。但他从小就聪明好学，在一位拿破仑时代老军医的影响下，崇拜拿破仑，幻想着通过“入军界、穿军装、走一条红”的道路来建功立业、飞黄腾达。

在14岁时，于连想借助革命建功立业的幻想破灭了。这时他不得不选择“黑”的道路，幻想进入修道院，穿起教士黑袍，希望自己成为一名“年俸十万法郎的大主教”。18岁，于连到了市长家中担任家庭教师，而市长只将他看成拿工钱的奴仆。在名利的诱惑下，他开始接触市长夫人，并成为了市长夫人的情人。

后来，与市长夫人的关系暴露之后，他进入了贝尚松神学院，投奔了院长彼拉，当上了神学院的讲师。后因教会内部的派系斗争，彼拉院长被排挤出神学院，于连只得随彼拉来巴黎，当上了极端保皇党领袖木尔侯爵的私人秘书。他因沉静、聪明和善于谄媚，得到了木尔侯爵的器重，以渊博的学识与优雅的气质，又赢得了侯爵女儿玛蒂尔小姐的爱慕，尽管不爱玛蒂尔，但他为了抓住这块实现野心的跳板，竟使用诡计占有了她。得知女儿已经怀孕后，侯爵不得不同意这门婚事。于连因此获得一个骑士称号、一份田产和一个骠骑兵中尉的军衔。于连通过虚伪的手段获得了暂时的成功。但是，尽管他为了跻身上层社会用尽心机，不择手段，然而最终功亏一篑，并付出了生命的代价。

有人说，于连身上有着两面性的性格特征。于连最后在狱中也承认自己的身上实际有两个“我”：一个“我”是“追逐耀眼的东西”，另一个“我”则表现出“质朴的品质”。在追逐名利的过程中，真实的于连与虚伪的于连互相争斗，当然，他本人内心也是异常痛苦的。最终，因不断地追求名利，让他心力交瘁。

哲学启示

人们对来自他人的奴役，都能够保持高度的警惕，而对来自自身欲望的奴役，往往很多人不能保持足够的警惕。因为对名利的追逐，使得我们的人生就好像一场战争。不断地追名逐利，结果自己一辈子将深陷名利的旋涡中痛苦挣扎。

在每个人的内心深处，他们对名利是有着一定的渴求的。很多时候，一旦自己对名利的渴求得不到回应，人们便会灰心丧气，觉得人生无望了。其实，这只是一种较真心理，他只是在计较自己不能获得名利带来的虚荣感而已。

第五节　淡泊名利争夺

人生在世，生命是有限的，如果你将有限的生命投入无穷的名利争夺上，那将是一笔亏本的买卖。淡泊名利争夺，这是做人的最高境界，没有包容宇宙的胸襟，没有洞穿世俗的眼力，一个人是很难做到的。但是，淡泊于名利，才能成大器，才能攀登上高峰。在物欲、名利横流的今天，如果你心怀志向，那就应该守住淡泊，朝着自己的人生目标不断地前进。名利争夺是一场永久的战争，因为内心的贪婪，想得到更多的东西，却很容易把现在所拥有的也失去了。一个人如果在名利场上失掉了理智的指南针，那就会陷入名利的旋涡，结果越陷越深，难以自拔。其实，名利绝不是万恶之源，关键在于我们以怎样的心态面对。当无穷的名利争夺之战席卷而来的时候，我们要保护好自己，时刻保持淡泊的心境，别把有限的生命投入无穷的名利争夺上。

面对繁杂纷乱的现实社会，有谁能做到真正意义上的宁静淡泊呢？即便是如此，但在短暂的一生中，难道我们就应该为名利而穷尽一生？如果运气可以，我们最后会名利双收，但我们的生命已经接近尾声了，这样的人生有什么意义呢？所以，与其为无穷的名利斗争而痛苦，不如活得简单一点，这样生活才会给予我们更多的快乐。

钱锺书有着非凡的记忆力，被人称为“照相机式的记忆力”。他看过的即使是晦涩生僻的古籍，都能准确无误地复述，有时甚至一字不差。更让人称奇的是，他的记忆力到了七八十岁的高龄也不曾衰退，1979年访问美国时，他常常对提及的学术内容倒背如流，把“耶鲁大学在场的老外都吓坏了”。过目不忘的天分和深厚的艺术修养，使他成为个性独特的小说家。他的《围城》充满了机智、幽默，蕴含着深邃的讽刺，让人在浅笑中感悟深刻的哲思，回味无尽。他在《围城》里说，结婚犹如被围困的城堡，城外的人想冲进去，城里的人想逃出来，这智慧的譬喻，不仅是对婚姻，也是对事业、理想、金钱等人世种种的凝练概括。

钱锺书凭着超人的记忆力、达观的人生态度和孜孜以求的刻苦精神完成了学术著作《管锥编》。“管锥”喻意“以管窥天，以锥指地”。这部鸿篇巨制，可称是中国古典文化在20世纪的最高结晶之一，其广博的思想和浩瀚的内容使人震撼。达观直率、淡泊名利的品质凝聚成钱钟书荣辱不惊的人格魅力。“文革”中，这位二十几岁便名扬四方的“文化昆仑”，竟被指派在一名女清洁工的监督下打扫厕所，但他却能一直幽默乐观地生活，即使在惨无人道的批判面前，也有自己的应对方式。电视剧《围城》热播后，钱钟书的新作旧著，被争先恐后地推向市场。面对这种火爆，钱锺书始终保持静默。对所谓的“钱学”热，他认为“吹捧多于研究”“由于吹捧，人物可成厌物”。

有人用钱策动他接受采访，他却说：“我都姓了一辈子钱了，难道还迷信钱吗？”一著名洋记者慕名想见他，他回话说：“假如你吃了一个鸡蛋觉得还

不错，又何必要去认识那只下蛋的母鸡呢?”钱锺书认为作家的使命就是要抵制任何诱惑，要有一支善于表达自己思想的笔，要有铁肩膀，概括起来说就是：头脑、笔和骨气。

当代文学巨匠钱锺书，终生淡泊名利，甘于寂寞。其实，正是因为他看淡名利，不卷入名利之争，始终保持内心的宁静，才使得他的文学道路越走越宽。在生活中，对某些别有用心的人发起的“名利之争”，我们需要看淡，更需要保持自己内心的宁静，不为名利心动，做事情不张扬，这样才能把事情做好。

重耳继位后犒赏诸臣，别人都急着表彰自己的功劳，而介之推从不言功劳所以没有受到奖赏。介子推说：“献公有九个儿子，只有文公一人了。惠公、怀公没人亲近，内外反对。天没有绝晋，必定要立人主。主持晋国祭祀的人，除了你还有谁呢？是天安排的，而几个随从出亡的人却说成是他们的力量，不是很荒谬吗？私下拿人的财产，还说是强盗，何况贪天之功占为己有呢？在下的从亡者把有罪的事当作正义，在上的君主奖赏他们所做的坏事。上下互相蒙骗，不好相处。”

他的母亲说：“何不也去请求它，这样苦死了又能怨谁呢？”介子推说：“明知是有罪的事，效仿它，罪更大啊！因有怨言，不吃他的俸禄。”他的母亲说：“也让他知道，怎么样？”回答说：“言语，是身上的文采，身子都隐藏起来了，那还用得着文采？是求别人知道啊。”他的母亲说：“这样的话，我和你一起隐居。”于是隐居而死。晋侯寻找不到，就用绵上的田作为他的祭田，说：“以此记下我的过错，并用来表扬有德之人。”

佛家说：“本来无一物，何处惹尘埃。”一个身披勋章，衣锦荣华，整日于名利间慨叹的人不是成功之人。而那些功成身退，屏弃虚浮之物的淡名泊利者才是一个真正超脱世俗，释然于浮名之外的智者。

哲学启示

古人云：“志不行，顾禄位如锱铢；道不同，视富贵如土芥。”名利不过如敝屣，人应弃之。三国时名动天下的诸葛亮于《诫子书》中写道：“非淡泊无以明志，非宁静无以致远。”由此可见越是追名逐利者越发不能如愿以偿。把名利看淡些，不为名利而折腰，你会发现自己离目标会近些，看得淡名利的人往往会更容易实现梦想。

第六节　人到无求，心自安宁

名利，多么具有诱惑力的一个字眼，同时，这也是很多人立足社会、搏击人生的主动力。自古以来，名利就是许多人一生的奋斗目标，多少人为了光宗耀祖而削尖了脑袋挤进官宦之途，多少人因为人生的不得意而郁郁寡欢。但是，在名利场上，春风得意、踌躇满志的人毕竟是少数，大多数人为名利而苦恼，为那些自己得不到的名利而较真。其实，人生的道路本来很宽阔，如果我们把眼光全放在名利上面，那只会让我们的道路越走越狭窄。只有我们敢于抛下名利，才能活出真的自在。

从古至今，人们对功名利禄的向往都很强烈，特别是居高位者，每每容易在权力欲望中迷失，最终变得疯癫。曾国藩曾说：“为官应当只问耕耘，不问收获。”这其中的淡然之心，可以说是令人敬佩。而正是这种将名利抛下的心理，让他最终得以保身。

淡泊者不求名利，曾国藩就此作出解释：“淡泊二字最好，淡，恬淡也；

泊，安泊也。恬淡安泊，无他妄念也。此心多么快乐啊！而趋炎附势，蝇头微利，则心智日益蹉跎也。”曾国藩是一个清醒的人，他认为：“乱世之名，以少取为贵。”人生在乱世，世态发展皆在混乱之中，何谓富，何谓福，这都是难以说清楚的，所以人生还是少取为妙。他不仅懂得自己摆正心态，而且还严格约束家人，教训儿孙妇女常常作家中无官之想。

在功成名就之后，同治六年五月，曾国藩在家书中劝告欧阳夫人说：“居官不过是偶然之事，居家乃是长久之计，能从勤俭耕读上做好规模，虽一旦罢官，尚不失为兴旺气象。若贪图衙门之热闹，不立家乡之基业，则罢官之后便觉气象萧索，凡盛必有衰，不可不预为之计。望夫人教训儿孙妇女常常作家中无官之想，时时有谦恭省俭之意，则福泽悠长。”

冰心老人曾告诉我们：“人到无求，心自安宁。”在冰心老人家一辈子的经历中，我们不难看出，清心寡欲，淡泊宁静，看淡功名利禄，正是她精神健康的奥秘。半个多世纪以来，冰心将杂念全都抛到脑后，一心扑在为孩子们的写作、交流上，而孩子们也带给她无限的安慰和喜悦。或许，正因为她心静如水，永远保持童心，才使得她在古稀之年也耳聪目明，思维敏捷。淡泊以明志，宁静以致远，只有这样我们才会活得洒脱自在。

哲学启示

一个人假如具备抛弃名利的人生态度，那面对生活，他就会比常人更容易找到乐观的一面。他所看到的就是生活的美好，他不再对那些可望而不可即的空中楼阁感兴趣。在纷繁的世界中，不去较真名利的争夺，在自己的心田，构筑一片宁静的田园，你自然会体验到简单的快乐。

第七节　放下对名誉的欲望

当一个人成功了，他所收获的不仅是利益，还有名誉。名誉与身份、地位是相关联的，它只是一种象征，是一种隐语。不过，就中国传统文化而言，人们对名誉的重视程度丝毫不亚于其对经济与金钱的重视程度。对某些达官显贵而言，名誉问题至关重要，这是必须尽力维护的东西。在古代，人们看待名誉甚至比生命更重要，诸如古代的君臣，要穿什么衣服上朝，要在什么地点下跪，要以什么样的规矩书写奏折等，这些都是一种名誉的象征。对名誉问题呼声最高的莫过于“士可杀不可辱”，必要时可以用死亡捍卫名誉。虽然，在现代生活中，名誉并不如古代那般重要，但追逐名誉的人还是熙熙攘攘，络绎不绝。殊不知，有时候，名誉的光环只会笼罩一时，如果你一辈子活在这个荣誉的光环之中，那无疑是停止了自己的脚步，同时也局限了自己的人生目标。

莱特兄弟，即维尔伯·莱特和奥维尔·莱特，是美国发明家。1903年他们成功地完成首次飞行试验后，兄弟两人名扬全球。虽然成为世界知名人物，然而他们却完全没把声名放在心上，只是默默地工作，不写自传，不参加无意义的宴会，也从不接待新闻记者。

有一次，一位记者要求哥哥维尔伯发表讲话，维尔伯回答说：“先生，你知道吗，鹦鹉喜欢叫得呱呱响，但是它却怎么也飞不高。”

还有一回是弟弟奥维尔的故事。奥维尔和姐姐一起用餐，吃到一半，奥维尔顺手从口袋摸出一条红丝带擦嘴，姐姐看见了问他：“哪来的手帕这么漂亮？”

奥维尔毫不在意地说：“哦，这是法国政府发给我的荣誉奖章，刚刚嘴巴沾油没手帕用，我就拿来擦嘴了。”

不可否认，名誉是对一个人成功的奖赏，对其本人而言，应该值得去回味。但与此同时，名誉也是一个休止符，如果你既满足于目前所拥有的名誉，

不再奋斗，甚至将所有的心思都花在了如何保持自己的名誉上，这样只会让自己停止了前进的脚步。

其实，名誉本身无所谓好坏，最关键的在于你如何看待。人们往往容易忘记过去的失意愁苦，却舍不得那些名誉带来的耀眼光环。殊不知，只有告别过去，我们才能投入当下创造新的生活。学会看淡名誉，轻松前行，我们将会走得更远。

居里夫人是一位卓越的科学家，生前曾两次获得诺贝尔奖金，107次获得名誉头衔。但正如爱因斯坦说的：“在所有的著名人物中，居里夫人是唯一不被名誉所腐蚀的人。”

有一天，居里夫人的一个女友来她家做客，忽然看见她的小女儿正在玩英国皇家学会刚刚奖给她的一枚金质奖章，大吃一惊，忙问：“居里夫人，能够得到一枚英国皇家学会的奖章，这是极高的名誉，你怎么能让孩子玩呢?”居里夫人笑了笑说：“我是想让孩子从小就知道，名誉就像玩具，只能玩玩而已，绝不能永远守着它，否则将一事无成。”

1910年，法国政府为了表示对居里夫人的尊崇，决定授予她骑士十字勋章，但是居里夫人拒绝接受。几个月后，她和杰出的物理学家、著名的天主教徒布朗利一起竞选科学院院士。但是，当时许多人反对妇女进入科学院。最后，居里夫人以一票之差落选了。

青年物理学家们都在默默地准备一些安慰的言辞，想给自己的导师一些慰藉。没想到居里夫人就像平常一样微笑着从她的工作室里走出来了。她非常平静，看不出有一丝一毫的苦恼，甚至没有对这次竞选说一句评论的话。大家非常钦佩，非常感动，仍像往常一样，又伴着居里夫人——这位把名誉看得淡如水的女性一起搞科学实验了。

两次获得诺贝尔奖，这对于普通人而言，是何等殊荣！但对居里夫人而言，却是：“我是想让孩子从小就知道，名誉就像玩具，只能玩玩而已，绝不能永远守着它，否则将一事无成。”名誉只是暂时的，它所闪耀出来的光环也是一时的，如果你仅仅依靠着这个名誉过日子，那最后，可能连最初那点光芒也会渐渐地暗淡下去。

哲学启示

因为放不下名誉，一些人一味地追求虚名与浮利，紧张忙碌，疲于奔命，最后在周围喧闹的欢呼声中迷失了自己。因为放不下名誉，他们害怕受打击，墨守成规，小心翼翼，满足于自己目前所拥有的成绩；因为放不下名誉，他们东奔西跑，请客送礼，只为保住自己的名誉，但最终与他们之前所得的名誉背道而驰、渐行渐远。

第16堂课 听孟子讲哲学

孟子曰：“鱼，我所欲也；熊掌，亦我所欲也。二者不可得兼，舍鱼而取熊掌也。生，我所欲也；义，亦我所欲也。二者不可得兼，舍生而取义也。”人生漫漫路上，我们总是面对着得与失的艰难抉择，得与失就如同一对生死兄弟，我们只能选择其一，有得必有失，有失必有得，所以，在必要时需要学会放弃。

第一节　孟子：儒家思想的代表

孟子，名珂，字子舆，东周战国时期伟大的思想家、教育家、政治家、文学家，儒家的主要代表之一，是儒家的思想主义流派，在政治上主张法先王、行先政，在学说上推行孔子，反对杨竹、墨翟。孟子继承并发展了孔子的思想，但较之孔子的思想，他又加入自己对儒术的理解，有些思想较为偏激。其弟子将孟子的言行记录成《孟子》一书，属语录体散文集，是孟子的言论汇编，由孟子及其弟子共同编写完成。他提倡仁政，提出“民贵君轻”的民本思想，游历于齐、宋、滕、魏、鲁等诸国，希望追随孔子推行自己的政治主张，前后历时二十多年。

孟子是中国古代著名思想家、教育家、政治家。他是战国时期儒家的代表人物，属孔子第四代弟子，是曾子的再传弟子。他继承并发扬了孔子的思想。孔子是大成至圣，孟子被称为亚圣。孟子与孔子的思想学说被合称“孔孟其道”，多数人称为“孔孟之道”。孟子曾仿效孔子，带领门徒周游各国，但不被当时各国所接受，随后退隐与弟子一起著书。孟子与其弟子的言论汇编于《孟子》一书，是儒家学说的经典著作之一。孟子的文章说理畅达，气势充沛并善于论辩，逻辑严密，尖锐机智，代表着传统散文写作最高峰。孟子在人性问题上提出性善论，即“人之初，性本善。”

人物生平

相传孟子是鲁国贵族孟孙氏的后裔，幼年丧父，家庭贫困，曾受业于孔

汲的学生。学成以后，以士的身份游说诸侯，想要推行自己的政治主张，到过梁、齐、宋、滕、鲁等国。当时几个大国都致力于富国强兵，争取通过暴力的手段实现统一。孟子的仁政学说被认为是“迂远而阔于事情”，没有得到实行的机会。他最后退居讲学，和其学生一起，“序《诗》《书》，述仲尼之意，作为《孟子》七篇”。孟子虽提倡民本、仁政，游说于诸侯间，却常逞嘴舌之快，自以为得意，在其著作中也得以一见。

孟子继承了孔子的天命思想，剔除了其中残留的人格神的含义，把天想象成为具有道德属性的精神实体。他说：“诚者，天之道也。”孟子把“诚”这个道德概念规定为天的本质属性，认为天是人性固有的道德观念的本源。孟子的思想体系，包括他的政治思想和伦理思想，都是以“天”这个范畴为基石的。

主要思想

在人性方面，孟子主张性善论。以为人生来就具备仁、义、礼、智四种品德。人可以通过内省去保持和扩充它，否则将会丧失这些善的品质。因而他要求人们重视内省的作用。在社会政治观点方面，孟子突出仁政、王道的理论。仁政就是对人民“省刑罚，薄税敛”。他从历史经验总结出“暴其民甚，则以身弑国亡，”又说三代得天下都因为仁，由于不仁而失天下。

孟子又提出民贵君轻的主张，认为君主必须重视人民，“诸侯之宝三，土地、人民、政事。”君主如有大过，臣下则谏之，如谏而不听可以易其位。至于像桀、纣一样的暴君，臣民可以起来诛灭之。他反对实行霸道，即用兼并战争去征服别的国家；而应该行仁政，争取民心的归附，以不战而服，也即他所说的“仁者无敌”，实行王道就可以无敌于天下。

1.政治思想

孟子提出一个富有民主性精华的著名命题：“民为贵，社稷次之，君为轻。”在孟子看来，如何对待人民对于国家的治乱兴亡具有极端的重要性，他十分重视民心的向背，通过大量历史故事反复阐述得天下与失天下的关键问题。

在孟子看来，君主应该以爱护人民为先，为政者要保障人民权利。他赞同若君主无道，人民有权推翻政权。正因为这个原因，《汉书》仅仅把《孟子》放在诸子略中，视为子书，没有得到应有的地位。到了南宋的孝宗时，朱熹将《孟子》与《论语》《大学》《中庸》合在一起称为“四书”，成为“十三经”之一，《孟子》的地位才被推到了高峰。

孟子的政治论，是以仁政为内容的王道，其本质是为封建统治阶级服务的，他把“亲亲”“长长”的原则运用于政治，以缓和阶级矛盾，维护封建统治阶级的长远利益。一方面，孟子严格区分了统治者与被统治者的阶级地位，认为“劳心者治人，劳力者治于人”，模仿周制拟定了一套从天子到庶子的等级制度；另一方面，把统治者和被统治者的关系比作父母与子女的关系，主张统治者应该像父母关心子女一样关心人民的疾苦，人民应该像对待父母一样去亲近、服侍统治者。

孟子认为，这是一种最理想的政治，如果统治者实行仁政，可以得到人民的衷心拥护；反之，如果不顾人民死活，推行暴政，将会失去民心而变成独夫民贼，被人民推翻。仁政的具体内容很广泛，包括经济、政治、教育以及统一天下的途径等，其中贯穿着一条民本思想的线索。

仁，据孟子解释，就是“人心”。怎样才算是仁呢？根据《孟子》一书可以概括为：第一，亲民。孟子主张统治者要“与百姓同之”，“与民同乐”。第二，用贤良。“为天下得人者谓之仁。”“尊贤使能，俊杰在位。”“贤者在位，能者在职；明其政刑。”第三，尊人权。公开宣扬“民为贵”“君为轻”的口号，提倡在一定的范围调和统治者和劳动人民的关系。第四，同情心。要求统治者以“老吾老以及人之老，幼吾幼以及人之幼”的推恩办法来治民。孟子认为这样做便能得到人民的欢迎和拥护，从而达到“无敌于天下”。第五，杀无道之者，也是仁，而且是最大的仁。孟子要求对一切残民以逞的

暴君污吏进行严正的谴责，力图把现实的社会发展到“保民而王”的政治轨道上来。

2.教育思想

孟子推崇“易子而教”的传统教育方法。当他的得意门生公孙丑询问有的君子为何不亲自教育自己的儿子时，孟子回答道：“势不行也。教者必以正；以正不行，继之以怒。继之以怒，则反夷矣。……古者易子而教之，父子之间不责善。责善则离，离则不祥莫大焉。”父子之间由于感情深厚，父亲对儿子的教育往往不严，对于儿子的一些错误和毛病也因为溺爱和骄惯而放任，从而使正确的教育难以为继。所以，“父子之间不责善”，易子让别人来教育，既能从严要求，也能保持父子之间的亲密关系，不伤害感情。

3.哲学思想

孟子的思想是复杂的，其思想主要以唯物主义的成分居多：《孟子》书中所反映出来的关于认识论的见解，包含着许多朴素的唯物主义思想。在《孟子》中有云：“……天将降大任于是人也，必先苦其心志，劳其筋骨，饿其体肤，空乏其身，行拂乱其所为，所以动心忍性，曾（增）益其所不能……”指出有许多知能必须经历困难，经过挫折、失败，不断取得教训，受到锻炼，然后才能得之。客观世界有其自己的规律，是人所不能违反的。

孟子清楚地认识到，一切事物发展和变化有其自己的一定的进程。他在书中讲了一个故事作为比喻：宁人有闵其苗之不长而揠之者，芒芒然归，谓其人曰：“今日病矣！予助苗长矣！”其子趋而往视之，苗则槁矣。天下之不助苗长者寡矣！以为无益而舍之者不耘苗者也。助之长者揠苗者也，非徒无益，而又害之。

第二节 孟子“舍鱼而取熊掌”

生活中，我们不要再为自己曾经失去而看不开，学会放手，说不定你能获得整个世界。既然我们降生在这个世界，又何必计较命运的不公、生活的失落呢？为什么要因为秋天的零落，而怨恨四季的美丽呢？君不见大地雪封冻结的冬天，那大树上微落着青色的绿芽吗？有时候，生活就像是一杯蔚蓝色的酒，酒杯里盛满的就是人生的酸甜苦辣，我们不应该沉醉自己，而应努力将自己的人生变得洒脱而充实。现实生活中，我们需要正确看待得失，我们应该相信，现在我们所拥有的，不管是顺境、逆境，都是对我们最好的安排。只有可以这样，我们才能在顺境中感恩，在逆境中依旧心存快乐。对于那些失去的东西，不要为此感到郁郁寡欢，人生总会失去什么，也会得到什么，得失是一种规律，别为失去而悲伤，别看不开，放得下，这样我们才会有所获得。

鱼，我所欲也；熊掌，亦我所欲也。二者不可得兼，舍鱼而取熊掌者也。生，我所欲也；义，亦我所欲也。二者不可得兼，舍生而取义者也。生亦我所欲，所欲有甚于生者，故不为苟得也；死亦我所恶，所恶有甚于死者，故患有所不辟也。如使人之所欲莫甚于生，则凡可以得生者何不用也？使人之所恶莫甚于死者，则凡可以辟患者何不为也？由是则生而有不用也，由是则可以辟患而有不为也。是故所欲有甚于生者，所恶有甚于死者。非独贤者有是心也，人皆有之，贤者能勿丧耳。

一箪食，一豆羹，得之则生，弗得则死。呼尔而与之，行道之人弗受；蹴尔而与之，乞人不屑也。万钟则不辨礼义而受之，万钟于我何加焉！为宫室之美，妻妾之奉，所识穷乏者得我与？乡为身死而不受，今为宫室之美为之；乡为身死而不受，今为妻妾之奉为之；乡为身死而不受，今为所识穷乏者得我而为之：是亦不可以已乎？此之谓失其本心。

孟子曰：“鱼，我所欲也；熊掌，亦我所欲也。二者不可得兼，舍鱼而取

熊掌也。生，我所欲也；义，亦我所欲也。二者不可得兼，舍生而取义也。”当两者不能兼得的时候，我们需要学会放手，因为放手了，才会有所获得。

人们总是习惯于得到而害怕失去，虽然有得必有失的道理是人人皆知的，但人们认为失去了觉得可惜可叹，每当自己失去了某些东西，总要难受甚至是痛苦一阵子。月亮也会有圆缺，但依然皎洁，人生即使有缺憾，依然很美丽。

曾国藩说：“道微俗薄，举世方尚中庸之说。闻激烈之行，则訾其过中，或以罔济尼之，其果不济，则大快奸者之口。夫忠臣孝子，岂必一一求有济哉？势穷计迫，义无返顾，效死而已矣！其济，天也；不济，吾心无憾焉耳。”他把成功与失败都归结于天命，当然免不了唯心，但他对于自己所失去的，总以平常心对待，这就是一种坦坦荡荡的心态。很多时候，只要自己努力过，得到与失去都没什么重要了，也没有什么怨恨了。为人处世，尤其是这样，假如太在意失去的，自己也就没办法认真地做以后的事情。那些患得患失的人总是将得失放在首位，人活一世，即便得到的东西再多，死的时候也带不进坟墓，这又何必呢？如果失去了，那就学会放下，不要看不开，这样我们才能收获轻松的心情。

战国时期，长城边塞上有个养马的老头。有一天，他的一匹马丢了，面对邻居们的劝慰，塞翁笑着说：“丢了一匹马损失不大，没准会带来什么福气呢！”果然，没过几天，丢失的马不仅自己返回家，还带回了一匹匈奴的骏马。

就在邻居们都为塞翁的马失而复得高兴的时候，塞翁却忧虑地说：“白白得了一匹好马，不一定是什么福气，也许惹出什么麻烦来！”果然塞翁喜欢骑马的独生子发现带来的马神骏无比，骑马出游，高兴得有些过火，打马飞奔，一个趔趄，从马背上跌下来，摔断了腿。面对邻居们的再一次安慰，塞翁说：“没什么，腿摔断了却保住了性命，或许是福气呢！”邻居们觉得他又在胡言乱语，他们想不出，摔断了腿会带来什么福气？不久，匈奴大举入侵，青年人被应征入伍，塞翁的儿子因为摔断了腿，不能去当兵。后来，他们得到消息，去打仗的青年全部牺牲了，因此，塞翁的儿子躲过了一劫。

塞翁失马，焉知非福。有时候，你以为你失去了，实际上你却得到了最好的东西。人生就是这样，当你为失去而烦恼的时候，你所失去的不仅仅是一份美好的心情，还有可能影响整个事态的发展。相反，如果对于所失去的，你能完全地放下，那么你将获得一份轻松无比的心情。

我们总是生活在得失之间，当一个人处心积虑地得到什么的时候，同时也无可奈何地失去了什么。因为鱼和熊掌是不可兼得的，我们所需要的就是这种“得不是喜，失不是忧”的情怀，如果我们能明白生命的可贵，那就会明白人生最美的是奋斗的过程，为失去而悲伤，只不过是自寻烦恼。

哲学启示

泰戈尔曾说：“曾错过太阳，但我不哭泣，因为那样我将错过星星和月亮。失去了太阳，可以欣赏满天的繁星；失去了绿色，得到了丰硕的金秋；失去了青春岁月，我们走进了成熟的人生。”失去的不能再得到，过去的不能再回来，不如趁机会抓住眼前的一切，珍惜现在所拥有的，说不定我们能收获整个世界。

第三节　放下顾虑，心系眼前

如果你希望自己一天能过得十分快乐，那么就要放下顾虑，着重于眼前的事情，活在当下，那样才会活得自在。你要分清楚过去和现在。所有的顾虑只

会给我们带来糟糕的心情，因为你的过去只会对现在产生影响，如果你被困在过去的阴影中，你就不可能快乐地生活在今天。也许，对过去和未来的某些顾虑虽然是有益的，但是花费太多的时间去反省过去，计划未来，这其实是在浪费时间。因为只有在此时此地，才能充分享受生活。我们不是否认过去，但是也不能沉溺于过去，只有关注眼前的事情，我们才能活得更像自己，才能发挥我们的聪明才智，生活才能更加真实和精彩。

薛尔德太太住在密歇根州沙支那城，她以前是靠推销《世界百科全书》之类的书籍生活，后来因为有了自己的家庭便辞去了工作，那时候日子虽然不富足但是也过得很安乐。但是很快，她安逸的生活就陷入了苦难。1937年，她的丈夫死了，她自己几乎身无分文，这令她非常恐慌。那段时间，她的精神极度颓废、崩溃，甚至差点自杀。后来，她给以前的老板奥罗区先生写信，请求他能让薛尔德太太做回以前的工作。于是，她四处借钱，凑足了分期付款的钱买了一辆旧车，她又开始重新推销那些书籍。

薛尔德太太希望能够通过繁忙的工作来抵消自己的颓废和不安，可是她很快发现不行。毕竟她的丈夫已经不在了，只有她一个人驾车，一个人做饭吃，一个人生活，这所有的一切都令她无法承受。而她的工作也带给自己一些困扰，有些地方根本就卖不出去书，所以业绩不太好，虽然她买车的钱不是很多，但是对于她来说还是很难凑齐。她整天觉得心情很沮丧，对生活也没有什么希望，甚至绝望得差点自杀。

有一天，她读到了一篇文章，那篇文章中的一句话让她活了下来："对一个聪明人来说，每天都是一个新人生。"这句话令她精神振奋，于是，她把这句话打印出来，贴在汽车前面的挡风玻璃上，为的就是自己开车的时候能随时看见它。薛尔德太太发现每次只活一天一点都不难。就这样，她摆脱了孤寂和恐慌，变得很快乐，工作业绩也上去了。

薛尔德太太把每一天都看作新生的，所以她能够在每一天里忘记过去，不想将来，只是把心思放在今天，放在眼前的事情上。所以她能够摆脱自己过去的恐慌心情，而变得十分快乐，这样自己工作起来也很有精神。不管昨天有多么糟糕，但是毕竟已经度过了昨天，新的一天就应该忘记充满痛苦的昨天，带着新的心情又开始新的一天。你会发现，每次只活一天是多么容易的事情。

威廉·奥斯勒年轻的时候，曾经是蒙特瑞综合医院的一名医科学生。在那里学医的有一段时间里，他对自己的生活充满了忧虑，不知道怎样才能通过眼下的期末考试，也不再知道将来会在什么地方，开创什么样的事业，更不知道明天该怎么去生活。他整天为这些事情担忧着，无心自己的学业。偶然一次，他无意间在一本书上看见了这样一句话：“对我们大家来说，生活中最重要的事情不是遥望将来，而是动手厘清自己手边实实在在的事。”正是从书上看到的这句话，改变了这位年轻的医科学生，使他后来成为了最有名的医学家，创建了举世闻名的约翰斯·霍普金斯医学院，并成为了牛津大学医学院的钦定讲座教授，那可是学医的英国人所能获得的最高荣誉。

后来，威廉·奥斯勒爵士给耶鲁大学的学生作了一次演讲，他说：“像我这样一个曾在四所大学当过教授，撰写过畅销书的人，大家以为我会有‘特殊的头脑’。但是事实并非如此，我的朋友都知道，我的脑袋实在普通不过了。”

有人问他：“那你的成功秘诀是什么呢？”威廉·奥斯勒爵士认为：“我之所以能够成功，是因为我没有时间顾虑，我总是把心思花在眼前的事情上。”

奥斯勒爵士的话并不是让我们不要为明天而下功夫作准备，而最好的办法，就是尽自己最大的努力，把眼前的事情做到完美无缺，这才是应对未来唯一可靠的方法。奥斯勒把每一天都当作完全独立的，他不会沉溺在过去，也不会为未来忧虑，所以他能够信心满满地应对今天的事情。生活对于他，每一天都是快乐的，每一天都是自由自在的，所以最后他能够取得在医学上的瞩目的成就。

哲学启示

美国著名总统林肯曾经说过：“大部分的人只要下定决心都能很快乐”。每个人的快乐不是来自外在的，而是来自内心的。只要在每一天保持快乐的心态，不要顾虑，着手眼前的事情，你就会获得自由自在的快乐。人为什么会忧虑？那是因为沉溺在痛苦的过去，焦虑不可知的未来。如果一个人能够在心里抛下昨天和明天，只是专注于眼前，那么你心里的压力和负担就不会那么沉重。你就可以以自己轻松的心情来面对今天的困难或愉悦，那么你就觉得你的每一天都是快乐的。

第四节　拿得起，放得下

爱迪生说：“没有放弃就没有选择，没有选择就没有发展。”生命并不是只有一处灿烂辉煌，学会包容过去，融通未来，创造人生新的春天，人生将更加明媚和迷人。对于人生中的种种，既要拿得起，也应该懂得放下，对于自己的过去，大可不必耿耿于怀，是好是坏都已经成为过去，且把它看作一张白纸，放下了，心中就没有了埋怨与不满，生活的一切都会顺利平稳。假如我们认为人来到这个世界是应该有所作为的，那就更需要重视自己的存在。因为每个人的生命均是伟大的、富有创造力的，只是我们经常会忽略这一点，在生活中，从来不缺乏体验与成长的机会，即使身处绝境，也不正是开辟新天地的大好时机吗？当我们不堪重负前行的时候，就应该学会放下，而不较真其中，只有这样，我们才有力气继续前行。

宋朝的吕蒙正，被皇帝任命为副相，第一次上朝，忽然人群里竟有人大声讽刺他说：“哈哈哈，这种模样的人，也能入朝为相啊？”可吕蒙正却像没有听见一样，继续往前走，然而，跟随在他后边的几个官员却为他鸣起不平来，拉住他的衣角，非要帮他查查到底是谁竟然如此大胆，敢在朝堂上讥讽刚上任的宰相。吕蒙正推开众人，说：“谢谢大家的好意。我为什么要知道是谁在说我呢？一旦知道了，一生都放不下，往后还怎么处事？”

吕蒙正善识人，所举荐的人，后来无不成为国家的栋梁，而他最大的特点就是一旦用了某人，便不再用自己的权力来约束其才能的发挥，做宰相期间，他一直以“无为而治”作为自己的施政方针。所以，有一天，他的两个儿子愤愤不平地对他说：“爸爸，外面都传说你无能，你做宰相，权力怎么能都被别人分夺去了呢？”吕蒙正听了，哈哈大笑说：“我哪有什么能耐啊？皇上不就是看我善于识人，才提拔我当宰相的吗？我当宰相就是为国家物色有能力办事的人，我要权力干什么啊？！”

一个弟子问老师：“如何才能成佛？”大师回答说：“放下！放下你的一切执着于成佛的念头，放下你的总是执着于成佛的那颗心。”善画者留白，善乐者稀声，养心者留空。

有人说：“人生最大的幸福就是拿得起，放得下。”一个人在处世中，拿得起是一种勇气，放得下是一种肚量。对于人生道路上的鲜花、掌声，有智慧的人大都等闲视之，屡经风雨的人更是有自知之明；对于坎坷与泥泞，能以平常心对待，就十分容易。在人生的旅途中，若是遇到了大的挫折与大的灾难，可以不为之所慑，可以坦然承受之，这就是一种肚量。禅宗以大肚能容天下之事为乐事，这便是一种很高的境界。对于生活中的种种，既来之，则安之，便是一种超脱，不过，这种超脱又需要经过多年的磨炼才能养成。拿得起，实在可贵；放得下，方是人生处世之真谛。

有位登山者在一次登山中，首次不使用氧气，成功登上了世界最高峰珠穆朗玛峰。当他下山后，人们纷纷问他成功登顶的秘密时，他说：“这没有什么

秘密，我知道大脑是一个重要的耗氧源，科学家曾告诉我们：各种思想在大脑中相互撞击时，竟要消耗我们吸入全部氧气的40%。所以，为了减少对氧气的消耗，我只有向前走这一个念头，至于其他的任何想法我都把它们通通从脑子里抛掉，没有了任何杂念，我就等于放下了一个背在身上的巨大的包袱！轻松地向前，这就是我成功的全部秘密。”

对于生活中的每一个人而言，功名、利禄、荣辱、爱恨、死亡、惧怕、苦乐等，我们从来不否认这些东西存在于自己心中的时候，往往也会成为自己内在的渴望超越自我的一种原动力。不过，我们一旦执着于这样的东西，就会让它们成为自己前进路上的一个沉重的包袱。一个人要学会拿得起，放得下，这样我们才能真正做到看得开。

哲学启示

生活中，人们往往是拿得起，放不下，因为较真，他们难以放下各种欲望。其实，放下是一种智慧，它作为生存之态，是化繁后的睿智，是画龙后的点睛，是深刻后的平和。正如美国作家梭罗所说：“一个人越是有许多事情能放下，他就越富有。”而只有看开了，我们才能真正地放下。

第五节　放下重负，人生一路轻盈

曾经有位哲人说：“当我们需要前行的时候，需要放下重负，让自己的心变得轻盈，这样才能更好地前行。”重负，有可能是我们心灵上的包袱，也有可能是我们肩膀上的负重，但不论是哪里存在负担，这都将阻碍我们继续前行，甚至会让我们身心疲惫不堪。在人生的道路上，有的人因为负荷太重而步履维艰，有的人因为欲壑难填而疲于奔命，有的人因为深陷其中而难以自拔。如果你想要所走的每一步充实而轻盈，那么，适时放下一些重负，让自己的人变得轻盈，这何尝不是一个可行的办法。生命如舟，载不动太多的物欲和虚荣，假如你不想在这生命之舟搁浅或者沉没，那就应该放下重负，让自己轻松前行。

曾经有个人，他总埋怨生活的压力太大，生活的担子太重，他试图放下担子。他觉得很累，压得他透不过气来。他听人说，哲人柏拉图可以帮助别人解决问题。于是，他便去请教柏拉图。柏拉图听完了他的故事，给了他一个空篓子，说："背起这个篓子，朝山顶去。可你每走一步，必须捡起一块石头放进篓子里。等你到了山顶的时候，你自然会知道解救你自己的方法。去吧！去找寻你的答案吧……"于是，年轻人开始了他寻找答案的旅程！

刚上路，他精力充沛，一路上蹦蹦跳跳，把自己认为最好的、最美的石头，都一个个扔进篓子里。他每扔进一个，便觉得自己拥有了一件世上最美丽的东西，很充实，很快乐。于是，他在欢笑嬉戏中走完了旅程的1/3。可是，空篓子里的东西多了起来，也渐渐重了起来。他开始感到，篓子在肩上越来越沉。但他很执着，仍一如既往地前进。

而最后一个1/3的旅程确实是让他吃尽了苦头。他已经无暇顾及那些世界上最美丽、最惹人怜爱的东西了。为了不让沉重的篓子变得更重，他毅然舍弃了一些，只是挑选了些非常轻的、非常需要的或是必不可少的东西放进篓子。他深知，这样的舍弃是必要的。然而，无论他挑多轻的石头放入篓子，篓子的重量也丝毫不会减少，它只会加重，再加重，直到他无力承受。但最后，他还是背着篓子，艰难地踏上了这最后的1/3旅程。

俗话说："远路无轻物。"在人生的道路上，如果我们需要负重前行，越行越远的时候，我们会感到举步维艰，虽然会抱怨自己怎么会选择了这么多东

西，但还是不舍得放手。但直至终点，打开担子，我们才发现：那些曾经我们以为得不到的东西，现在对我们而言却是无用的东西。

曾经有位哲人说：当我们无法得到的时候，放下也是一种智慧。生活中需要我们坚持的东西太多，以致于我们承受不了现实给我们的压力，那么不妨学会放下一些东西，这是一种生存的智慧。因为只有放下了某些东西，你才会重新得到一些东西。

哲学启示

有时候，心灵的重负才是真正阻碍我们前行的绊脚石，如果我们总是较真于内心，无法放下某些欲望，那我们是难以保持轻松的姿态前行的。因此，不要较真于自己的内心，让不堪重负的心灵变得轻盈起来。

第六节 放下苛刻，接受不完美的人生

追求完美，似乎是每一个人的梦想，在生活中，他们总是在追逐繁复的完美，在这样追逐的过程中，无数的烦恼困扰着他们，愤怒、生气，越是较真，越是觉得心很累。或许，在每个人的心中，完美都是一座宝塔，我们可以在内心里向往它、塑造它、赞美它，但是，我们却不能把它当作一种现实存在，这样只会让我们陷入无法自拔的矛盾之中。在某些时候，我们应该放下苛刻，别被不真实的完美压垮。一个人不能在自我怜悯中空虚度日，最重要的是，我们不应该事事较真，而是学会珍惜眼前的幸福。智者说：“追求完美是人类正常

的渴求，同时，却也是人类最大的悲哀。”对于我们而言，应该放下内心的苛刻，放弃追逐完美的诉求，最终拥抱简单的快乐。

有个学生在课堂上向本·沙哈尔提问道：“请问老师，您是否知道您自己呢？”沙哈尔心想：是呀，我是否知道我自己呢？他回答说：“嗯，我回去后一定好好观察、思考、了解自己的个性，自己的心灵。”

本·沙哈尔教授回到家里就拿来了一面镜子，仔细观察着自己的外貌、表情，然后来分析自己。首先，沙哈尔就看到了自己闪亮的秃顶，想：“嗯，不错，莎士比亚就有个闪亮的秃顶。”随后，他看到了自己的鹰钩鼻，心想：“嗯，大侦探福尔摩斯就有一个漂亮的鹰钩鼻，他可是世界级的聪明大师。”看到了自己的大长脸，就想：“嗨！伟大的美国总统林肯就是一张大长脸。”看到了自己的小矮个子，就想：“哈哈！拿破仑个子就很矮小，我也是同样矮小。”看到了自己的一双大撇撇脚，心想：“呀，卓别林就是一双大撇撇脚！”

于是，第二天他这样告诉学生：“古今国内外名人、伟人、聪明人的特点集于我一身，我是一个不同于一般的人，我将前途无量。”

或许，在别人看来，本·沙哈尔的长相既不出众，更算不上完美，但是，他很会欣赏自己。怀着这样一份自足常乐的心态，他将自己身体的每个部分都与名人、伟人、智者扯上了关系，那么，即使自己的五官不是完美的，但是，自己一定是一个前途无量的人。本·沙哈尔不苛责，因此他收获了一份最简单的快乐。

追逐完美本身就是一种苛责的生活态度，为了达到心中完美的目的，人们苛责自己、苛责他人，苛责一切的人和事。在现实生活中，所谓的“完美”终究伴随着缺憾，即使自己努力苛责，那些人和事依然达不到绝对的完美。在这个世界上，本来就没有绝对完美的事物，如果我们一味地将追求完美的茧一层一层地套在身上，那么，最终，我们也会死在这重重的包裹之中。

哲学启示

每个人的一生中总会经历不同的坎坷或挫折，没有一个人可以保证他就是完美无缺的。上帝对于每个人来说都是公平的，他给予了你一样东西，肯定会拿走另一样东西，关键是你如何去看待生命里的缺憾。

参考文献

[1]傅佩荣. 哲学入门[M]. 北京：新星出版社，2011.

[2]张志伟. 西方哲学十五讲[M]. 北京：北京大学出版社，2004.

[3]威尔·杜兰特. 哲学的故事[M]. 北京：新星出版社，2013.

[4]李长之. 孔子的故事[M]. 南昌：二十一世纪出版社，2011.

[5]郭豫斌. 文明之门：哲学的故事[M]. 西安：陕西人民出版社，2011.